한 번만 읽으면 확 잡히는

중학 국어 문법

한 번만 읽으면 확 잡히는

중학 국어 문법

황봉희, 김종서 지음

한언

prologue

"교복을 입어야 한다!", "교복을 없애야 한다!"

교복 제도는 학교 현장에서 쉽게 접할 수 있는 논쟁거리입니다. 여러분의 학교는 어떤가요? 많은 친구들이 초등학생 시절에는 편한 옷을 입고 학교에 다니다가, 중학생이 되어 처음 교복을 입게 되었을 것입니다. 혹시 교복 제도 폐지에 관심이 있는 친구가 있나요?

인간은 학교를 비롯한 크고 작은 공동체에 속하여 다른 이들과 함께 살아갑니다. 우리는 어떤 공동체에서든지 법률과 규칙을 지키며 단체 생활을 유지하지요. 이러한 규칙은 대부분의 공동체에서 소수의 독단적인 결정이나 강압적인 명령 등에 따라 멋대로 바뀌지 않아요. 구성원들이 함께 토의와 토론을 벌이고, 그 과정이 쌓이면 다수에게 좀 더 설득력 있는 입장이 드러나지요. 이런 과정을 거쳐야 공동체의 규칙이 변화합니다. 여기에서 힌트를 얻어 다음의 질문에 답을 해 봅시다. 만약 교복 제도를 없애고 싶다면 어떻게 해야 할까요? 학교 구성원을 설득할 수 있는 논리적이고 정당한 견해를 밝혀 다수의 지지를 얻어야겠지요. 이 이야기가 국어 문법 공부와 무슨 연관이 있을까요? 이어지는 질문을 실제로 해 보거나, 아니면 적어도 마음속으로 한 번쯤은 떠올려 본 친구들이 있을 것입니다.

"선생님, 국어 문법을 왜 배워야 해요? 문법 몰라도 말도 잘하고 글도 잘 쓰는데요."

언어는 그것이 통용되는 공동체의 규칙이자 약속입니다. 그 약속이 지켜져야 하는 이유를 설명하는 근거가 바로 문법이고요. 물론 영어도 아니고 우리가 태어나서부터 평생 써 온 모국어인데, 왜 국어 문법을 배워야 하는지 이해하기 어려울 수 있습니다. 우리가 모든 법률과 규칙을 공부하거나 암기하지 않는데, 왜 자연스럽게 잘 쓰고 있는 언어의 규칙까지 배워야 하는지 답답할 수도 있습니다.

바로 이 부분에서 발상의 전환이 필요합니다. 우리는 지식을 달달 외워서 높은 점수를 받고자 문법을 배우는 것이 아닙니다. 또한 모든 문법 지식에 통달한 문법 전문가가 되려는 것도 아닙니다. 공동체의 법률과 규칙이 만들어지고 개정되듯이, 국어 문법도 우리에게 강압적으로 주어지는 것이 아니라 우리가 스스로 만들어 가는 창조물이에요. '국어 문법'이라는 사회적 약속을 하나씩 살펴보고, 그 세부 내용을 실생활의 언어 사례에 적용해 봅시다. 차근차근 꾸준히 해 나가다 보면 내가 별생각 없이 쓰고 있는 우리말이 사실은 얼마나 고차원적이고 체계적인지 감탄할 수 있을 거예요. 그뿐만 아니라, 국어 문법을 공부하면 논리력, 사고력, 탐구력 등을 갖추게 되어 앞으로 자기 생각과 주장을 적확하게 펼칠 수 있는 주체적인 민주 시민으로 성장할 수 있을 것입니다.

이 책은 여러분이 중학교 과정에서 배우는 국어 문법을 좀 더 친숙하고 알기 쉽게 설명해 줍니다. 국어 문법 공부가 문학 작품 읽기나 글쓰기보다 재미없다고 생각하는 친구, 국어 문법을 어려워하는 친구에게 안성맞춤이지요. 책의 내용은 2015 개정 교육 과정뿐 아니라 2025년부터 학교 현장에 적용되는 2022 개정 교육 과정도 아우릅니다. 이 책을 통해 언어의 개념, 국어의 말소리, 단어, 문장, 그리고 어문 규범과 국어 생활 이야기 등을 만날 텐데요. 여러분이 중학교를 졸업하고 고등학교에 진학하여 국어 문법을 공부할 때도 이 책이 도움이 되기를 바라는 마음으로 책을 꽉꽉 채웠습니다.

여러분이 우리말을 쓰면서 갖게 되는 여러 궁금증을 해소하는 데에 이 책이 유용하게 쓰이기를 바랍니다. 더 나아가 이 책이 단순히 문법 지식을 전달하는 참고서에 그치지 않고 여러분의 탐구심, 그리고 우리말을 사랑하는 마음을 솟아나게 하는 데에 쓰이기를 바랍니다.

contents

Part 3. 문장으로 생각을 표현해 봐!

Part 4. 말소리가 보인다!

Part 5. 자랑스러운 우리말

Part 1. 언어가 뭐야?

1. 사람과 동물은 대화할 수 있을까?

2. 언어는 어떤 성질을 가지고 있을까?

3. 언어는 쓰임새가 다양해!

4. 맥락을 알아야 알아듣지!

지현아, 애니멀 커뮤니케이터라고 들어 봤어? 직업 조사 숙제를 하다가 알게 된 직업인데.

지현이

글쎄, 처음 들어 보는데. '애니멀'이 들어간 걸 보니 동물과 관련된 직업 같기도 하고.

어, 맞아. 동물과 의사소통을 하는 사람을 말하는 거래.

지현이

와, 정말?
그럼, 동물과 대화를 나눌 수 있다는 거야?

반려동물이 이상 행동을 할 때, 애니멀 커뮤니케이터와 대화하고 나면 신기하게도 이상 행동이 사라진다는 거야.

지현이

아, 그러니까 아픈 반려동물의 마음을 읽고 위로해 주는 방법으로 반려동물을 치료하는 직업이구나.

맞아. 그런데 이 직업을 알게 되고 궁금한 게 생겼어. 정말 사람과 동물이 의사소통을 할 수 있는 걸까?

지현이

그러게. 동물에게도 언어가 있다고 하던데, 우리가 사용하는 언어와 같은지 다른지도 잘 모르겠고.

그럼 우리 인간이 사용하는 언어에는 어떤 특징이 있는지 조사해 보자. 그러면 아마 동물과 인간의 언어의 차이도 알 수 있을 거야.

지현이

그래, 좋아.

1. 사람과 동물은 대화할 수 있을까?

애니멀 커뮤니케이터라는 직업을 들어 보았나요? 동물과 의사소통을 하는 사람을 일컫는데요, 한때 하이디라는 사람이 방송에 출연해서 관심을 끌었던 적이 있습니다. 하이디가 정말 동물과 대화를 나눴는지는 논란의 여지가 있습니다만, 이 방송을 보며 사람들이 감동을 받은 이유는 아마도 동물과 의사소통하고 싶어 하는 마음 때문이 아닐까요? 어린 시절, 애니메이션에서 사람과 동물이 대화를 나누는 장면에 공감했던 동심을 어른이 된 후에도 가지고 있기 때문이겠지요.

현실에서는 사람과 동물이 의사소통을 한다는 것이 불가능해 보입니다. 의사소통의 도구인 언어가 다르기 때문이지요. 그렇다면 동물들끼리는 의사소통이 가능할까요? 여러 연구를 살펴보면 같은 종의 동물들끼리는 의사소통이 가능한 것으로 알려져 있습니다. 반려동물인 강아지나 고양이는 소리나 몸짓으로 자신의 감정 상태를 표현하곤 합니다. 하지만 같은 동물끼리라도 상대에게 구체적인 정보를 전달하는 것은 불가능하지요.

그런데 몇몇 동물은 자기 나름의 의사소통 방식을 활용하여 생존에 필요한 정보를 전달하기도 합니다. 특히 집단생활을 하는 동물에게는 의사소통이 절대적으로 필요해요. 그래야 집단이 유지될 수 있거든요. 이러한 동물 중에는 꿀벌이 대표적입니다.

1) 꿀벌의 의사소통

한낱 곤충에 불과한 꿀벌이 의사소통으로 정보를 전달한다는 것이 믿기지 않지요? 꿀벌의 하루 일과는 꽃에 있는 꿀을 따러 벌통을 나서는 것에서 시작합니다. 그렇게 따 온 꿀을 벌통으로 가져와 저장해 집단생활을 유지하지요. 이를 위해 꿀벌은 일정한 의사소통 방식을 활용하고 있어요.

오스트리아의 동물학자 카를 폰 프리슈Karl von Frisch는 꿀벌의 의사소통 방법을 연구해 1973년에 노벨상을 타기도 했답니다. 꿀벌은 먹이가 있는 곳을 동료에게 알려 주기 위해 벌집으로 돌아와 8자형 춤을 춥니다. 이 춤에는 먹이가 있는 방향과 거리, 그리고 꿀의 질에 대한 정보가 담겨 있어요.

수색벌은 다른 일벌보다 먼저 벌집을 나가 먹이가 있는 곳을 알아봅니다. 그리고 벌집으로 돌아와 벌집의 벽 쪽을 향한 채로 8자형 춤을 춥니다. 이때 머리의 방향은 꿀이 있는 곳의 방향을 알려 줍니다. 8자형 춤의 가운데 선이

꿀벌의 8자형 춤

위쪽을 향하게 춤을 추면, 태양과 같은 방향에 꿀이 있다는 신호이지요. 반대로 머리가 아래쪽을 향하게 춤을 추면, 태양과 반대 방향에 꿀이 있다는 의미입니다. 만약 다른 방향을 알려 줄 필요가 있다면, 8자형 춤의 각도를 바꿔 꿀의 위치를 표시합니다.

춤은 꿀이 있는 곳과의 거리도 알려 주지요. 춤이 빠를수록 꿀과의 거리가 가깝고, 느릴수록 거리가 멀다는 것을 나타낸답니다. 또한 꿀의 품질이 좋을수록 활기차게 춤을 춥니다.

꿀벌의 8자형 춤이 알려 주는 정보는 다른 꿀벌에게 매우 중요한 역할을 합니다. 다른 꿀벌은 꿀이 있는 곳까지 갈 수 있을 만큼만 연료를 보충해 목적지까지 가기 때문이지요. 마치 비행기가 왕복 연료를 싣지 않고 목적지까지 가는 연료만 싣고 이륙하는 것과 같은 원리예요. 꿀벌들은 꿀을 최대한 많이 머금고 벌집으로 돌아와야 하기 때문에 필요 이상의 연료를 섭취하는 것은 비효율적이에요. 그래서 만약 꿀이 있는 위치를 처음 있었던 위치보다 더 멀리 옮겨 놓으면, 꿀벌들은 연료가 떨어져 더 이상 날아갈 수 없게 된답니다. 이렇듯 꿀벌의 의사소통 방식은 매우 정확하고 효율적이지요.

어떤가요? 여러분! 놀랍지 않나요? 우리가 한낱 곤충으로만 여겼던 꿀벌이 이렇게 체계적인 의사소통 방법을 가지고 있다니 말입니다. 이런 의사소통 방식이 있었기에 꿀벌은 지금까지도 어마어마한 제국을 유지하고 있어요.

+ 더 알아보아요!

꿀벌처럼 집단생활을 하는 곤충 중, 개미도 의사소통 방식을 활용한다고 알려져 있어요. 개미는 페로몬이라는 화학 물질을 분비해서 바닥에 냄샛길을 만들어요. 이를 통해 먹이의 위치라든지 터의 경계, 침입자의 위치 등을 서로 알려 주기도 해요. 때로는 이 화학 언어를 사용해 협동하여 집을 짓기도 하지요.

꿀벌과 개미의 의사소통 방식을 알아보았는데도 마음 한편에는 아쉬움이 남지 않나요? 이들의 의사소통 방식은 인간의 언어와는 거리가 멀어 보이지요. 그래서 동물의 의사소통을 연구하는 사람들은 영장류에게로 눈을 돌리게 됩니다. 인간과 비슷한 영장류인 침팬지나 원숭이, 고릴라라면 인간의 언어를 습득할 수 있지 않을까 하는 생각을 했기 때문이에요.

2) 침팬지의 의사소통

영장류 중 침팬지의 유전자는 인간의 유전자와 98.77%가 일치한다고 해요. 미국의 가드너 부부는 인간과 가장 유사한 동물인 침팬지에게 언어를 가르치기 위해 노력했습니다. 그러기 위해서 일단 침팬지의 발성 기관이 인간의 발성 기관과 다르다는 전제하에, 침팬지에게 아메슬란이라는 기호를 가르쳐 주었어요.

아메슬란AMESLAN이란 American Sign Language의 줄임말로 미국의 청각 장애인들이 사용하는 일종의 수화 기호예요.

1965년경 아프리카에서 태어난 암컷 침팬지 와쇼는 한 살이 조금 넘어서부터 아메슬란을 익히기 시작해 열네 살이 되었을 때에는 약 250개의 기호를 익히고, 그 기호들을 결합하였어요. 그리고 작은 인형과 물 잔을 내보이면서 "내 음료수에 새끼가 들어 있다."와 같은 문장을 말하기도 했어요. 와쇼는 침팬지의 언어 습득과 관련한 숱한 이야기들을 남긴 채 2007년에 아쉽게도 세상

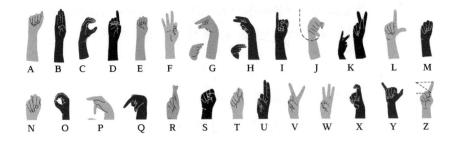

미국 청각 장애인들이 사용하는 아메슬란AMESLAN

을 떠났어요. 만약 와쇼와 만날 수 있었다면, 저는 이렇게 물어보고 싶답니다. "너 정말 인간과 대화를 나눈 거니?"라고요.

많은 사람들이 침팬지에게 인간의 언어를 가르쳐 주려고 노력을 했는데요, 한 가지 분명한 것은 침팬지는 확실히 인간의 언어를 익힐 수 있을 만큼 지능이 뛰어나다는 점입니다.

3) 언어의 특징

그렇다면 앞에서 살펴본 것처럼 꿀벌이나 침팬지의 의사소통 방식을 언어라고 할 수 있을까요? 그렇게 보기에는 인간의 언어는 동물의 의사소통에 비해 훨씬 더 정교하고 체계적이에요. 동물과 구별되는 인간만의 특성으로 두 발로 서서 걷는다든지, 불을 사용한다든지, 도구를 사용한다는 것들을 들곤 합니다. 이런 것들도 물론 중요한 인간의 특징이지만, 인간만이 지닌 고유한 특징으로 언어를 사용한다는 점을 들 수 있어요. 이런 관점에서 인간을 호모 로퀜스Homoloquens라고 부르기도 하지요.

언어란 인간의 사상이나 감정을 표현하고, 의사를 소통하기 위한 소리나 문자 따위의 수단을 의미합니다. 그렇다면 인간과 동물을 구별 짓는 언어는 어떤 특징을 가지고 있을까요? 기본적으로 언어는 의사소통의 수단이 됩니다. 의사소통은 협동을 가능하게 했고, 이를 통해 자연의 위협을 극복할 수 있게 해 주었습니다. 또한 자신보다 크고 거친 동물을 사냥하는 것은 혼자만의 힘으로는 역부족이었을 겁니다. 이때 필요한 것이 바로 언어였지요. 비교적 단순한 꿀벌의 집단도 그 나름의 의사소통 수단이 필요했는데, 인간이라면 더 말해 무엇할까요? 이렇듯 인간은 언어가 있었기에 사회를 이룰 수 있었고, 문명을 만들어 나갈 수 있었습니다. 인간에게 언어가 없었다면 다른 동물에 비해 작고 나약한 신체로 이 지구상에서 살아남을 수 없었겠지요.

꿀벌의 의사소통은 '지금, 여기에서' 일어난 일만을 전달할 수 있지요. 그렇기 때문에 "어제 먹은 꿀은 참 맛있었는데."와 같은 표현을 사용하는 것은 불가능해요. 반면 인간의 언어는 '지금, 여기'에만 머물러 있지 않아요. 인간의 언어는 어제의 추억은 물론, 내일의 희망까지 말할 수 있답니다. 비록 지금의 삶이 힘들고 고통스럽더라도 미래를 꿈꿀 수 있기에 지금의 어려움을 극복할 수 있는 것이겠지요.

인간은 언어가 있어서 사고를 할 수 있습니다. 떠오른 생각이 머릿속에 맴돌기만 하고 정리가 되지 않았던 경험이 있을 거예요. 그럴 때 생각을 말로 표현해 보면 생각이 한결 명확해지는 것을 느낄 수 있어요. 더 나아가 말로 표현한 것을 글로 써 보면 자신의 생각이 훨씬 더 논리 정연해지는 것을 깨닫게 될 것입니다.

우리가 한국인임에도 불구하고 학교에서 많은 시간 국어를 공부하는 것은 단순히 글자를 읽고 쓰는 의사소통의 방법을 배우기 위해서가 아니에요. 생각이 곧 언어로 드러나기 때문이지요. 그래서 사고를 키우기 위해서는 언어를 잘 사용할 줄 알아야 해요. 사고력을 측정하는 지능 검사 항목에 언어 능력 검사가 들어 있는 것도 이 때문이지요.

언어는 그 언어를 사용하는 사회의 문화를 반영해요. 독일의 언어학자 훔볼트K.W.Humboldt는 '언어는 민족 정신의 반영'이라고 했습니다. 또한 문화는 언어를 통해 후대에까지 이어져요. 언어를 통해 다른 문화를 받아들여 새로운 문화를 만들기도 한답니다.

이누이트족은 북극 지방에서 혹독한 추위를 견디며 생활하는 사람들이에요. 이글루는 이누이트족의 주거 형태로 잘 알려져 있기도 하지요. 추위에 익숙한 이들의 언어에는 하늘에서 내리는 눈을 부르는 이름이 다양합니다. 눈을 다양하게 구별하는 문화가 언어에 반영된 것이지요. 다음과 같이 우리나라에서 눈을 그 특성에 따라 나눠 부르는 것과는 차이가 있어요.

우리나라의 눈 이름	이누이트족의 눈 이름
함박눈 싸라기눈 진눈깨비 가루눈	물 위에 떨어지는 눈 잘 뭉쳐진 눈 유리 같은 얼음으로 변한 눈 이른 아침 푸른빛으로 보이는 눈 녹았다가 다시 언 눈

우리나라는 농경 문화를 바탕으로 하고 있어요. 주식이 쌀이기 때문에 예로부터 벼농사가 중요했지요. 그래서 우리말에는 볍씨부터 시작해 모, 벼, 쌀, 밥 등 벼농사와 관련된 어휘가 발달해 있어요.

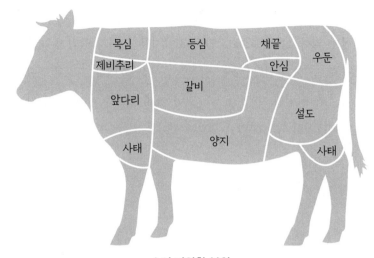

소의 다양한 부위

농사를 지을 때 소는 꼭 필요한 가축이었어요. 어린 송아지에 '코뚜레'를 뚫고 '굴레'를 씌운 후 등에 '멍에'를 지워 '쟁기'를 매달아 밭을 갈았지요. 이제는 벼농사도 기계화되어 이와 관련된 어휘들은 낯선 어휘가 되었지만요.

또한 동물성 단백질을 섭취하기 어려웠던 시절, 소는 인간에게 필요한 영양소를 공급해 주는 식량이기도 했어요. 그러다 보니 소의 활용도가 매우 높았습니다. 소는 식용으로 활용할 때 버리는 부위가 없다 보니 각각의 육질에 맞게 활용 방법이 달랐답니다. 육류를 많이 소비하는 서양에 비해 소고기 부위의 이름도 다양하지요. 그리고 각 부위의 특징에 맞게 음식의 재료로 사용하고 있고요. 이런 것도 언어를 통해 그 사회의 문화를 알 수 있는 한 사례예요.

한 언어가 사라지면 단순히 의사소통 수단 하나가 사라지는 게 아닙니다. 그 언어를 통해 오랜 기간 만들어 놓았던 문화도 사라지는 것이지요. 다시 말해 언어에 반영된 문화 하나가 사라지는 셈이 되는 거지요.

인간이 언어를 사용한다는 것은 인간과 동물을 구별 짓는 가장 큰 특징입니다. 언어는 의사소통을 위해 고안된 것이지만, 언어가 있었기 때문에 인간은 사고를 할 수 있고 집단생활을 영위할 수 있었습니다. 그리고 집단의 문화를 만들어 후대에 전할 수 있었어요. 그럼 이제 언어가 가지고 있는 보편적인 특성에는 어떤 것이 있는지 함께 생각해 보아요.

이것만은 알아 두세요.

1. 동물도 그 나름의 의사소통 수단이 있다.

2. 인간의 언어는 동물의 의사소통보다 정교하고 체계적이다.

3. 인간은 언어로 사고한다.

4. 언어에는 문화가 반영되어 있다.

풀어 볼까? 문제!

1. 꿀벌의 의사소통과 인간의 언어의 공통점, 차이점을 서술해 보세요.

2. 언어에 문화가 반영되어 있는 사례를 한 가지만 들어 보세요.

정답

1. 꿀벌의 의사소통과 인간의 언어는 모두 정보를 전달한다는 공통점이 있다. 그러나 꿀벌의 의사소통은 '지금, 여기'에 있는 정보만 전달할 수 있지만, 인간의 언어는 과거와 미래의 정보도 전달할 수 있다.

2. 이누이트족의 눈 이름은 우리말의 눈 이름보다 훨씬 발달해 있다.

2. 언어는 어떤 성질을 가지고 있을까?

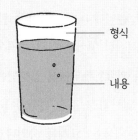

물 잔의 내용과 형식

　유리잔에 물이 들어 있어요. 우리는 이걸 보고 물 잔이라고 불러요. 이것을 물 잔이라고 부르는 이유는 두 가지예요. 하나는 잔 속의 내용물이 물이기 때문이에요. 다른 하나는 물을 담은 잔이 유리로 되어 있기 때문이지요. 만약 물 대신 주스를 담는다면 주스 잔이라고 부르겠지요. 주스 대신 커피를 담는다면 커피 잔이라고 부를 수 있을 거예요. 내용물에 따라 이름이 바뀌지요.

　그럼 내용을 담고 있는 형식을 바꾸어 볼까요? 물을 유리잔이 아닌 종이컵에 담으면 뭐라고 부를까요? 이전처럼 유리잔이라고 부르기에는 좀 껄끄럽지요. 아마 물컵이라고 부르면 적절할 것 같아요. 컵은 꼭 유리가 아닌 경우도 있으니까요. 만약 종이컵 대신 대접에 물을 담아 보면 어떨까요? 이렇게 되면 물 대접 혹은 물그릇이라고 불러야 적절할 것 같아요.

세상의 모든 현상은 내용과 형식으로 이루어져 있어요. 좀 전에 살펴보았던 물 잔 하나만 보더라도 물이라는 내용이 유리잔이라는 형식에 담겨 있어 하나의 사물이 완성된 것이지요. 그렇기 때문에 하나의 현상을 설명할 때에는 내용과 형식의 관계를 잘 따져 봐야 해요. 내용이 바뀌거나 형식이 바뀌면 사물의 본질이 바뀔 수도 있거든요. 예를 들어 집에 온 손님에게 주스를 국 대접에 담아 대접할 수는 없잖아요. 국 대접에 주스를 따라 준다고 주스의 본질이 바뀌는 것은 아니지만, 손님에 대한 예의에는 한참 벗어나겠지요. 그래서 적절한 내용을 담기 위해 적절한 형식을 취하는 것은 매우 중요해요.

인사를 예로 들어 볼까요? 복도에서 선생님을 만났을 때 잠시 걸음을 멈추고 고개를 살짝 숙여 인사하는 것은 선생님에 대한 존경과 예의를 표시하는 방식이에요. '예의'라는 내용을 '고개를 숙인다'는 형식에 담아 표현하는 것이지요. 선생님을 존경한다고 해도 복도에서 뛰어가며 고개를 까딱하는 모습은 인사의 형식으로 적절하지 않아요. 그런 식으로 인사를 하게 되면 결국 인사 자체가 부정당하게 돼요.

1) 기호의 특성

'기호'란 어떠한 뜻을 나타내거나 사물을 지시하기 위해 쓰이는 부호나 그림, 문자 따위를 통틀어 이르는 말이에요. 우리가 자주 접하는 기호는 어떤 것이 있을까요? 수학 계산 부호, 교통 표지판, 픽토그램 같은 게 있을 거예요. 이러한 기호도 내용과 형식으로 이루어져 있습니다.

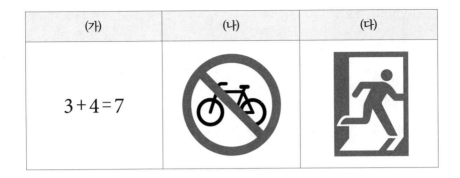

(가)	(나)	(다)
3+4=7		

(가)에는 두 종류의 기호가 사용되었습니다. 연산 기호와 아라비아 숫자가 그것이지요. '+'는 앞에 있는 숫자와 뒤에 있는 숫자를 더하라는 의미를 가지고 있어요. '='은 왼쪽에서 계산한 값을 오른쪽에 나타내라는 의미예요. 각각의 의미를 '+'와 '='이라는 형식으로 표현한 것이지요. 아라비아 숫자 역시 수를 나타내는 기호예요. 아라비아 숫자를 비롯해, 수학의 연산 기호는 세계 모든 나라가 같은 내용과 형식을 사용해요.

(나)의 표지판은 '자전거 통행 금지'라는 내용을 그림의 형식으로 표현하고 있어요. 원 안의 사선은 무언가를 금지할 때 사용해요. 금지의 대상이 되는 자전거는 추상적으로 단순화되어 가운데에 그려져 있어요. 각 나라별로 교통 표지판의 형식은 조금씩 다르지만 그 사회의 문화를 어느 정도 알고 있다면 충분히 예측할 수 있는 그림이나 문자가 담겨 있어요.

(다)는 비상구를 알려 주는 표지판에 쓰이는 그림이에요. 이와 같은 그림을 픽토그램이라고 하는데, 어떤 사람이 보더라도 같은 의미로 통할 수 있는 그림으로 된 기호 체계의 일종이지요. 픽토그램은 세계인의 축제인 올림픽에서 경기 종목을 표시할 때 흔히 사용돼요. 비록 언어는 달라도 누구나 그림을 보면 무엇을 의미하는지 유추할 수 있어요.

2) 언어의 기호성

그렇다면 언어는 어떨까요? 이미 기호의 정의에서도 드러났듯이 언어는 일종의 기호예요. 그러다 보니 언어도 내용과 형식으로 이루어져 있지요. 언어의 내용은 의미이고 형식은 음성이에요. 언어의 내용은 상대방에게 전달하고자하는 바인데, 의미는 스스로 이동할 수 없어요. 언어의 형식인 음성에 담아야비로소 상대방에게 전달될 수 있답니다. 의사소통의 과정은 마치 수레에 짐을실어 상대에게 전달하는 것과 같아요. 말을 하는 사람, 즉 화자는 의미를 음성에 담아 듣는 사람, 즉 청자에게 전하는 거예요. 그렇게 의사소통이 완성되지요.

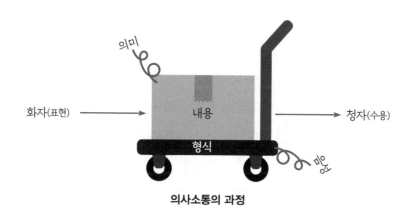

의사소통의 과정

이처럼 일정한 내용을 일정한 형식으로 나타내는 언어의 특성을 언어의 기호성이라고 해요. 다시 말해 기호로서의 언어는 음성이라는 형식에, 의미라는내용을 담아 전달하는 의사소통의 체계를 의미해요.

3) 언어의 자의성

의미: '우주에서 반짝이는 천체'로 동일함.	음성: 나라마다 다름.
★	한국 – [별] 일본 – [호시] 중국 – [싱] 미국 – [스타] 프랑스 – [에뜨왈]

우리나라에서는 '우주에서 반짝이는 천체'라는 의미를 지닌 사물을 [별]이라고 불러요. 그래서 우리는 [별]이라는 소리를 들으면 마음속에 느껴지는 정서가 있어요. 왠지 아련하고 그립고 아름답고 반짝이는 느낌이 들지요. 그런데 다른 나라 사람들에게는 [별]이라는 소리가 주는 느낌이 우리와는 달라요. 언어에 따라 같은 대상을 가리키는 말이 다르기 때문이에요.

우리나라에서는 '별'을 [별]이라고 부르지만 일본에서는 [호시]라고 불러요. 중국에서는 '별'을 [싱]이라고 부릅니다. 우리가 잘 알고 있는 영어를 사용하는 나라에서는 [스타]라고 부르고 프랑스에서는 [에뜨왈]이라고 부르지요. 똑같은 '별'을 가리키는 말이 나라마다 다르다는 뜻입니다. 즉 의미가 같더라도 음성은 사용하는 언어에 따라 다릅니다. 이런 결과가 나오는 이유는 언어의 자의성恣意性 때문이에요. '자의恣意'는 '제멋대로 하는 생각'을 의미해요. 언어의 자의성이란 언어를 이루고 있는 내용과 형식이 임의적으로 결합해 있다는 의미입니다. 다시 말해 음성과 의미의 결합이 제멋대로 결합하는 특성이 있기 때문에, 나라마다 같은 대상을 부르는 말이 달라지는 결과가 빚어져요. 우리나라에서는 '별'을 [별]이라고 부르지만, 다른 나라에서는 꼭 그것을 [별]이라고 부를 이유가 없다는 뜻입니다.

4) 언어의 사회성

여기서 유의해야 할 것은 음성과 의미의 결합이 자의적이라고 해서 개인이 마음대로 바꿔 부르면 안 된다는 점입니다. 스위스 작가 페터 빅셀Peter Bichsel이 쓴 소설《책상은 책상이다》는 이를 어겼을 때 어떤 일이 벌어지는지 잘 보여 주고 있습니다. 소설 속 주인공은 무료한 삶에서 벗어나고자 자신이 사용하는 말에 의문을 품어요. 그리고 "이제 모든 것이 달라질 거야."라고 외치며, 각각의 단어를 자기 마음대로 바꿔 부르기로 다짐합니다. 신문을 침대로, 거울을 의자로, 옷장을 신문으로, 사진을 책상으로……. 결국 주인공은 자기만의 세계에 빠져 다른 사람과 대화를 나눌 수 없게 되는 것으로 소설은 끝이 납니다. 주인공이 다른 사람과 다른 말을 사용한 결과, 의사소통을 할 수 없게 된 거예요. 언어의 사회성을 생각하지 않고 언어를 사용했기 때문에 불행

한 결말을 맞이할 수밖에 없었던 것입니다.

언어는 그 언어를 사용하는 사람들 사이의 사회적 약속이라는 것이 언어의 사회성입니다. 의사소통을 하기 위해서는 이 약속을 지켜야만 해요. 같은 언어를 사용하는 사람끼리는 약속을 함부로 어기고 바꿔서는 안 돼요. 그래서 언어의 사회성은 다른 말로 언어의 불역성이라고도 해요. '불역不易'이라는 말은 바꿀 수 없다는 뜻이에요. 언어를 사용할 때에는 사회적 약속을 잘 지켜야 원활한 의사소통을 할 수 있습니다.

5) 언어의 역사성

언어가 사회성을 지녔다고 해서 언어가 바뀌지 않는 건 아니에요. 때로는 언어가 바뀔 수도 있어요. 뭔가 이율배반적인 말 같지만, 사회성의 뜻을 생각해 보면 알 수 있어요. 언어는 사회 구성원 사이의 약속이기 때문에 함부로 바꾸면 안 된다는 게 언어의 사회성이잖아요. 그런데 약속이 바뀐다면 어떨까요? 같은 언어를 사용하는 사람들 사이의 약속이 바뀌면 언어도 바뀔 수 있어요. 그렇다고 해서 언어가 하루아침에 바뀌는 건 아니겠지요. 오랫동안 서서히 약속이 바뀌면서 언어가 바뀌기도 해요. 즉 언어는 시간이 흐름에 따라 끊임없이 변화하는데 이러한 특성을 언어의 역사성歷史性이라고 해요.

언어의 사회성과 역사성은 서로 모순되는 것 같아 보여요. 하지만 동전의 양면처럼 언어가 가지고 있는 중요한 두 가지 특성이기도 해요. 언어는 마치 생명체와 같아요. 생명체의 일생을 보면 태어나서 성장해 마지막에는 죽게 되지요. 언어도 마찬가지예요. 언어는 역사성이 있기 때문에 생성과 변화 그리고 소멸의 과정을 겪게 돼요.

먼저 언어의 생성과 관련하여, 새로운 사물이 나타나면 새로운 말이 생겨요. 현대 사회는 급격하게 변화하고 있어요. 특히 전자·통신 기기는 자고 일어나면 새로운 게 생길 정도로 신제품이 물밀듯이 생활 속을 파고들고 있지요. 20년 전만 하더라도 스마트폰, 태블릿, SNS와 같은 말들은 존재하지 않았어요. 지금은 일상어가 되었지만요.

또한 새로운 개념이나 현상이 나타나면서 새로운 말이 만들어지기도 해요. '돈쭐내다', '워라밸', '임친아' 등은 사회의 변화에 따라 새로 만들어진 말이에요. 신조어라 불리는 이런 표현들은 사회의 변화된 모습을 반영하기도 해요.

새로 만들어진 말들이 오랫동안 그대로 남아 있는 경우도 있지만, 시간이 흐르면서 바뀌기도 해요. 언어는 기호이기 때문에 내용과 형식으로 이루어져 있다고 했던 것 기억하나요? 마찬가지로 언어가 바뀔 때에는 내용이 바뀌기도 하고 형식이 바뀌기도 해요.

> 불휘 기픈 남군 부루매 아니 뮐씨 곶 됴코 여름 하누니
> 시미 기픈 므른 ㄱ무래 아니 그츨씨 내히 이러 바루래 가누니
>
> ―《용비어천가》龍飛御天歌 2장에서

세종 27년(1445년)에 편찬되어 세종 29년(1447년)에 발간된 《용비어천가》의 일부예요. 지금 보면 이게 우리말인가 싶기도 하지만, 엄연한 우리말이에요. 훈민정음을 만들고 나서 우리말로 된 노래를 잘 표현할 수 있다는 것을 보여 주기 위해 만든 노래이기도 해요. 여기에는 지금 쓰이지 않는 문자가 있어요. 'ㆍ'는 '아래아'라고 부르는데, 이름에서 알 수 있듯이 모음 'ㅏ'와 비슷하게 소리가 난다고 생각하면 돼요. '남군'은 [남간], '부루매'는 [바라매]로 읽으면 된답

니다. 그럼 '뮐씨'와 '시미'는 어떻게 읽을까요? 각각 [뮐째]와 [새미]라고 읽으면 돼요. 모르는 문자를 읽는 법을 배웠으니 《용비어천가》를 천천히 한번 읽어 볼까요? 어때요, 잘 읽히나요?

원문을 요즘 말로 바꾸어 보면 다음과 같아요.

뿌리가 깊은 나무는 바람에 아니 흔들리므로, 꽃이 찬란하게 피고 열매가 많으니
샘이 깊은 물은 가뭄에도 아니 그치므로 냇물이 이루어져 바다에 가느니

이렇게 해석해 놓고 보니, 우리말 같아 보이나요? 중요한 것은 시간이 아무리 흘러도 문장의 기본 구조는 바뀌지 않는다는 거예요. 다만 문장을 이루는 단어나 문법 형태소는 지금과 달라지기도 해요.

《용비어천가》를 살펴보면 지금과 같은 말도 있고 다른 말도 있지요. 일단 당시의 표기와 지금의 표기가 좀 다른 것을 감안하고 순수하게 소리의 면에서만 보면, '깊은', '바람', '아니', '샘', '내', '가다'와 같은 말은 지금까지도 같은 의미로 쓰이는 단어예요.

반면 형식이 지금과 많이 달라진 것이 있어요. '곶(꽃)', '둏다(좋다)', '믈(물)', '그츨(그칠)'은 언어의 형식, 즉 소리가 달라진 예예요. 단어의 형태가 달라진 것도 있어요. '불휘(뿌리)', '남ㄱ(나무)', 'ㄱ물(가뭄)', '바롤(바다)'와 같은 단어는 지금 사용되는 단어의 옛 형태를 보여 줘요. 비슷하다면 비슷하고 다르다면 다르지요.

의미가 달라진 말들도 보여요. 《용비어천가》에 쓰인 '여름'은 오늘날 '열매'를 의미해요. 요즘 사용하는 '여름'은 계절 중 하나이지요. 또한 15세기에는 '하다'

라는 표현이 있는데, '많다'라는 의미예요. 지금의 '하다'와 형태는 같지만 의미가 다른 예이지요.

마지막으로 시간이 흘러 사라진 말도 있어요. 《용비어천가》에 쓰인 '뮈다'라는 동사는 '흔들리다'라는 뜻으로 사용되었는데, 지금은 그 흔적을 찾아볼 수 없어요. 특히 자료에 '뮐씨'와 '그츨씨'에서 두 번이나 쓰인 어미 '-ㄹ씨'는 원인을 나타내는 '-므로'의 의미를 나타내는 말인데, 지금은 쓰이지 않아요.

이 밖에도 '가람(강)', '뫼(산)', '온(숫자 백)', '즈믄(숫자 천)', '미르(용)'과 같은 말들은 지금은 사라져 사용되지 않는 어휘예요. 한자어에 밀려 사라진 아름다운 우리말이지요. 그래서 사라진 우리말로 예스러운 느낌을 주고 싶거나 정감 어린 표현을 사용하고 싶을 때 종종 이런 단어들을 되살려 쓰기도 해요. 특히 숫자 '백'을 뜻하는 '온'은 '온 누리', '온 동네', '온 세상'과 같은 말에 화석처럼 남아서 '전체, 전부'의 의미를 나타내기도 합니다. 그런 점에서 '온'은 완전히 사라졌다기보다 의미를 살짝 바꿔 생명을 이어 나간다고 볼 수도 있겠네요.

6) 언어의 창조성

창조創造란 새로운 것을 처음 만들어 낸다는 뜻이에요. 언어의 창조성은 새로운 언어 표현을 만들어 낼 수 있는 능력을 말합니다. 세계의 모든 언어가 지닌 보편적 특성 중 하나지요. 가장 간단하게는 언어의 역사성에서 살펴본 것처럼 새로운 사물이나 개념이 생기면 새로운 단어를 만들어 낼 수 있는 것도 언어의 창조성 때문이에요.

또한 몇 개의 음운으로 무한대에 가까운 소리를 만들어 내는 것도 언어의 창조성 때문에 가능한 것입니다. 국어의 경우 자음 19개와 모음 21개의 음운,

즉 소리를 조합해 무수한 음절을 만들어 낼 수 있어요.

그런데 언어의 창조성은 단어나 소리를 만들어 내는 것에 그치지 않아요. 우리는 한 번도 들어 보지 못한 문장을 만들고 이를 또 이해할 수 있지요. 이 것도 언어의 창조성 때문이랍니다.

> 어젯밤 꿈속에서 배를 타고 반짝이는 호수에 갔어. 맑은 호수 아래에 꽃밭이 펼쳐져 있는데, 돌고래와 사자가 서로 춤을 추고 있더라니까. 그때 참새가 나 타나 장미꽃에게 무언가 속삭이고 지나가자 하늘 위로 물고기 떼가 후드득하 고 날아갔지 뭐야.

이 이야기는 꿈을 꾼 내용을 말하고 있는데, 현실에서는 일어날 수 없는 황 당한 내용을 담고 있어요. 이런 표현은 아마 한 번도 들어 보지 못했을 거예 요. 왜냐하면 아무도 이런 문장을 만들어 본 적이 없었을 테니까요. 그럼에도 불구하고 우리는 이 문장을 읽거나 듣고 이해할 수 있어요.

또한 언어의 창조성은 문장을 끊임없이 길게 만들 수 있게 해 줘요.

> 어제 친구들을 만나 놀이동산에 가서 회전목마를 탔는데, 간식이 먹고 싶어 서 아이스크림을 사 먹고, 화장실에 들렀다가 초등학교 동창을 만나서 한참 이야기를 하다가, 배가 고파져서 햄버거를 사 먹고…….

인간에게 기억력의 한계나 신체적 제약이 없다면 이런 방식으로 죽을 때까 지 문장을 확장시킬 수 있을 거예요. 이렇듯 언어의 창조성이야말로 인간의 의사소통 수단을 언어라 부를 수 있는 가장 강력한 증거가 됩니다. 인간이 창조적으로 언어를 사용하는 것은 동물과 구별되는 가장 큰 특징이라 할 수 있어요.

7) 언어의 규칙성

단어나 소리, 문장을 만들 때 자기 마음대로 만들면 곤란해요. 그렇게 만들어진 표현으로는 의사소통을 할 수가 없기 때문이에요. 언어의 규칙성은 새로운 문장이나 단어를 만들 때 일정한 규칙을 따라야 함을 뜻합니다.

하늘을 푸른 날아갔다 새가.

이 문장은 단어들이 결합되어 있지만 의미를 전할 수 없습니다. 문장을 이루는 규칙을 어기고 있기 때문이지요. 우리 국어의 문장은 주어와 서술어 사이에 목적어가 놓여야 하는 규칙이 있습니다. 또한 꾸며 주는 말은 꾸밈을 받는 말 앞에 놓여야 하지요. 우리말의 규칙에 맞게 문장을 만들면 다음과 같을 것입니다.

새가 푸른 하늘을 날아갔다.

문장을 만들 때 어순만 중요한 것이 아닙니다. 사용되는 단어의 의미 역시도 일정한 규칙을 따라야 해요.

새가 푸른 하늘을 헤엄쳤다.

이 문장에서 '새'는 '헤엄쳤다'와 같은 행위를 할 수 없습니다. 단어의 의미를 적절히 사용해야 한다는 약속을 지키지 않았기 때문에 이런 문장을 사용하면 의사소통을 할 수 없어요. 다만 창의적인 표현으로 언어의 아름다움을 추구하고자 하는 입장에서는 의도적으로 언어의 규칙을 파괴하는 경우가 있기도 합니다. 그렇지만 일상적으로 언어를 사용할 때에는 각각의 언어에 들어 있는 있는 규칙을 따라야만 올바른 의사소통을 할 수 있겠지요.

이처럼 언어에는 다양한 특성이 있습니다. 언어의 특성은 한국어만이 아니라 모든 언어에 공통적으로 있는 것입니다. 그래서 언어의 보편적 특성이라고 부르는 것이지요. 보편적普遍的이라는 말은 모든 것에 두루 다 미치거나 통한다는 의미입니다. 이 책에서는 앞으로 언어의 보편적 특성과 함께 우리말만이 가지고 있는 특수성特殊性을 알아볼 것입니다. 그것이 바로 국어 문법이기 때문입니다.

이것만은 알아 두세요.

언어의 특성	의미
기호성	언어는 내용과 형식으로 이루어진 기호의 체계임.
자의성	언어의 내용과 형식은 임의적으로 결합함.
사회성	언어는 언어를 사용하는 사람들 사이의 사회적 약속임.
역사성	언어는 시간이 흐름에 따라 생성, 변화, 소멸의 과정을 거침.
창조성	언어는 새로운 언어 표현을 무수히 만들어 낼 수 있음.
규칙성	언어는 새로운 문장이나 단어를 만들 때 규칙을 따라야 함.

풀어 볼까? 문제!

1. 언어의 특성과 그 예입니다. 바르게 짝지어 보세요.

① 기호성   ㉠ 우리는 한 번도 들어 보지 못한 말을 이해할 수 있다.

② 자의성   ㉡ '강'을 뜻하는 '가람'은 사라진 말이 되었다.

③ 사회성   ㉢ 단어를 제멋대로 바꾸면 의사소통을 할 수 없다.

④ 역사성   ㉣ ★(별)을 다른 나라에서는 [별]이라고 부르지 않는다.

⑤ 창조성   ㉤ 문장을 만들 때에는 어순을 지켜야 한다.

⑥ 규칙성   ㉥ 언어는 음성과 의미가 결합되어 있다.

정답

1. ①-㉥ / ②-㉣ / ③-㉢ / ④-㉡ / ⑤-㉠ / ⑥-㉤

3. 언어는 쓰임새가 다양해!

주인과 손님의 대화

그림은 어느 웹툰 작가의 만화예요. 주인이 한 말의 의도를 잘못 파악한 손님의 대답이 어처구니가 없어 웃음을 유발해요. 이 만화가 재미있게 느껴진 이유는 무엇일까요? 그걸 설명하려면 언어의 기능을 알아야 해요.

우리가 사용하는 언어는 여러 가지 기능이 있어요. 그중 몇 가지 중요한 기능으로 지시적 기능, 정보적 기능, 친교적 기능, 명령적 기능, 정서적 기능, 미적 기능을 들 수 있어요.

1) 지시적 기능

지시적 기능은 언어가 어떤 사물이나 개념을 가리키는 데 사용되는 것을 말해요. '저 별은 샛별이다.'와 같은 말은 하늘에 떠 있는 별이 무엇인지를 알려 주는 역할을 하고 있어요. 또한 '샛별은 새벽에 동쪽 하늘에 매우 밝게 보이는 별이다.'와 같이 개념을 설명하기 위해 언어를 사용하는 것도 지시적 기능에 해당해요. 언어의 기능 중 가장 본질적인 기능이라고 할 수 있어요.

2) 정보적 기능

정보적 기능은 알려 주어야 할 내용을 전달하거나 설명해 주는 언어의 기능을 말합니다. '5월은 가정의 달이다.'와 같은 표현에서 시작해 유적지에 있는 안내문 등이 모두 정보적 기능에 충실한 언어 표현이에요.

정보적 기능은 앞서 말한 지시적 기능과 거의 비슷한 역할을 해요. 그래서 지시적 기능과 정보적 기능을 구별하지 않고 사용하기도 한답니다.

3) 친교적 기능

때로는 언어가 인간관계를 원활하게 하는 데에 사용되기도 하는데, 이런 기능을 친교적 기능이라고 해요. 화자와 청자가 서로 간의 친분을 확인하고, 사회적 유대감도 확인하는 기능으로 다른 말로는 사교적 기능이라고도 해요. 인사말은 친교적 기능의 대표적인 언어 표현이에요. 또한 대화를 지속하기 위해 사용하는 맞장구 표현 등도 모두 언어의 친교적 기능을 활용한 것이라 할 수 있습니다. 인간이 의사소통을 하는 것은 단순히 정보만을 전달하기 위해서만이 아니거든요. 사회를 유지하기 위해서는 서로 좋은 관계를 맺고 살아야 하는데, 이때 언어의 친교적 기능을 적극적으로 활용해야 해요.

그런데 친교적 기능으로 언어를 사용할 때에는 주의해야 해요. 친교적 표현에는 사회의 문화가 많이 반영되어 있기 때문이에요. 우리나라에서 어른들이 어린아이를 처음 만날 때 "몇 살?" 하며 어린아이의 나이를 물어봐요. 사실 어른의 입장에서 아이의 나이가 그리 궁금할 것은 없지만, 아이에게 친근하게 다가가고 싶은 마음을 나이 묻기로 표현한 거예요. 여기에는 나이에 따라 서로의 관계를 자리매김하는 우리의 문화가 바탕에 깔려 있어요.

식사 시간 전후에 지인을 만나면 "밥은 먹었어요?" 하고 물어봐요. 이것 역시도 관계를 매끄럽게 이어 나가기 위한 말하기예요. 그 밖에 바뀐 머리 모양에 관심을 갖는다든지, 명절 때 오랜만에 만난 친척이 학교 성적을 묻는 것도 모두 친교적 기능의 언어 표현이에요.

다만 이 경우 유의해야 할 점이 있습니다. 과거에는 아무렇지 않게 받아들여졌던 언어 표현이 사회의 문화와 사람들의 인식이 바뀌면서 상대에게 불쾌감을 주는 경우가 있지요. 진학이나 취업, 결혼, 출산 등 사생활에 관련된 민감한 내용을 친교적 표현이랍시고 물었다가는 친해지기는커녕 오히려 불편한 관계가 될 수도 있어요. 그렇기 때문에 친근함을 표현할 목적으로 언어를 사용할 때에는 상대의 처지와 입장, 사회의 변화와 문화 등을 신중하게 고려해야 해요.

4) 명령적 기능

명령적 기능은 청자에게 무엇을 하게 하거나 혹은 하지 않게 하는 언어의 기능이에요. 다시 말해 청자의 행동이나 마음이 움직이도록 하는 것을 목적으로 하는 말하기예요. 보통은 "창문을 열어라."처럼 명령문의 형태로 원하는 바를 직접 표현해요.

그런데 현대 사회에서는 직접 명령을 사용하는 경우가 드물어요. 직접 명령을 사용하면 빠르고 정확하게 목적하는 바를 전해 청자의 변화를 이끌어 낼 수 있어요. 하지만 직접 명령은 권위적이고 고압적으로 느껴져 청자의 마음을 상하게 할 수 있거든요. 상대방이 정확히 알아들을 수 있도록 명료하게 표현하는 것은 중요해요. 그렇지만 그에 못지않게 공손하게 말하는 것도 중요하답니다. 만약 명료성과 공손성의 가치가 충돌할 때에는 다소 모호하더라도 공손성의 가치를 따르는 것이 더 적절한 의사소통이라 여겨지거든요. 그래서 요새는 직접 명령보다 간접 명령의 방식을 취하는 경우가 더 흔해요.

간접 명령은 명령문의 형태를 사용하지 않고 돌려 말하는 방식이에요. 방안이 더울 때 "창문 좀 열자."와 같이 청유문의 형태를 사용하여 상대에게 요청하는 방식을 택하지요. 청유문은 화자도 함께 행동에 동참하는 것을 의미하는데, 이 경우 화자가 청자와 함께 창문을 여는 일에 참여하지는 않을 거예요. 청자에게 창문을 열라고 우회적으로 명령하는 것이지요.

때로는 명령문이나 청유문을 사용하지 않고서도 명령을 내릴 수도 있어요. "방이 좀 덥네."와 같은 평서문을 사용한다든지 "방이 좀 덥지 않니?"와 같은 의문문을 사용해서도 창문을 열어 달라는 의미를 전할 수 있어요. 일반적으로 평서문은 정보를 전달하는 말하기에 많이 사용되는데, 이 경우는 "창문을 열어라."와 같은 명령적 기능으로 사용돼요.

의문문은 청자에게 대답을 요청하는 말하기예요. 그런데 "방이 좀 덥지 않니?"라는 표현은 청자에게 방이 더우니 문을 열라는 명령의 의미를 간접적으로 표현하고 있어요. 그걸 잘못 알아듣고 "네, 방이 좀 덥네요."라든지 "아니요, 저는 안 더운데요."와 같이 대답한다면 곤란한 일이 생기겠지요.

많은 사람들의 행동을 변화시키기 위한 캠페인 활동이나 광고 포스터 등에서는 직접 명령의 방식보다 간접 명령의 방식이 더 자주 사용돼요. 직접 명령은 청자에게 거부감을 줄 수 있어 자칫하면 원하는 바를 이루지 못할 수도 있기 때문이에요.

명령적 기능을 수행하는 공익 광고

이 공익 광고의 표제는 '지금 쓰는 그 댓글, 마음에 못을 박습니다.'입니다. 얼핏 보면 정보를 전달하는 말하기 같아 보여요. 그런데 설마 이 광고를 보고

'아! 그렇구나. 댓글이 마음에 못을 박을 수도 있다는 것을 알았네.'라고 생각하며 지나치는 사람은 없겠지요? 이 광고는 악성 댓글의 문제를 제기하며, 궁극적으로는 '악성 댓글을 달지 말아라.'와 같은 의미를 전달하는 명령적 기능을 수행하는 것으로 이해해야 해요.

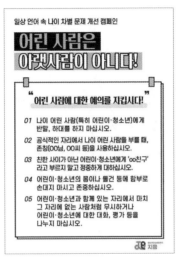

명령적 기능을 수행하는 캠페인

이 캠페인의 표제는 '어린 사람은 아랫사람이 아니다!'예요. 이 표현 역시 정보 전달의 기능을 하는 것 같아요. 하지만 이 표현은 어린이와 청소년의 인권을 침해하는 어른들의 말과 행동을 경계하며 실천 사항 다섯 가지를 제시하고 있어요. 실천 사항 다섯 가지를 보면 모두 명령문의 형태예요. 결국 '어린 사람은 아랫사람이 아니다!'라는 표현은 '아동과 청소년의 인권을 보호하라.'는 명령의 우회적 표현이라고 할 수 있어요.

5) 정서적 기능

언어의 정서적 기능은 화자의 정서가 주된 전달 내용이에요. 정서는 마음에서 일어나는 여러 가지 감정을 말해요. 기쁨이나 슬픔을 비롯하여 대상에 대한 느낌도 모두 정서에 포함돼요.

(가) 오늘 기분이 정말 좋아.
(나) 아, 꽃이 예쁘네.

(가)는 화자의 감정을 표현하는 말이에요. 기분이 좋다는 감정을 직접적으로 드러내고 있어요. (나)는 화자가 바라보고 있는 대상에 대한 느낌을 표현한 거예요. 꽃이 예쁘다고 느낀 바를 언어로 표현한 것이지요. 이렇듯 언어의 정서적 기능은 화자의 내면에서 일어나는 감정이나 느낌을 겉으로 표현하는 기능이기 때문에 표출적 기능이라고도 해요.

6) 미적 기능

언어의 예술적 기능으로 미적 기능이 있어요. 언어의 아름다움을 추구하는 기능이지요. 아름다운 언어 표현이 사용되면 훨씬 더 듣기 좋고 오랫동안 기억할 수 있어요. 또한 언어 표현을 듣는 사람의 감정이나 정서를 불러일으킬 수도 있어요. 세상의 아름다움을 추구하고자 하는 인간의 욕망이 담겨 있는 기능이지요.

(가) 콩 심은 데 콩 나고, 팥 심은 데 팥 난다.

(나) 떴다 떴다 비행기, 날아라, 날아라.

(다) 새악시 볼에 떠오는 부끄럼같이

    시의 가슴에 살포시 젖는 물결같이

    보드레한 에메랄드 얇게 흐르는

    실비단 하늘을 바라보고 싶다.

(가)는 속담이에요. 원인에 따라 결과가 생긴다는 것을 비유적으로 이르는 말이지요. 그런데 일상의 언어로 사용하면 표현의 효과가 떨어져요. 대구를 이루고 있는 언어 표현이 운율감을 느끼게 하고 비유적 표현이 상황을 더 구체적으로 이해할 수 있게 해 줘요. 이렇듯 속담의 표현에서는 언어의 미적 기능을 활용하는 예가 많아요.

(나)는 동요의 가사예요. 노래의 음악성을 표현하기 위해 동일한 단어를 반복하면서 운율을 형성하고 있어요. 노래의 가사를 일상어로 바꾸면 '비행기가 떴다'일 텐데, 이렇게 표현하면 언어의 아름다움을 전달할 수 없지요.

(다)는 김영랑 시인의 시 〈돌담에 속삭이는 햇발〉의 2연이에요. 언어 표현의 아름다움을 잘 대변해 주는 시랍니다. 봄의 아름다움을 아름다운 시어에 담아내고 있어요. 특히 마지막 두 행에서는 'ㄹ' 소리가 반복되면서 경쾌하고 밝은 느낌을 주지요.

이렇듯 속담이나 노랫말, 시에서는 언어의 미적 기능이 잘 드러나요. 미적 기능은 언어의 형식이 주는 효과를 중시함으로써 언어의 표현을 더욱 인상 깊게 해 주고 표현의 효과를 높여 줘요. 그래서 일상의 언어 표현에 비해 더 이목을 끌고 오랫동안 기억할 수 있게 해 준답니다.

특히, 문학 작품 중 시는 언어의 아름다움을 본질로 하는 예술의 갈래이기 때문에 언어의 미적 기능을 시적 기능이라고도 불러요. (다)를 보면 잘 알 수 있겠지요?

앞에서 언어의 다양한 기능을 살펴보았습니다. 언어의 명령적 기능에서 살펴본 것처럼 언어의 기능은 상황에 따라 다른 기능으로 쓰일 수 있어요. 뿐만 아니라 하나의 표현이 동시에 여러 기능으로 쓰일 수도 있답니다. 이를 두고 야콥슨이라는 언어학자는 어느 한 가지 기능만이 독점적으로 성립되는 언어 메시지는 거의 없다고까지 했어요. 그렇기 때문에 언어의 기능을 제대로 파악하기 위해서는 맥락을 잘 따져 봐야 해요. 이를 위해 다음에는 담화와 맥락의 관계를 생각해 볼 거예요.

이것만은 알아 두세요.

언어의 기능	의미
지시적 기능	어떤 사물이나 개념을 가리키는 데 사용됨.
정보적 기능	알려 주어야 할 내용을 전달하거나 설명하는 데 사용됨.
친교적 기능	인간관계를 원활하게 하는 데 사용됨.
명령적 기능	청자에게 무엇을 하게 하거나 혹은 하지 않게 하는 데 사용됨.
정서적 기능	화자의 감정이나 느낌을 표현하는 데 사용됨.
미적 기능	언어의 아름다움을 표현하는 데 사용됨.

풀어 볼까? 문제!

1. 언어의 기능과 그 예입니다. 바르게 짝지어 보세요.

① 지시적 기능   ㉠ 창문을 열어라.

② 정보적 기능   ㉡ 저 별은 샛별이다.

③ 친교적 기능   ㉢ 아, 꽃이 예쁘네.

④ 명령적 기능   ㉣ 보드레한 에메랄드 얇게 흐르는

⑤ 정서적 기능   ㉤ 밥은 먹었어요?

⑥ 미적 기능   ㉥ 5월은 가정의 달이다.

정답

1. ①-㉡ / ②-㉥ / ③-㉤ / ④-㉠ / ⑤-㉢ / ⑥-㉣

4. 맥락을 알아야 알아듣지!

> 수업 시작을 알리는 종이 울리고 선생님이 교실에 들어온다.
>
> 여전히 자리에 앉지 않고 장난을 치는 두 학생들을 보며,
>
> 선생님: (한심한 듯한 표정으로) 너희들 지금 뭐 하고 있는 거니?
>
> 학　생: (해맑은 미소를 지으며) 레슬링하는데요.
>
> 선생님: (헛웃음을 치며) 재밌니?
>
> 학　생: (여전히 행동을 바꾸지 않고) 네, 너무 재밌어요.
>
> 선생님: (다소 격앙된 말투로) 지금 무슨 시간이니?
>
> 학　생: (어리둥절한 표정으로) 국어 시간이잖아요.
>
> 선생님: (큰 소리로) 빨리 자리에 앉아서 수업 준비해.

　교실에서 수업이 시작되었는데도 수업 준비를 하지 않고 장난치고 있는 학생을 보고 선생님께서 지적을 하고 있는 장면이에요. 학교생활을 하면서 여러분들도 한 번쯤은 겪어 보았을 법한 상황일 겁니다. 선생님의 질문에 아무렇지도 않게 대답을 했을 뿐인데, 선생님께 훈계를 들었던 경험 말이에요.

　앞에서 언어에는 다양한 기능이 있다는 것을 공부했어요. 그런데 이런 언어

의 기능은 개별적으로 존재하기보다 그 언어가 표현되고 있는 상황에 의존해요. 그렇기 때문에 상황을 제대로 파악하지 못하면 원활한 의사소통이 불가능하고, 심한 경우 서로 오해하고 갈등하는 경우도 생길 수 있어요. 이제부터 대화를 할 때 어떤 점에 유의해야 하는지 살펴볼 거예요.

언어의 기능에서 살펴보았던 표현들은 모두 발화發話라고 해요. 간단히 말해 발화는 화자의 생각을 하나의 문장으로 말한 것을 의미해요. 그런데 우리가 의사소통을 할 때는 화자가 문장 하나를 발화했다고 끝나는 것이 아니지요. 화자가 있다면 당연히 청자가 있는 것이고, 화자가 의도한 바를 제대로 파악해 청자가 발화를 이어 갈 때 대화를 통한 의사소통이 이루어졌다고 말할 수 있습니다. 이처럼 여러 발화가 모여 이루어진 언어의 단위를 '담화'라고 합니다. 담화는 대화가 이루어지는 장면 전체를 의미한다고 생각하면 됩니다. 이밖에도 수업 중 선생님이 강의를 하는 것이나 선생님이 질문하고 학생들이 대답하는 것, 학생들의 발표라든지 전문가의 강연, 여러 사람들 사이에서 진행되는 토의와 토론, 대중을 대상으로 하는 연설 등도 모두 생활 속에서 이루어지는 다양한 담화의 예라고 할 수 있어요.

담화를 이루는 구성 요소를 정리하면 다음과 같습니다.

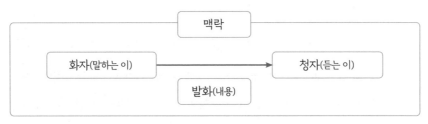

담화를 이루는 구성 요소

담화의 참여자는 화자와 청자입니다. 화자는 자신이 전하고자 하는 내용을 문장으로 된 발화를 통해 청자에게 전달하지요. 청자는 발화의 내용을 듣고 화자의 의도를 파악하려 적극적으로 노력합니다. 그리고 화자의 의도에 맞게 대답하거나 행동합니다. 이때 청자는 자신의 입장이나 상황, 배경지식 등을 활용하게 되지요. 청자가 화자의 발화 의도를 제대로 파악한다면 원활한 의사소통이 이루어질 것입니다.

하지만 때로는 청자가 화자의 의도를 제대로 파악하지 못하는 경우가 발생하기도 합니다. 청자가 담화의 맥락을 제대로 파악하지 못했기 때문이에요. 맥락脈絡의 사전적 의미는 어떤 일이나 사물이 서로 연관되어 이루는 줄거리를 의미하는데, 담화의 맥락은 의사소통에 영향을 미치는 여러 가지 배경이나 환경을 말합니다. 발화의 의미는 발화가 이루어지는 다양한 상황인 맥락에 의존할 수밖에 없습니다. 따라서 화자와 청자가 원활하게 의사소통을 하기 위해서는 담화의 맥락을 정확히 파악해야 합니다.

담화의 맥락은 상황 맥락과 사회·문화적 맥락이 있습니다. 먼저 상황 맥락은 담화에 직접적인 영향을 주는 요소로서 화자와 청자가 처해 있는 상황, 화자의 발화 목적이나 의도, 발화의 주제, 의사소통이 이루어지는 구체적인 시간적·공간적 상황 등이 상황 맥락에 포함됩니다.

> 한언: (잔뜩 들뜬 표정으로) 이번 주말에 〈인어 공주〉가 개봉한대.
> 지현: (난처한 표정으로) 나 다음 주 월요일에 수학 수행 평가 보는데.
> 한언: (아쉬운 표정으로) 아, 그렇구나.

이 대화에서 한언이는 영화가 개봉한다고 말했는데, 지현이는 엉뚱하게도 수학 수행 평가 이야기를 하고 있어요. 얼핏 보면 대화가 어긋난 것 같지만, 이들의 대화를 이해하기 위해서는 담화가 이루어지는 맥락을 읽을 수 있어야 해요. 아마도 둘은 이전에 〈인어 공주〉라는 영화를 주제로 대화를 나눴을 것이고 영화가 개봉하면 함께 보러 가자고 약속을 했을 거예요. 그런 맥락에서 한언이가 말한 것은 단순한 정보 제공을 목적으로 하는 것이 아니라 주말에 개봉하는 영화를 같이 보러 가자고 제안한 것이지요. 한언이의 의도를 알아차린 지현이가 자신은 수학 공부를 해야 하기 때문에 영화를 함께 볼 수 없다고 우회적으로 거절한 것이 담화의 주된 내용입니다. 월요일에 있을 수학 수행 평가가 중요하다는 것을 알고 있는 한언이도 지현이의 대답을 듣고 그 의도를 알아차리고 아쉬워할 뿐 다른 말은 하고 있지 않아요.

맥락이 달라지면 발화의 의미도 달라질 수도 있습니다. 비트겐슈타인이라는 철학자는 "의미는 용법에 의해 결정된다."라고 말하며, 발화의 상황이 맥락에 따라 달라짐을 강조했습니다. 이는 같은 의미더라도 다른 형식으로 표현될 수도 있으며, 반대로 표현 형식이 같더라도 다른 의미를 지닐 수 있다는 말입니다.

"오후부터 비가 온다는데."	
아침에 학교 가는 딸에게 엄마가 "우산 가지고 나가라."	외출하는 엄마가 아빠에게 "비 오면 옥상에 널어 놓은 빨래 좀 걷어 줘요."
방과 후 자전거를 타러 간다는 아들에게 "자전거 타지 말고 바로 집으로 와."	가뭄으로 모내기를 못 하고 있는 농부에게 "모내기 준비를 해야겠어요."

이 예시는 표현 형식이 같아도 상황에 따라 다르게 해석될 수 있음을 보여 주고 있습니다. 청자가 화자의 의도를 제대로 파악하고 그에 맞는 적절한 말이나 행동을 한다면 좋겠지만, 그렇지 않다면 오해나 갈등이 빚어질 수도 있겠지요.

사회·문화적 맥락은 의사소통이 이루어지는 사회·문화적 상황을 의미합니다. 앞서 살펴본 상황 맥락은 개인적이고 일시적이며 담화에 직접적으로 영향을 미칩니다. 반면 사회·문화적 맥락은 좀 더 집단적이고 지속적이며 담화에 간접적으로 영향을 미친다는 특징이 있습니다.

사회·문화적 맥락을 이루는 것에는 이념이나 공동체의 가치 등이 있습니다. 이는 모두 언어 공동체가 기반하고 있는 역사적 상황에서 비롯된 사회의 모습이지요. 또한 지역이나 세대, 성별, 국가나 민족의 차이로 인한 문화의 모습도 사회·문화적 맥락을 이루는 요소가 됩니다.

현대 사회에서 교통의 발달은 전국을 단일 생활권으로 만들어 이동을 편리하게 해 주고 있습니다. 또한 방송을 비롯한 다양한 매체의 발달로 인해 지역 간 언어 사용의 차이는 점점 줄어들고 있습니다.

하지만 세대 간 의사소통의 어려움은 사정이 다릅니다. 인터넷이나 사회 관계망 서비스(SNS) 사용이 생활화되면서 세대 간 의사소통의 차이로 갈등하는 경우를 종종 마주하게 됩니다. 노년 세대는 한자어를 기반으로 하는 언어 표현을 사용하여 격식 있게 표현하는 것을 선호하는데, 젊은 세대는 영어 표현에 더 익숙하며 자유롭고 편하게 말하는 것을 선호하지요. 그래서 줄임말 표현을 일상적으로 사용하는 모습을 보입니다.

구분	언어 표현	뜻
노년 세대	무탈無頉하다	병이나 사고가 없다.
	춘부장春府丈	남의 아버지를 높여 이르는 말
	별고別故	특별한 사고
젊은 세대	노잼	재미가 없음(No재미)
	열폭	열등감 폭발
	아싸outsider	무리에 잘 어울리지 않고 혼자 지내는 사람

세대에 따른 표현의 차이

특히 청소년들이 주로 사용하는 온라인 공간에서는 줄임말을 많이 사용합니다. 길이가 짧아 의미를 빠르게 전달할 수 있기 때문이지요. 보통 청소년들은 온라인과 오프라인상에서 언어 표현을 구분해 사용하려 노력합니다. 언어 사용의 맥락이 다르다는 것을 은연중에 알고 있기 때문이지요. 그럼에도 불구하고 일상생활에서 둘의 경계가 모호해지고, 온라인 표현에 익숙해진 청소년들이 오프라인상에서도 줄임말을 사용하면서 기성 세대와 의사소통하는 데에 어려움을 겪기도 합니다. 또래들끼리 온라인 공간에서 대화할 때 사용하는 표현이 맥락이 바뀌면서 소통을 가로막는 장애물이 된 것이지요. 이런 경우 줄임말과 같은 표현은 상대방이 의미를 알아듣지 못해 소외감을 느끼게 할 수도 있습니다. 또한 줄임말에는 비속어가 많은데, 원래의 의미를 모른 채 사용하게 되면서 상대방에게 불쾌감을 주기도 합니다.

　성별에 따라서도 의사소통의 맥락이 달라질 수 있습니다. 이는 사회적으로 성별에 따라 기대되는 삶의 양식이 다르기 때문에 빚어진 현상입니다. 남성은 여성에 비해 사실적 어휘를 사용하는 경향이 높습니다. 반면 여성은 남성에 비해 형용사, 부사, 감탄사 등의 정서를 표현할 수 있는 어휘를 사용하는 경향이 높지요. 이러한 특성 때문에 남성은 질문을 받았을 때 설명 중심으로 대화를 이어 가려는 경향을 보입니다. 반면 여성은 관계를 목적으로 공감하는 대화를 이어 가려 애쓰지요.

성별에 따른 표현의 차이

대화에서 볼 수 있듯이 남학생이나 여학생이나 친구를 걱정하는 마음은 같습니다. 하지만 걱정을 표현하는 방식은 서로 다르지요. 남학생은 아픈 친구가 문제를 해결할 수 있도록 조언을 해 주고 있는데, 상황에 따라서는 아픈 친구가 서운하게 느낄 수도 있습니다. 반면 여학생의 공감적 대화는 해결책을 제시해야 하는 상황에 적절하지 않을 수 있습니다. 요즘에는 양성평등 의식이 높아지면서 말하기 방식의 차이도 사라져 가고 있는 추세입니다. 어느 특정 성별의 언어 표현이 바람직한 것이 아니라 맥락에 맞는 적절한 말하기 태도가 더욱 중요한 시대가 되었습니다.

현대 사회의 중요한 특징으로 다문화 사회를 들 수 있습니다. 국가 간 이동의 장벽이 낮아지면서 생기게 된 현상이지요. 더구나 우리나라의 대중문화가 세계적인 관심을 끌게 되면서 자연스럽게 한국어와 한국 문화에 대한 관심도 나날이 높아지고 있습니다. 거리를 지나다니면 외국인을 만나게 되는 것이 일상인 시대가 되었습니다.

다른 문화의 사람들이 한국어를 공부할 때 어려움을 겪는 것 중 하나는 바로 한국의 문화가 반영된 언어 표현을 익힐 때입니다. 물론 우리가 다른 언어를 공부할 때도 마찬가지입니다. 이는 모두 언어 표현에 사회·문화적 맥락이

문화에 따른 의미의 차이

반영되어 있기 때문이지요.

외국인들이 한국어 표현을 배울 때 어려워하는 표현이 바로 '시원하다'라는 표현입니다. '시원하다'의 사전적 의미는 '더위를 식힐 정도로 선선하다'입니다. 그런데 정반대의 상황에서도 우리는 '시원하다'는 표현을 사용합니다.

한국어는 가족 간 서로를 부르는 호칭이 잘 발달되어 있습니다. 형제, 자매, 남매 간에 성별에 따라 손위 남자를 '형'이라 부르기도 하고 '오빠'라고 부르기도 합니다. 또한 손위 여자의 경우도 동생의 성별이 무엇이냐에 따라 '누나'나 '언니'로 다르게 부르지요. 아버지 쪽 가족을 '삼촌', '고모', '큰아빠', '큰엄마', '작은아빠', '작은엄마'라고 부르는 반면, 어머니 쪽 가족을 '외삼촌', '외숙모', '이모'라고 부릅니다. 영어와 비교해 보면 이 차이가 더욱 분명합니다. 영어에서는 형제와 자매를 'brother'와 'sister'로 부르고, 부모의 형제나 자매를 아저씨를 의미하는 'uncle', 아줌마를 의미하는 'aunt'로 통칭하는 것을 보면 한국어의 호칭 체계가 얼마나 복잡한지 알 수 있어요.

한국어에서는 가족을 가리키거나 부르는 말이 발달한 반면 가족 이외의 사람을 부르는 말이 발달하지 않았습니다. 이는 혈연을 중시하는 한국의 문

문화에 따른 의미의 차이

화와도 관련이 깊습니다. 그러다 보니 사회 활동이 늘어나면서 상대를 부를 적절한 말을 찾기 힘든 상황이 발생했습니다. 이 빈자리를 대체한 말이 바로 '이모'나 '삼촌'과 같은 가족 호칭입니다. 가족 호칭은 사회적 관계에서 부르는 말의 빈자리를 메우고 상대에 대한 친근함을 표현하는 데에 효과적입니다.

이 대화에서 외국인은 '이모'나 '삼촌'의 호칭에 반영된 사회·문화적 맥락을 모르기 때문에 상황을 제대로 이해하지 못하고 있습니다. '이모'나 '삼촌'의 사전적 의미만을 알고 있기 때문이지요.

이렇듯 의사소통을 원활히 하기 위해서는 담화가 이루어지는 맥락을 잘 이해해야 합니다. 또한 대화의 상대가 맥락을 오해하지 않도록 유의하며 대화를 이어 나가야겠지요.

이것만은 알아 두세요.

1. 담화의 구성 요소와 맥락

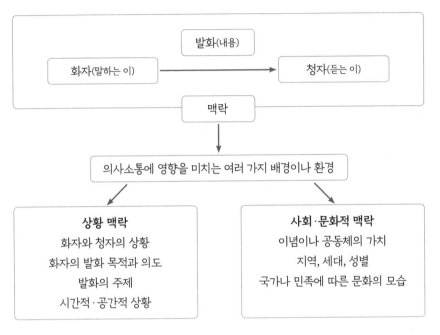

풀어 볼까? 문제!

1. 빈칸에 알맞은 단어를 〈보기〉에서 채워 넣어 담화의 구성 요소를 완성해 보세요.

〈보기〉　　사회·문화적　　발화　　청자　　화자　　맥락　　상황

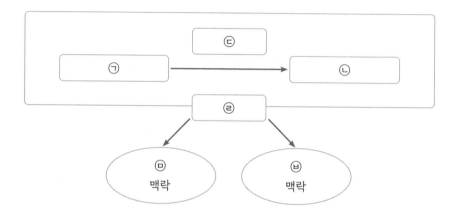

정답

1. ㉠-화자 / ㉡-청자 / ㉢-발화 / ㉣-맥락 / ㉤-상황 / ㉥-사회·문화적

Part 2. 단어야, 놀자!

단알못 님이 들어왔습니다.

단잘알 님이 들어왔습니다.

 단알못

> 오, 단잘알. 너 이번에도 영어 단어 쪽
> 지 시험 다 맞았더라?
> 어떻게 하면 영어 단어를 잘 외워? 나
> 도 비법 좀 알려 줘 봐.

 단잘알

> 그냥 꾸준히 반복해서 공부하는 거지 뭐.
> 노력한 만큼 결과는 나오니까. 근데 알못아,
> 너 우리말 단어는 많이 알고 있니?

 단알못

> 야, 평소에 맨날 쓰는 게 우리말인데
> 단어 공부를 왜 해!

 단잘알

> 알못아, 모든 공부는 개념 이해에서
> 시작하는데, 새로운 개념어들은 낯설
> 잖아. 그러니까 단어 공부를 계속할
> 수밖에.

단알못

개념어? 그건 또 뭐야? 단어랑 비슷한 것 같기는 한데……

단잘알

휴…… 알못아, 그럼 하나만 더 물어보자.
우리말 단어 중에는 '전치사'가 있게, 없게?

단알못

@_@;;

단잘알

안 되겠다. 알못이 너는 영어 단어를 걱정하기 전에 우리말 단어부터 공부해야겠다. 이 형님이 '단어'가 뭔지, 쉽고 깔끔하게 설명해 주지. 지금 바로 시작해 볼까?

> 단알못 님이 퇴장하셨습니다.

$\oplus$ ☺ #

1. 단어란 무엇일까?

우리는 앞서 언어가 무엇인지, 언어를 사용하여 담화를 어떻게 만드는지 알아봤어요. 그렇다면 담화는 그 길이가 얼마나 되나요? 담화는 발화가 모여서 이루어진다고 했으니, 최소 한 문장 이상은 될 거예요. 그렇다면 문장은 무엇을 모아서 만들까요? 바로 단어입니다.

단어單語는 순우리말로 '낱말'이라고 해요. 단어는 쉽게 말하면 '낱개의 말', 즉 '그 자체의 뜻이 있으면서 홀로 쓸 수 있는 말'입니다. 다음 문장에서 단어가 뭔지 한번 찾아보세요.

나는 오늘 기쁘다.

여기저기서 '정답!'을 외치는 소리가 들리는 것 같네요. 누구는 ① '나는, 오늘, 기쁘다', 누구는 ② '나, 는, 오늘, 기쁘다', 누구는 ③ '나, 는, 오, 늘, 기쁘다' 등등 다양한 답을 말했을 거예요. 진짜 정답은 지금 바로 말하면 재미가 없으니, 일단 설명을 잘 따라가 봅시다.

먼저 위 문장의 단어가 ① '나는, 오늘, 기쁘다' 이렇게 3개라고 말한 사람은, 단어를 띄어쓰기 기준으로 파악했네요. 그런데 문장에서 띄어쓰기로 나뉘는 각각의 부분은 어절語節이라고 불러야 정확하답니다. 어절은 '문장 속 말의 마디'라는 뜻인데요. '나는∨오늘∨기쁘다.'는 3개의 어절로 된 문장이지요.

다음으로 ③ '나, 는, 오, 늘, 기쁘다'와 같이 많은 단어가 들어 있다고 말한 사람 있나요? '오(=5)'와 '늘(=항상)'이라는 각각의 단어가 있으니 '오늘'을 나눌 수 있다고 주장하는 거지요. 그런데 '오늘'을 한 글자씩 쪼개면 원래의 뜻이 사라져 버리니 거기까지는 안 되겠어요.

여기에서 한 가지 다른 개념을 짚고 넘어갑시다. 더 이상 쪼개면 뜻이 사라지게 되는 말, 다시 말해 '뜻을 가진 가장 작은 말'을 모아서 보통 형태소形態素라고 불러요. '원소, 요소'에도 들어 있는 '소素'라는 한자는 '가장 작은 단위'를 가리킬 때 종종 쓰이는 말인데요. '오늘'은 더 이상 쪼갤 수 없으므로 형태소에 속하겠네요. 형태소에 대해 좀 더 자세히 설명해 줄게요.

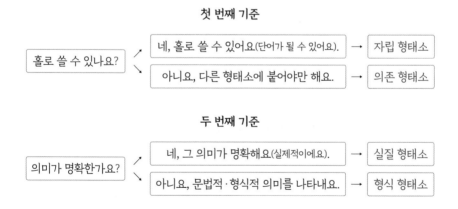

첫 번째 기준

홀로 쓸 수 있나요?
- 네, 홀로 쓸 수 있어요(단어가 될 수 있어요). → 자립 형태소
- 아니요, 다른 형태소에 붙어야만 해요. → 의존 형태소

두 번째 기준

의미가 명확한가요?
- 네, 그 의미가 명확해요(실제적이에요). → 실질 형태소
- 아니요, 문법적·형식적 의미를 나타내요. → 형식 형태소

앞서 언급한 문장 '나는 오늘 기쁘다.'의 형태소를 분석해 봅시다. 일단 '오늘'은 홀로 쓸 수 있으므로 자립 형태소이겠고, 명확한 뜻이 있으니 실질 형태소

네요. 그럼 '나는'은 어떤가요? '나는'에서 '나'는 자립 형태소이자 실질 형태소이고요, '는'은 홀로 쓰이지 못하고 '나'에 붙어 있으니 의존 형태소, 실질적이라기보다는 문법적인 의미를 표시하므로 형식 형태소네요.

그럼 가장 까다로워 보이는 '기쁘다'를 분석해 볼까요? 뒤에서 다시 설명하겠지만, '기쁘다'라는 단어는 '기쁘다, 기쁘고, 기쁘니, 기쁘구나…' 등으로 그 모양이 마구 변해요. 우리는 여기에서 '기쁘다'가 '기쁘-'와 '-다'로 나뉨을 알 수 있어요. 그럼 '기쁘-'와 '-다' 중에서 실질 형태소는 뭘까요? '기쁨'의 뜻이 들어 있는 '기쁘-'이고요, '-다'는 '기쁘다'를 완성해 주는 문법적 역할을 하므로 형식 형태소예요. 그리고 '기쁘-'와 '-다'는 각각 따로 쓸 수 없어 서로 붙어 다녀야 하기에, 둘 다 의존 형태소이지요.

지금까지 한 이야기를 표로 다시 정리해 볼게요.

나는 오늘 기쁘다.			
자립 형태소	의존 형태소	실질 형태소	형식 형태소
나, 오늘	는, 기쁘-, -다	나, 오늘, 기쁘-	는, -다

여기까지 잘 따라왔다면 문득 아까 선생님이 낸 문제의 정답이 궁금하지 않나요? 과연 '나는 오늘 기쁘다.'에서 단어는 무엇일까요?' 정답은 '나, 는, 오늘, 기쁘다' 이렇게 4개랍니다. 쉽게 말해서 자립 형태소는 무조건 다 단어가 되고요, 의존 형태소 중에서도 '는'과 같은 종류의 말들은 상대적으로 앞말과 잘 분리되는 편이라서 단어로 인정해 줘요. 그리고 형태소 2개가 합쳐져야 비로소 단어가 되는 '기쁘다' 같은 말도 있고요.

아직 단어가 손에 완벽하게 잡히지 않는다고요? 그럼 같이 좀 더 가 봅시다.

이것만은 알아 두세요.

1. 단어單語: 뜻을 가지면서 홀로 쓸 수 있는 말

2. 형태소形態素: 뜻을 가진 가장 작은 말의 단위

자립 형태소	스스로 쓰일 수 있는 형태소
의존 형태소	다른 말에 붙어서 쓰일 수 있는 형태소

실질 형태소	실질적인 의미를 지닌 형태소
형식 형태소	문법적인 의미를 지닌 형태소

풀어 볼까? 문제!

1. '단어'가 무엇인지 간단히 설명해 보세요.

2. '너 집이 멀어?'는 몇 단어로 된 문장인가요?

3. '너 집이 멀어?'에서 실질 형태소는 무엇인가요?

정답

1. 뜻을 가지면서 홀로 쓸 수 있는 말. '는' 따위의 말은 비록 홀로 쓸 수는 없으나 앞말과 잘 분리되는 편이라 단어로 인정한다.

2. 4단어. '너, 집, 이, 멀어'

3. '너, 집, 멀-'

2. 단어를 만드는 몇 가지 방법

'뜻을 가지면서 홀로 쓸 수 있는 말'을 단어라고 해요. 그런데 단어는 만들어지는 방법이 한 가지가 아니랍니다. 크게 보면 그 말 자체가 곧 단어인 경우가 있고, 둘 이상의 말이 합쳐져서 한 단어로 탈바꿈하는 경우가 있지요. 다음 예시를 보면서 방금의 설명을 잘 이해해 봅시다.

    (가) 밥, 국, 물, 김치, 국수, 죽, 떡, 빵…
    (나) 국밥, 물김치, 칼국수, 전복죽, 꿀떡, 크림빵…

(가)의 '밥, 국물, 물…' 따위는 그 말 자체가 그대로 단어가 되는군요. 그런데 (나)의 '국밥(국+밥), 물김치(물+김치), 칼국수(칼+국수)…' 따위는 두 말이 하나로 합쳐진 것들이네요. 개념적으로 정리해 보자면, 그 말 자체가 그대로 단어가 되는 것들은 단일어單一語라고 하고, 둘 이상의 말이 합쳐져서 한 단어가 되는 것들은 복합어複合語라고 해요.

여기서 복합어는 또 두 가지 종류로 나눌 수 있습니다.

(다) 국밥, 물김치, 칼국수, 전복죽, 꿀떡, 크림빵…

(라) 맨밥, 햇과일, 새빨갛다, 덧대다, 지우개, 달리기, 평화롭다, 꿈틀거리다…

（다)를 보면 (나)와 같이 '국밥(국+밥), 물김치(물+김치), 칼국수(칼+국수)…'
처럼 온전한 뜻을 가진 단어들끼리 합쳐져 있네요. 그런데 (라)를 보면 '맨밥'
의 '맨-'이나 '햇과일'의 '햇-', '평화롭다'의 '-롭다'는 뜻을 딱 꼬집어서 말하기
쉽나요? '맨-, 햇-, -롭다' 따위의 말은 분명하고 실질적인 의미를 나타내기보
다는, 다른 말의 앞이나 뒤에서 그 말의 뜻을 구체화하여 새로운 단어가 되도
록 돕는 것처럼 보여요. 정말 그러한지 한번 확인해 볼까요?

밥	맨밥	과일	햇과일
쌀, 보리 등의 곡식을 끓여 익힌 음식	아무 반찬도 곁들이지 않고 먹는 밥	사람이 먹을 수 있는 열매	올해 갓 나온 과일
지우다	**지우개**	**평화**	**평화롭다**
글씨나 그림 등을 보이지 않게 없애다.	글씨나 그림 등을 지우는 물건	평온하고 화목한 상태	평화가 있다.

이제 복합어의 두 가지 종류가 어떻게 다른지 이해가 되지요? 그렇다면 두
경우를 뭐라고 부르면 좋을지 정리해 봅시다. 먼저, 합쳐진 두 말의 크기·무게
가 비슷한 복합어는 합성어合成語라고 합니다. 반면에, 합쳐진 두 말의 크기·무
게가 다른 복합어는 파생어派生語라고 합니다. 그럼 합성어와 파생어가 만들어
지는 모습을 간단히 나타내 볼게요.

합성어	파생어
온전한 뜻 + 온전한 뜻	도우미 + 온전한 뜻 (또는 온전한 뜻 + 도우미)
국+밥, 물+김치, 꿀+떡…	맨+밥, 평화+롭다…

합성어와 파생어는 두 말이 하나로 합쳐져서 단어가 될 때 '온전하고 실질적인 의미 부분'이 있어야 해요. 합성어는 합쳐지는 모든 말들이, 파생어는 합쳐지는 말의 일부가 그러하답니다. 단어에서 '온전하고 실질적인 의미를 가진 부분'을 어근語根이라고 불러요. 어근은 글자 뜻만 놓고 보면 '말의 뿌리'라는 말이지요? 즉, 어근은 의미상 그 단어의 기본이자 중심이 되는 부분을 가리키는 것입니다. 따라서 합성어는 어근끼리 결합하여 만들어진 단어가 되지요.

그렇다면 파생어에서 어근을 제외한 나머지 부분을 뭐라고 할까요? 바로 접사接辭라고 합니다. 글자 그대로 해석하면 '붙은 말'이라는 뜻인데요. 접사는 어근에 붙어서 새로운 단어를 만드는 역할을 하는 말을 가리켜요. 이 접사는 어근의 앞에 붙을 수도, 뒤에 붙을 수도 있는데요. 어근의 앞에 붙는 접사는 '머리 두頭' 자를 써서 접두사接頭辭, 어근의 뒤에 붙는 접사는 '꼬리 미尾' 자를 써서 접미사接尾辭라고 한답니다.

형성 과정에 따른 단어의 종류를 표로 정리해 볼까요?

단일어		하나의 어근으로 이루어진 단어(어근)
복합어	합성어	둘 이상의 어근으로 이루어진 단어(어근 + 어근)
	파생어	어근에 접사가 붙어 이루어진 단어(접두사 + 어근) (어근 + 접미사)

마지막으로, 파생어를 만들 때 활용되는 접두사와 접미사를 활발히 쓰이는 것 위주로 정리해 보았어요. 다음 예시를 보면 우리가 일상에서 얼마나 빈번하게 접사를 활용하여 파생어를 만들어 쓰고 있는지 깨닫게 될 거예요. 그리고 모든 파생어를 알지 못하더라도, 접사를 알고 있으면 내가 새로운 파생어를 맞닥뜨렸을 때 그 의미를 알아내기가 쉽겠지요?

접두사	뜻	파생어
개-	① 질이 낮은 ② 쓸데없는 ③ 심한	① 개떡 ② 개꿈 ③ 개판
되-	원래대로, 다시	되살리다, 되풀이
맏-	(친족 관계에서) 서열이 맨 위인	맏아들, 맏며느리
맨-	다른 것이 없는	맨땅, 맨발
민-	(꾸미거나 덧붙인 것 등이) 없는	민무늬, 민소매, 민낯
새/샛/시/싯-	매우 짙고 선명하게	새파랗다, 샛노랗다, 시뻘겋다, 싯누렇다
수/숫	새끼를 배거나 열매를 맺지 않는	수컷, 수탉, 숫양, 숫염소
암-	새끼를 배거나 열매를 맺는	암컷, 암탉, 암사자
참-	① 진실한 ② 품질이 우수한	① 참사랑 ② 참기름
풋-	① 덜 익은 ② 미숙한	① 풋고추 ② 풋내기, 풋사랑
햇/햅-	그해에 새로 나온	햇곡식, 햅쌀
헛-	① 쓸데없는 ② 잘못	① 헛걸음, 헛소리 ② 헛살다, 헛디디다

접미사	뜻	파생어
-개, -게	그러한 행위를 하는 도구	베개, 집게
-기, -음, -이	그 말을 명사名詞로 만드는 역할	읽기(←읽다), 젊음(←젊다), 길이(←길다)
-꾸러기, -보	그것이 심하거나 많은 사람	잠꾸러기, 먹보
-장이	기술을 가진 장인匠人을 낮추어 부르는 말	옹기장이, 대장장이
-쟁이	특정한 성격이나 직업을 가진 사람을 낮추어 부르는 말	겁쟁이, 욕심쟁이, 글쟁이, 점쟁이
-답다, -롭다, -스럽다	'앞말의 특성·속성이 있다'의 뜻을 더하여 그 말을 형용사形容詞로 만드는 역할	정답다, 흥미롭다, 어른스럽다
-하다	앞말을 동사動詞나 형용사로 만드는 역할	공부하다, 사랑하다, 건강하다, 행복하다
-되다	앞말을 '피동'의 뜻을 가진 동사로 만드는 역할	해결되다, 선택되다
-뜨리다/트리다	(어떤 동작을) 세게 일으키다	깨뜨리다, 떨어뜨리다, 깨트리다, 떨어트리다

+ 더 알아보아요!

접두사 '개-'는 파생어를 만들 때 부정적인 어감을 주는 데에 사용되었어요. 예를 들어 '개살구, 개꿈, 개망신' 등이 있지요. 그런데 최근 들어, 접두사 '개-'가 더욱 폭넓게 붙고 있어요. '개좋다, 개맛있다, 개많다, 개막장, 개사기' 등이 예랍니다. 긍정과 부정 상관없이 '강조'의 의미를 드러낸다면, 접두사 '개-'는 그 사용 범위가 점점 확장되어 간다고 볼 수 있지요.

이것만은 알아 두세요.

1. 단일어單一語: 하나의 어근으로 이루어진 단어

2. 복합어複合語: 둘 이상의 부분으로 이루어진 단어

  (1) 합성어合成語: 둘 이상의 어근으로 이루어진 단어

  (2) 파생어派生語: 어근에 접사가 붙어 이루어진 단어

풀어 볼까? 문제!

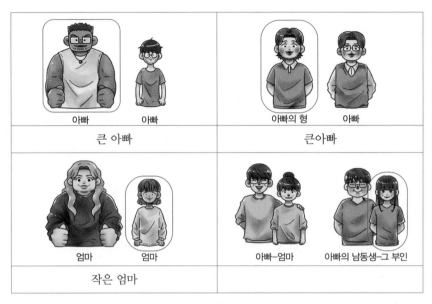

가족 관계도

1. 위 표의 빈칸에 들어갈 알맞은 말은 무엇인가요?

2. '큰 아빠'와 '큰아빠'의 뜻이 어떻게 다른지 비교하여 설명해 보세요.

정답

1. 작은엄마

2. '큰 아빠'는 '덩치가 큰 아빠'라는 뜻이고, '큰아빠'는 '아빠의 형'을 가리키는 말이다.

3. 단어의 묶음, 어휘

바로 앞에서 단어가 그 형성 방법에 따라 단일어와 복합어로 나뉜다는 사실을 알아보았는데요. 사실 단어는 다양한 기준에 따라서 수많은 덩어리로 묶을 수 있습니다. 이것이 무슨 말이냐고요? 여러분이 편의점에 갔는데, 무슨 일인지 각종 물건이 어지럽게 널브러져 있다고 상상해 보세요. 그리고 그것들을 각각 어떤 코너에 놓으면 정리가 될지 생각해 보세요.

편의점의 다양한 물건들

'유제품' 코너에는 '우유, 딸기 우유, 요거트'를, '라면' 코너에는 '비빔 라면, 짜장 라면, 컵라면'을, 마지막으로 '과자' 코너에는 '초코 파이, 감자 칩, 버터 쿠키'를 놓으면 되겠군요. 수많은 상품을 몇 가지 기준으로 묶으니 금방 정리할 수 있네요.

이것은 단어를 정리할 때에도 마찬가지예요. 단어도 특정한 기준에 따라서 가지각색의 덩어리로 묶을 수 있는데요. 이렇듯 '일정한 기준과 범위에 따라 갈래지어 놓은 단어의 묶음'을 어휘語彙라고 불러요. '어휘'를 한 글자씩 풀어 보면 '단어의 무리'라는 뜻이거든요. 그럼 대표적으로 어떠한 기준에 따라 어휘를 파악할 수 있을지 생각해 볼까요?

1) 어종에 따라: 고유어, 한자어, 외래어, 혼종어

첫 번째 기준은 어종語種이에요. 사람에게 인종人種이 있다면 단어도 어디 출신인지에 따라 어종을 따질 수 있어요. 어종에 따라 단어를 묶으면 고유어, 한자어, 외래어, 혼종어로 정리되는데요. 먼저 '고유어'는 원래부터 한국어 체계 속에 있던 토박이말이에요. '하늘, 땅, 물, 말, 나무, 집…' 같은 순우리말이 고유어에 해당해요. '한자어'는 말 그대로 한자漢字로 된 말이에요. 한자가 우리 역사 속에서 대단히 오래전부터 쓰였기 때문에, '산山, 강江, 문門, 차車…'처럼 고유어로 느껴지는 많은 단어가 실은 한자어에 속해요. (심지어 '심지어甚至於'도 한자어랍니다!) '외래어'는 원래 외국어 표현이었던 것이 사람들 사이에서 널리 쓰이게 되어 우리말의 범위 안에 들어온 말인데요, '버스bus, 택시taxi, 주스juice, 짬뽕(←일본어 'champon'), 아르바이트(←독일어 'arbeit')' 등이 있어요.

그렇다면 '혼종어'는 무엇일까요? 말 그대로 '어종이 혼합'되었다는 뜻의 혼종어는 서로 다른 출신의 말이 결합해서 만들어져요. '휴대폰(携帶phone), 스키장(ski場), 물티슈(물tissue), 바다사자(바다獅子)…' 등 비교적 근래에 생겨난 말 중에 혼종어가 많아요.

+ 더 알아보아요!

김치(←沈菜)는 당연히 순우리말일 줄 알았는데……

"여러분은 빵(←포르투갈어 'pão') 좋아하나요? 선생님은 아침에 고구마(←일본어 사투리 'koukoimo')를 즐겨 먹어요. 그리고 간식으로는 순대(←만주어 'sunta')를 자주 사 먹는데요, 덜 익은 순대는 씹으면 고무(←프랑스어 'gomme')처럼 질깃하기도 해요."

'빵, 고구마, 순대, 고무, 김치…'와 같이, 외래어 중에서 그것이 사람들에게 너무 익숙해져 고유어 취급을 받는 말들을 특별히 '귀화어歸化語'라고 하기도 해요. 그렇다면 이 귀화어는 외래어로 취급할까요, 아니면 고유어(순우리말)로 인정할까요? 어떤 단어를 정확히 귀화어라고 할 수 있을까요?

위 질문의 정답은 '케바케'입니다. 사람마다 우리말 어휘에 대한 인식이 조금씩 다른데요. 예를 들어, 우리말의 어원語源을 중요시하는 사람은 귀화어를 계속 외래어로 볼 테고, 현재 일반인들이 귀화어를 어떻게 느끼고 쓰는지를 중요시하는 사람은 귀화어를 고유어로 받아들여 쓸 수 있어요. 그러니 여러분은 귀화어를 완벽히 분류·분석해야 한다는 압박감을 던져 버려도 좋아요. 대신 국어사전을 자주 들여다보면서 '이 단어도 알고 보니 귀화어네?' 하는 경험을 쌓아 어휘력을 쑥쑥 키워 나가면 좋겠어요.

2) 지역에 따라: 표준어, 지역 방언(사투리)

많은 언어에는 그것을 쓰는 사람들이 '공통적·공식적·대표적인 말'이라고 생각하는 것이 있어요. 이 말을 '표준어'라고 하지요. 우리나라에서는 표준어를 '교양 있는 사람들이 두루 쓰는 현대 서울말'로 정의해요. 그렇다면 표준어가 아닌, 특정한 지방에서만 쓰는 말도 있겠지요? 이것을 가리켜 '지역 방언(사투리)'이라고 합니다. 지역 방언별로 달라지는 단어들의 예를 그림으로 살펴볼까요?

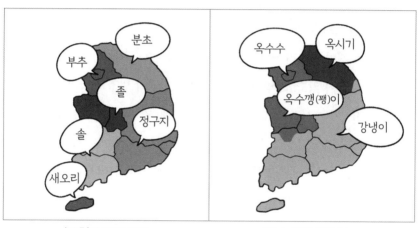

'부추'의 방언 분포   '옥수수'의 방언 분포

지금은 학교 교육이 보편화되고 각종 미디어가 발달하면서 표준어가 더욱 널리 쓰이는 대신, 각 지역의 특색 있는 어휘들이 많이 사라지고 있어요. 지역 방언도 우리말의 소중한 일부이자 자랑스러운 유산인 만큼, 어떻게 보존하고 계승할 것인지 고민할 필요가 있겠어요.

3) 삶의 방식에 따라: 사회 방언

'사회社會'는 사람이 속한 일정한 공동체를 말해요. 각 사회는 그 구성원이 공유하는 여러 규칙이나 관습을 가지고 있는데요. 따라서 같은 언어를 쓰는 사람들이라도 각자 속한 공동체마다 특정한 말을 사용하기도 하지요. 이렇듯 사회 집단에 따라 특징적으로 나타나는 말을 '사회 방언'이라고 해요.

먼저 나이에 따라 쓰는 말이 다를 수 있답니다. 우리가 어린아이일 때에는 '맘마'와 '까까'를 달라고 했지만, 지금은 '밥', '과자'라고 말하지요? 아가 시절에는 '맘마, 까까'를 다 먹고 나면 '응가, 쉬야'를 외쳤지만, 다 커서도 '응가, 쉬야'라고 말하는 사람은 없어요.

다음으로 직업에 따라 쓰는 말이 다를 수 있어요. 군대에 가면 군인이 쓰는 특수한 용어들이 있고요, 법조계나 의료계에도 각각 법정과 병원에서만 쓰는 말이 있어요. 미술 시간에 조각칼을 빌리려는데, 친구한테 "여기 있어, 메스!"라고 말할 수는 없겠지요? 메스mes는 외과 수술 시 사용하는 칼이니까요. 이처럼 각 전문 분야에서 특별한 의미로 쓰는 말을 한데 묶어서 '전문어專門語'라고 칭하기도 합니다.

종교에 따라서도 쓰는 말이 다를 수도 있어요. 많은 종교에서 악인이 죽어서 가는 세계를 '지옥'이라고 말하지요. 그런데 선인이 가는 세계는 뭐라고 하나요? 기독교에서는 '천국'이라고 하고 불교에서는 '극락'이라고 해요. 그리고 교회나 성당에 가면 '헌금'을 바친다고 하지만, 불교 사찰에서는 헌금과 비슷한 개념을 가리켜 '보시'나 '시주'라고 말하지요.

이 밖에 성별, 인종, 계급 등에 따라서 쓰는 말이 다를 수도 있어요. 어떤 사회 방언이 더 있을지 여러분이 한번 생각해 보세요.

4) 만들어진 시기에 따라: 새말(신어, 신조어)

여러분은 유행에 민감한가요? 아니면 뉴스나 시사 상식에 밝은가요? 빠르게 변화하는 현대 사회에서는 하루에도 수많은 제품, 지식, 사건 사고 등이 쏟아져 나옵니다. 그렇다면 그것들을 가리켜 부르는 말들도 새로이 생겨나겠네요. 이처럼 원래는 없었는데 새롭게 생긴 말을 '새말(신어新語, 신조어新造語)'이라고 해요.

새말의 예를 한번 생각해 봅시다. 이 책이 나온 시점에는 코로나19 유행이 점차 잠잠해지면서 사람들이 일상생활을 거의 회복했는데요. 코로나 사태가 시작된 2020년에는 '코로나 바이러스 감염 양성 판정을 받은 사람'이라는 뜻의 '확진자確診者'라는 단어가 새로 생겨났어요. 그리고 방금 말한 '코로나 바이러스'라는 말도 불과 수년 전까지는 사람들이 쓰지 않던 말이니 새말이라 할 수 있어요.

여러분이 이 책을 읽고 있는 지금, 어떠한 단어가 새로 생겨서 널리 퍼져 가고 있나요? 그런데 새말 중에는 외국어를 무작정 베낀 말, 격이 낮거나 너무 속된 말, 우리말 어법을 심하게 왜곡한 말도 많이 있어요. 새말을 만들어 쓰는 우리의 자세나 태도가 어떤지 성찰해 볼 필요가 있어요.

5) 단어의 의미 관계에 따라: 다의어, 유의어, 반의어, 동음이의어 등

여러분은 하루 세끼를 다 챙겨 먹나요? 선생님은 ① 아침에 일어나면 커피를 한 잔 마시는 것 빼고는 ② 아침을 잘 챙겨 먹지는 않아요. 여기서 질문이 있어요. 앞 문장에서 ① 아침은 오전 시간을 뜻하지요? 그렇다면 ② 아침은 무슨 뜻인가요? '아침에 먹는 밥'을 뜻하지요. '밥'이라는 단어는 또 어떤가요?

'아침에 먹는 밥'에서는 '끼니, 식사'의 뜻이지만, 원래는 '쌀 등을 물에 끓이거나 쪄서 익힌 음식'만을 가리키지요. 이처럼 서로 관련 있는 여러 가지 의미를 지닌 말을 '다의어多義語'라고 해요.

다의어 '아침'

다의어 '밥'

다의어처럼 한 단어 자체의 의미 관계를 파악하여 알아낸 어휘도 있지만, 두 개 이상의 단어끼리 서로 어떤 의미 관계를 갖는지에 따라 어휘를 분류할 수도 있어요. 먼저, 서로 비슷한 뜻을 가진 말들을 '유의어類義語'라고 해요. 우리말에는 높임법, 어종, 혈연이나 혼인 관계에 관한 친족어親族語 등에 따라 다양한 유의어가 존재합니다. 그런데 유의어끼리 뜻이 비슷하다고 해서 모든 상황에서 맘대로 바꿀 수는 없으니, 문맥을 고려하여 적절한 단어를 써야 해요.

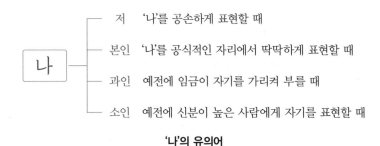

나	저	'나'를 공손하게 표현할 때
	본인	'나'를 공식적인 자리에서 딱딱하게 표현할 때
	과인	예전에 임금이 자기를 가리켜 부를 때
	소인	예전에 신분이 높은 사람에게 자기를 표현할 때

'나'의 유의어

뜻이 서로 비슷한 유의어와는 달리, 뜻이 서로 반대인 '반의어反意語'도 있어요. 반의어에는 '남극 ↔ 북극', '있다 ↔ 없다'와 같이 두 말이 양극단인 경우, '뜨겁다 ↔ 차갑다', '넓다 ↔ 좁다'와 같이 두 말 사이에 중간 단계가 있는 경우, '선생님 ↔ 제자', '사다 ↔ 팔다'와 같이 두 말이 서로 대립하는 관계인 경우가 있답니다.

마지막으로, 서로 의미가 전혀 관련이 없는데 소리가 우연히 같아진 '동음이의어同音異議語'가 있어요. '배'라는 단어를 한번 떠올려 볼까요?

①배   ②배   ③배

오늘 ①배를 하나 먹은 것밖에 없는데, 갑자기 ②배가 몹시 아파졌다. 섬에 사는 나는 ③배를 타고 육지로 나가서 병원에 갔다.

각 단어의 의미를 살펴보면 ① 배는 과일, ② 배는 신체 부위, ③ 배는 교통 수단이지요? 이러한 단어들이 바로 동음이의어예요. 다른 예로는 '(동물) 말[馬]-(언어) 말[言]', '(어두운) 밤[夜]-(먹는) 밤[栗]' 등이 있어요.

이것만은 알아 두세요.

1. 어휘: 단어를 일정한 기준과 범위에 따라 갈래지어 놓은 단어의 묶음

2. 어휘의 양상

    (1) 어종에 따라: 고유어(=순우리말), 한자어, 외래어, 혼종어

    (2) 지역에 따라: 표준어, 지역 방언(=사투리)

    (3) 삶의 방식에 따라: 사회 방언(세대별, 직업별, 종교별……)

    (4) 생성 시기에 따라: 새말(=신어, 신조어)

    (5) 의미 관계에 따라: 다의어, 유의어, 반의어, 동음이의어 등

1. 다음 글을 읽고, 빈칸에 들어갈 알맞은 말을 순서대로 적어 보세요.

"나는 강아지를 데리고 산책을 나왔다. 신나게 걷다 보니 어느새 한강을 건너와

버렸다. 그런데 강아지가 ① 다리가 아프다는 듯이 낑낑대기 시작했다. 나는 강

아지를 품에 안고 한강 ② 다리를 다시 건넜다. 오랫동안 걸어 ③ 다리가 아파

졌고, 나는 집에 도착하자마자 쓰러져 잠들었다."

⇒ '① 다리'와 '③ 다리'는 각각 '동물의 하체'와 '사람의 하체'로, 신체 부위를 가

리킨다. 이는 서로 연관성이 있는 의미에 해당하므로, '① 다리'와 '③ 다리'는

[   ]이다. 반면에 '② 다리'는 건축 구조물의 한 종류로서, 나머지 '다

리'와는 연관성이 없는 [   ]이다.

4. 단어의 또 다른 묶음, 품사

이번에는 단어를 또 다른 기준에 따라서 몇 덩어리로 묶어 볼까 해요. 우리는 모르는 단어가 있을 때 어떤 자료를 찾아서 도움을 받나요? 바로 사전이지요. 요즘에는 웹 사이트나 휴대전화 애플리케이션에 올라와 있는 디지털 사전을 많이들 활용합니다.

우리나라의 대표적인 국어사전인 '표준국어대사전'에서 '국어'라는 말을 찾아봤어요. '국어'라는 글자 옆에 한자로 '國語'라고 되어 있는 것을 보아 '국어'는 한자어예요. '국어'의 발음 [구거]도 써 있고요. '국어'의 뜻은 두 가지가 나와 있어요. 검색창 가운데쯤에는 굵은 글씨로 '명사'라는 말도 나와 있어요. 이 말은 좀 낯설게 느껴지네요.

표준국어대사전은 우리나라의 유명 검색 사이트에서도 제공되는데요. 이번에는 '네이버 국어사전'에서 '낯설게'를 검색했어요. '낯설게'를 검색했는데 기본형인 '낯설다'를 찾아 주었네요. '낯설다' 밑에는 '형용사'라는 말이 써 있고요. 정리하자면, '국어'에는 '명사'라는 표지를, '낯설게(→낯설다)'에는 '형용사'라는 표지를 붙였네요. 이렇게 어떠한 표지, 즉 기준에 따라 단어를 분류하는 것을 우리는 앞서 '어휘'라고 불렀지요? 따라서 '명사, 형용사'와 같은 기준은 단어를 모아 어휘로 묶는 또 다른 방식이 된다는 점을 유추할 수 있답니다.

'명사, 형용사…'처럼 '사詞'로 끝나는 단어 분류 기준을 '품사品詞'라고 부른 답니다. '품사'란 '문법적인 성질이 비슷한 단어끼리 모아 놓은 단어의 묶음'을 말해요. 그렇다면 왜 굳이 단어를 각 품사에 따라 묶어서 처리하는 것일까요? 다음의 그림을 보고 품사 분류의 필요성을 유추해 보아요.

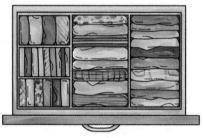

정리의 중요성

(가)처럼 옷을 마구잡이로 쌓아 놓으면 옷이 어디에 있는지 몰라 꺼내 입기 불편하지만, (나)처럼 옷을 잘 정리해 놓으면 내가 입고 싶은 옷을 바로 찾을 수 있어요. 게다가 나에게 어떤 옷이 이미 있고 어떤 옷이 없는지 확인하기 좋으니 새 옷을 살 때 과소비하지 않겠네요. 마찬가지로 우리가 살아가면서 습득하게 되는 수많은 단어를 품사별로 묶으면 기억하고 활용하기가 쉬워요. 또한 낯설고 새로운 단어를 만났을 때, 품사 지식을 활용하면 기준을 잡아 더욱 쉽게 이해할 수 있으므로 어휘력을 기르기가 수월해요.

그렇다면 품사는 어떠한 기준으로 분류할 수 있을까요? "우리 그 식당 자주 간다."라는 문장을 보면서 따져 봅시다. 먼저 '형태' 기준이에요. 위 문장에서

'우리, 그, 식당, 자주'는 형태가 언제나 똑같아요. 그런데 '간다'는 상황에 따라서 '갔다, 가자, 갈래…' 등으로 형태가 변할 수 있지요? 이렇듯 품사는 형태가 똑같은 것과 변하는 것으로 나눌 수 있어요.

다음으로 '기능' 기준이에요. "우리 그 식당 자주 간다."에서 '우리, 식당'은 문장의 뼈대(몸체) 기능을 하고, '간다'는 문장의 행위를 서술하는 기능을 해요. '그, 자주'는 뒷말을 꾸며 주는 기능을 하고요. 이렇듯 품사는 문장에서 맡는 기능에 따라서도 나눌 수 있어요.

마지막으로 '의미' 기준이에요. 이때 '의미'란 개별 단어의 세부적 의미가 아니에요. "우리 그 식당 자주 간다."에서 '식당'은 크게 보아 '이름'에 해당하고, '간다'는 '행동'에 해당하지요. 이렇듯 품사는 단어의 공통적·일반적 의미에 따라서도 나눌 수 있어요.

이 기준을 골고루 적용하여 품사를 따져 보면 총 아홉 종의 우리말 품사를 파악할 수 있어요. 그 각각의 품사를 살펴보면서 어휘 지식을 또 한층 높여 봅시다.

이것만은 알아 두세요.

1. 품사: 문법적인 성질이 비슷한 단어끼리 모아 놓은 단어의 묶음

2. 품사 분류 기준

　(1) 형태: 단어의 형태가 그대로인지, 상황에 따라 변하는지에 따라 분류함.

　(2) 기능: 단어가 문장에서 어떤 역할(기능)을 하는지에 따라 분류함.

　(3) 의미: 단어를 묶었을 때 그 묶음의 공통적·일반적 의미가 무엇인지에 따라 분

　　　류함.

풀어 볼까? 문제!

1. "문법 어렵지? 차근차근 공부하자!"에서 형태가 변하지 않는 단어를 찾아 써 보세요.

2. '어렵지'와 '공부하자'는 공통적으로 문장에서 어떤 기능을 하는지 설명해 보세요.

정답

1. '문법, 차근차근'

2. 문장의 내용을 서술하는 기능을 한다.

5. 품사의 정체를 밝혀라!

1) 명사, 대명사, 수사

> "어머나, 우리가 이 좋은 책 하나를 다 읽었어!"

여러분이 이 책을 다 읽고 나면 뿌듯함과 만족감에 가득 차서 내뱉을 수 있는 문장이지요. 사실 저 문장에서는 아홉 개의 품사를 다 찾아볼 수 있는데요. 첫 번째로, 대상의 이름을 나타내는 명사名詞예요. '이름'이라고 했을 때는 '이순신, 유관순'처럼 사람이 각자 가지고 있는 자기만의 성명을 떠올리지요? 그런데 명사는 그런 이름뿐만 아니라 어떤 대상의 보편적인 명칭까지 포함하는 개념이랍니다. 명사에는 특정한 사람·사물의 이름을 나타내는 고유 명사, 그리고 어떤 대상을 일반적·보편적으로 가리켜 부르는 보통 명사가 있는데요. 저 예문에서 명사는 바로 '책'이겠군요? 그리고 '책'은 일반적인 이름이므로 보통 명사에 해당해요.

명사는 고유 명사, 보통 명사 말고도 다르게 분류할 수 있어요. 바로 자립 명사와 의존 명사인데요. 대부분의 명사는 자기 스스로 어떤 대상의 이름을 나타내므로 자립 명사예요. 그런데 몇 가지의 명사들은 다른 단어가 없으면 그 쓰임이 온전하지가 않아요. 다음의 예시를 볼까요?

(가) 여기   것이 많다.

(나) 아저씨, 붕어빵   개 얼마예요?

(다) 우리가 지금   데가 어디야?

(라) 다   수 있으니까 밥 많이 주세요.

(가)의 빈칸에는 '볼, 살, 예쁜…', (나)의 빈칸에는 '한, 두, 세…', (다)의 빈칸에는 '가는, 있는, 도착한…', (라)의 빈칸에는 '먹을' 등의 말이 꼭 필요하지요? 다시 말해 저 빈칸이 채워지지 않으면 (가)~(라)의 문장은 말이 되지 않아요. 이렇게 '것, 개, 데, 수'처럼 다른 말이 반드시 자신을 도와줘야 문장에 쓰일 수 있는 명사를 의존 명사라고 해요.

이 밖에도 명사는 '나무, 집, 자동차'처럼 구체적인 형태가 있는 사물을 나타내는 구체 명사와 '자유, 평화, 사랑'처럼 추상적 개념을 나타내는 추상 명사로도 나눌 수 있답니다.

명사: 대상의 이름을 나타내는 말			
고유 명사	보통 명사	자립 명사	의존 명사
특정한 대상의 이름을 나타내는 말	대상을 일반적·보편적으로 가리켜 부르는 말	다른 말의 도움 없이 홀로 쓰일 수 있는 명사	다른 말이 꾸며 주어야 문장에 쓰일 수 있는 명사

"어머나, 우리가 이 좋은 책 하나를 다 읽었어!"
　　　　　　　　　　　　　명사

　이 문장에서 혹시 대상의 이름을 명사로 직접 말하지 않고 다른 단어로 대신 말한 것이 있나요? 맞아요, '우리'이지요. 이렇듯 사람이나 사물의 이름을 대신 나타내는 말을 대명사代名詞라고 해요. 대명사는 '나, 너, 우리, 너희…'처럼 사람을 가리키는 인칭 대명사와, '이것, 저것, 여기, 저기…'처럼 사물, 장소 등을 가리키는 지시 대명사로 나뉘어요.

대명사: 대상의 이름을 대신 나타내는 말			
인칭 대명사		지시 대명사	
1인칭	나, 저, 우리, 저희…	사물 지시	이것, 저것, 그것
2인칭	너, 당신, 자네, 너희, 여러분…		
3인칭	그, 그녀, 이분, 저분, 그분…	장소 지시	여기, 저기, 거기…

"어머나, 우리가 이 좋은 책 하나를 다 읽었어!"
　　　　　 대명사　　　　　 명사

이 문장에 혹시 숫자가 들어 있나요? '하나'라는 말이 딱 보이네요. '하나'는 대상의 개수(수량)를 나타내는 말인데요. 품사에는 '하나, 둘, 셋…'처럼 대상의 수량을 세는 말과 '첫째, 둘째, 셋째…'처럼 대상의 순서를 세는 말을 아우르는 수사數詞가 있어요. 다시 정리하자면, 수사는 대상의 수량을 나타내는 양수사, 대상의 순서를 나타내는 서수사를 포함하는 품사이지요. 수사는 양수사와 서수사 모두, 고유어(순우리말)에서 비롯한 것과 한자어에서 비롯한 것이 있답니다.

수사: 대상의 수량이나 순서를 나타내는 말			
양수사		서수사	
고유어계	한자어계	고유어계	한자어계
하나, 둘, 셋…	일, 이, 삼…	첫째, 둘째, 셋째…	제일, 제이, 제삼…

"어머나, 우리가 이 좋은 책 하나를 다 읽었어!"
　　　　대명사　　　　　　명사　수사

지금까지 우리는 명사, 대명사, 수사를 알아보았어요. 그런데 이 세 품사는 공통적인 특징을 갖고 있답니다. 먼저, 문장에서 가장 중추적인 역할을 해요. 그래서 주어나 목적어 자리에 들어가서 '누구, 무엇'에 해당하는 정보를 밝혀 줘요. 이때 자기 뒤에 '이/가, 을/를'처럼 그 말이 주어인지 목적어인지 알려 주는 도움말이 붙고요. 이렇듯 문장에서 몸통[體] 기능을 할 수 있는 명사, 대명사, 수사를 묶어서 체언體言이라고 합니다.

명 사: 대상의 이름을 나타내는 말 대명사: 대상의 이름을 대신 나타내는 말 수 사: 대상의 수량이나 순서를 나타내 　　　는 말	→	체언: 문장에서 몸통의 기능 ①주어, 목적어 등으로 쓰임. ②'이/가, 을/를' 등의 도움말이 붙 　음.

2) 조사

"어머나, 우리가 이 좋은 책 하나를 다 읽었어!"
　　　　대명사　　　　　명사 수사

　앞서 체언(명사, 대명사, 수사)이 문장에 쓰일 때 그것이 주어인지 목적어인지 알려 주는 도움말이 있다고 했지요? 위 문장에서는 '가'와 '를'이 보이네요. '가'와 '를'처럼 체언에 딱 붙어서 체언의 역할이나 뜻을 더욱 명확하게 알려 주는 단어를 조사助詞라고 해요. 그리고 조사는 문장 속 단어들이 어떤 관계를 맺는지를 나타내는 기능을 하므로 관계언關係言이라고도 합니다.

　우리가 앞에서 '단어'를 정의하면서, 홀로 쓰지 못하는 의존 형태소 중에서도 단어로 인정받는 것이 있다고 했지요? 그것이 바로 조사예요. 비록 조사는 다른 단어, 그중에서도 주로 체언의 뒤에 딱 붙어서만 쓰일 수 있지만 앞말과 명확하게 구분되는 말이기 때문에 단어로 인정받아요. 조사는 다시 크게 세 종류로 분류할 수 있는데요. 지금부터 하나씩 살펴볼까요?

　첫째, 앞말이 문장에서 어떤 자격을 갖는지 알려 주는 격 조사가 있어요. 우리가 계속 보고 있는 문장인 "어머나, 우리가 이 좋은 책 하나를 다 읽었어!"를 만들기 위해서 가장 기본적인 단어 '우리, 책, 읽었어.'를 뽑아 놓았다고 가

정해 봅시다. 그런데 저 세 단어만 가지고는 문장의 의미가 확실히 드러나지는 않지요. 이때 '가'와 '를'을 붙여서 "우리가 책을 읽었어."라고 말하면 '우리'와 '책'의 자격이 명확해지고 전체 문장의 의미가 또렷해지네요.

격 조사의 종류를 자세히 설명하려면 Part. 3에서 다루는 '문장'을 공부하는 것이 좋아요. 여기서는 격 조사에 무엇이 있는지만 간단히 보고 넘어가도록 합시다.

명칭	종류	역할	예문
주격 조사	이/가, 께서, 에서	앞말이 문장의 주어 자격을 갖게 함.	선생님이(선생님께서) 걸어오신다.
목적격 조사	을/를	앞말이 문장의 목적어 자격을 갖게 함.	민수가 주희를 좋아한대요.
보격 조사	이/가	앞말이 문장의 보어 자격을 갖게 함.	나는 학급 회장이 되었다.
관형격 조사	의	앞말이 문장의 관형어 자격을 갖게 함.	우리나라의 국기는 태극기이다.
부사격 조사	에게, 께, 에(서), (으)로, 와/과…	앞말이 문장의 부사어 자격을 갖게 함.	이 편지를 저 친구에게 전해 줄래?
서술격 조사	이다	앞말이 문장의 서술어 자격을 갖게 함.	나는 중학생이다.
호격 조사	아/야	앞말이 문장의 독립어 자격을 갖게 함.	수민아, 잘 있었어?

둘째, 두 말을 대등하게 이어 주는 접속 조사가 있어요. 접속 조사로는 '와/과, (이)랑, 하고' 등을 찾아볼 수 있는데요. 내가 좋아하는 색깔이 파란색, 빨

간색 두 가지라면 "나는 파란색과 빨간색을 좋아한다."라고 말하는 것이지요.

그런데 여기서 주의할 점이 있어요. 바로 '와/과, (이)랑, 하고'가 접속 조사로도 쓰이지만 부사격 조사로도 쓰인다는 사실이에요. 다음 예문을 꼼꼼히 살펴봅시다.

(가) 민수와 수지는 우리 학교 학생이다.
(나) 수지는 민수와 점심을 먹었다.

(가)에서는 '민수, 수지'가 대등하게 이어져 있어요. 따라서 이때 '와'는 접속 조사가 맞지요. 그런데 (나)의 '민수' 뒤에 붙은 '와'는 '민수'가 '수지'와 점심을 함께 먹는 대상임을 나타내요. 따라서 접속 조사가 아니라 부사격 조사예요.

셋째, 앞말에 특별한 의미를 더해 주는 보조사가 있어요. 대표적인 보조사로는 '은/는, 도, 만, 요' 등이 있는데요. 예문을 통해서 살펴보면 이해하기가 더욱 쉽답니다.

(다) 내가 밥은 잘 먹어.
(라) 내가 밥도 잘 먹어.
(마) 내가 밥만 잘 먹어.

(다)에서 조사 '은'은 다른 음식과 밥을 '대조'하거나 밥을 '강조'하는 의미를 더하지요? (라)에서 조사 '도'는 다른 음식뿐만 아니라 밥 '또한' 잘 먹는다는 의미를, (마)에서 조사 '만'은 '오직' 밥만 잘 먹는다는 의미를 더해요.

여러분에게 한 가지 꼭 알려 주고 싶은 것이 있어요. 많은 사람이 '은/는'을 주격 조사로 생각하지만, 사실 '은/는'은 보조사랍니다. 다음 문장을 보면 왜 조사 '은/는'을 주격 조사로 정의하기 힘든지 바로 확인할 수 있어요.

저는 거짓말은 다시는 하지 않겠습니다.

만약에 '은/는'이 주격 조사라면 문장의 주어가 되는 단어 '저' 뒤에만 붙었겠지요? 그렇지만 위 문장에서는 무려 세 군데에나 '은/는'이 붙어 있어요. 그리고 '은/는'은 그 앞말인 '저, 거짓말, 다시'를 각각 강조하고 있네요. 따라서 '은/는'는 주격 조사가 아니라 보조사로 보는 것이 더욱 타당하겠어요. 그리고 하나 더! '다시'는 체언이 아닌데 그 뒤에 조사 '는'이 붙었지요? 이를 통해 보조사는 격 조사와 달리 체언이 아닌 말 뒤에도 비교적 자유롭게 붙는다는 사실도 짐작할 수 있겠네요.

조사		관계언
체언의 역할이나 뜻을 더욱 명확하게 알려 주는 말(격 조사, 접속 조사, 보조사)	→	문장 속 단어들이 어떤 관계를 맺는지를 나타내는 기능

3) 동사, 형용사

"어머나, 우리가 이 좋은 책 하나를 다 읽었어!"
　　　대명사　　　　　명사　수사 조사

이 문장에는 상황에 따라 형태가 변하는 단어가 2개 있어요. 무엇일까요?

바로, '좋은'과 '읽었어'입니다. '좋은'의 기본형은 '좋다'이고, '읽었어'의 기본형은 '읽다'인데요. 이렇게 기본형이 '-다'로 끝나는 단어가 문장에 따라서 '-다' 자리를 여러 가지로 바꿔 쓰는 현상을 활용活用이라고 해요. 활용에 대해 좀 더 설명해 줄게요.

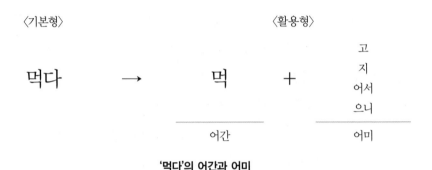

'먹다'의 어간과 어미

'먹다'라는 단어를 보면, 기본형인 '먹다'가 상황에 따라서 다양한 모습으로 변형되지요? '먹고, 먹지, 먹어서, 먹으니…'처럼요. 그럼 '먹다'에서 어디가 그대로 있고 어디가 모양이 바뀌나요? 맞아요. '먹-'은 그대로 있는데 그 뒷부분만 모양이 바뀌네요. 이렇게 활용하는 단어에서 '먹-'처럼 변하지 않는 부분을 어간語幹이라고 하고요, '-다, -고, -(으)니…'처럼 변하는 부분을 어미語尾라고 합니다. 즉, 활용은 다른 말로 하면 '어미변화語尾變化'예요.

　활용하는 단어들은 보통 두 가지 품사로 분류할 수 있답니다. 먼저 '읽다, 먹다'처럼 어떤 대상의 동작이나 작용을 나타내는 동사動詞가 있고요, 다음으로 '좋다'처럼 대상의 성질이나 상태 등을 나타내는 형용사形容詞가 있어요. 동사와 형용사를 나누는 세부적인 기준에는 여러 가지가 있겠지만, 여기서는 각각 하나씩만 봅시다.

동사는 크게 자동사와 타동사로 나눌 수 있어요. 자동사는 자기 스스로 문장을 완성할 수 있는 동사로, 자동사가 서술어로 쓰인 문장은 목적어가 필요하지 않아요. 반면에 타동사는 문장을 완성하기 위해 다른 말이 꼭 필요한 동사로, 타동사가 서술어로 쓰인 문장은 동작의 대상이 되는 목적어가 필요하답니다.

명칭	종류	예문
자동사	피다, 솟다, 짖다, 웃다…	벗꽃이 피었다. 주어　서술어
타동사	먹다, 부르다, 읽다, 사다…	내가 그림을 그렸어. 주어　목적어　서술어

형용사는 크게 성상 형용사와 지시 형용사로 나눌 수 있어요. 성상 형용사는 대상의 성질이나 상태를 나타내는 형용사이고요, 지시 형용사는 어딘가에 나오는 다른 형용사를 형식적으로 가리키는 형용사예요.

명칭	종류	예문
성상 형용사	예쁘다, 크다, 파랗다, 기쁘다…	벗꽃이 예쁘다.
지시 형용사	이렇다, 저렇다, 그렇다, 어떻다…	내가 그린 그림이 어때?

동사와 형용사는 둘 다 문장의 서술어 자리에 쓰이면서 활용活用한다는 공통점이 있기 때문에 둘을 묶어서 용언用言이라고 하는데요.

그렇다면 동사와 형용사의 차이점은 무엇일까요? 바로 활용하는 방식이 각각 다르다는 것이에요. 이어지는 표를 보세요.

활용 형태	동사의 활용	형용사의 활용
명령형	애들아, 밥 먹어라. (O)	애들아, 밥이 맛있어라. (×) * '밥이 맛있어라.'가 말이 되는 것처럼 보일 때는 '-어라'가 명령형이 아니라 감탄형임.
청유형	애들아, 밥 먹자. (O)	애들아, 밥이 맛있자. (×)
현재형	우리가 지금 밥을 먹는다. (O)	지금 밥이 맛있는다. (×)

정리해 볼까요? 동사는 명령형, 청유형으로 활용할 수 있고 현재형에서 '는' 같은 글자가 필요해요. 반면에 형용사는 명령형, 청유형으로 활용할 수 없고 현재형에서 '는' 같은 글자를 쓰지 않아요.

동사 대상의 동작·작용을 나타내는 말	**용언** 문장에서 주로 서술어의 기능 ①활용함. ②어간과 어미로 이루어짐.
형용사 대상의 성질·상태 등을 나타내는 말	

→

4) 관형사, 부사

"어머나, 우리<u>가</u> 이 <u>좋은</u> <u>책</u> <u>하나</u><u>를</u> 다 <u>읽었어!</u>"
대명사 조사   형용사 명사 수사 조사   동사

이제 품사 분류가 점점 끝나 가고 있어요. 문장을 보니, 사실 '어머나, 이, 다'를 빼고 "우리가 좋은 책 하나를 읽었어."라고만 말해도 되겠어요. 그런데 '책'

은 책인데 '이 책', 읽긴 읽었는데 "다 읽었어."라고 말하니까 문장의 의미가 한 층 생생해지는군요! 그래서 이제부터는 '이, 다'와 같은 단어들을 설명해 볼 참 이에요.

'이, 다'처럼 문장 안에서 자기 뒤에 오는 말을 꾸며 주거나 한정하는 단어 들을 통틀어서 수식언修飾言이라고 해요. 수식언에는 두 가지 품사가 있는데요. 체언 앞에 놓여서 체언의 뜻을 자세히 밝혀 주는 관형사冠形詞, 그리고 용언이 나 다른 부사 앞에 놓여서 그 뜻을 자세히 밝혀 주는 부사副詞가 있어요.

먼저 관형사를 알아볼까요? 관형사는 크게 세 종류로 다시 나눌 수 있어 요. 대상의 상태나 성질을 자세히 밝혀 주는 성상 관형사, 특정한 대상을 지시 하여 가리키는 지시 관형사, 대상의 수량·순서를 자세히 밝혀 주는 수 관형사 가 그것이지요.

명칭	종류	예문
성상 관형사	새, 헌, 옛, 순, 맨…	나는 새 [친구]를 사귀었다.
지시 관형사	이, 그, 저, 어느, 무슨, 웬…	이 [고양이]가 나를 좋아하나 봐!
수 관형사	한, 두, 세, 네, 스무… 첫째, 둘째, 셋째, 넷째…	한 [사람]도 빠짐없이 투표하세요. 오늘은 4월 첫째 [주] 월요일입니다.

여러분이 관형사와 헷갈리지 말아야 할 것이 있어요. 바로 용언의 활용형이 에요. 체언을 꾸며 주는 말이라서 관형사라고 생각할 수 있는 말이 실제로는 동사나 형용사인 경우가 많답니다. 무슨 말인지 예문을 보고 파악해 봅시다.

예문	탐구	결과
"나는 새 책을 다 읽었어."	'새'는 '책'을 꾸며 줌. 그 형태가 바뀌지 않음.	새: 관형사
"나는 어려운 책을 다 읽었어."	'어려운'은 '책'을 꾸며 줌. 기본형이 '어렵다'임.	어려운: 용언(형용사)

  물론 관형사 중에는 '이런, 저런, 그런…'처럼 원래는 용언의 활용형이었던
것이 굳어져서 관형사가 된 것도 있어요. 그러나 원칙적으로 '관형사는 형태
가 변하지 않는다'는 것, 잘 기억하세요.

  이제 부사를 세부적으로 분류해 볼까요? 부사는 정말 다양한 기준으로 나
눌 수 있는데요, 여기서는 여러분들의 쉬운 이해를 돕기 위해서 다음의 표 정
도로만 깔끔하게 정리해 볼게요.

분류	종류	예문
(대부분의 부사) 문장 안에서	잘, 못, 매우, 빨리, 먼저, 가끔, 이리, 저리, 아니(안)…	나는 매운 떡볶이를 잘 [먹어].
문장 전체에서	과연, 설마, 만약, 만일…	설마 [우리 편이 지겠어]?
문장과 문장 사이에서	그래서, 그런데, 그러나, 따라서, 그러므로…	국어 문법은 재밌어요. 그래서 저는 더 열심히 공부할 거예요.

관형사	수식언
체언 앞에서 체언을 꾸며 주는 말	문장 안에서 자기 뒤에 오는 말을 꾸며 주거나 한정하는 기능
부사	
주로 용언 앞에서 용언을 꾸며 주는 말	

(→ 표시는 관형사/부사 → 수식언)

5) 감탄사

"어머나, 우리가 이 좋은 책 하나를 다 읽었어!"
대명사 조사 관형사 형용사 명사 수사 조사 부사 동사

어머나, 여기까지 오느라 다들 고생 많았어요. 이제 위 문장에서 '어머나'가 뭔지만 파악하면 되네요? '어머나'는 일단 '느낌, 놀람'의 의미를 나타내는데요. 그래서 감탄사感歎詞에 포함돼요. 또한 '어머나'가 문장에 놓여 있는 위치를 보니 다른 단어와 관계를 맺지 않고 독립적으로 떨어져 있어요. 이러한 기능을 고려할 때, 감탄사는 독립언獨立言이라고 부릅니다.

그렇다면 문장에서 독립적으로 쓰일 수 있는 감탄사에는 '느낌, 놀람'을 뜻하는 단어 말고도 어떤 것들이 있을까요? '여보세요, 네(예), 응, 아니…'처럼 '부름, 대답'을 표현하는 말도 독립적으로 쓰일 수 있으므로 감탄사에 포함돼요. 그리고 '음, 어, 아…'처럼 뒤의 내용과 별 상관 없이 단순히 더듬거리거나 주저하는 말도 감탄사가 될 수 있어요.

감탄사		독립언
'느낌, 놀람', '부름이나 대답', '더듬거림이나 말버릇' 등을 나타내는 말	→	문장의 다른 단어와 직접적인 관계를 맺지 않고 홀로 있는 기능

6) 품사 정리

> "어머나, 우리가 이 좋은 책 하나를 다 읽었어!"
> 감탄사   대명사 조사 관형사 형용사 명사 수사 조사 부사   동사

우리는 여태까지 문법적 특성에 따라 우리말 단어를 아홉 가지의 품사로 정리해 봤어요. 이제는 앞에서 잠깐 언급했던 '형태, 기능, 의미'의 기준을 다시 떠올려서 우리말의 아홉 품사를 총정리해 볼까요?

단어	형태 기준	기능 기준	의미 기준
단어	불변어	체언	명사
			대명사
			수사
		수식언	관형사
			부사
		관계언	조사
		독립언	감탄사
	가변어	용언	동사
			형용사

이것만은 알아 두세요.

1. 우리말의 아홉 품사: 명사, 대명사, 수사, 관형사, 부사, 조사, 감탄사, 동사, 형용사

2. 품사 분류의 실제
   (1) 형태: 불변어, 가변어
   (2) 기능: 체언, 관계언, 용언, 수식언, 독립언
   (3) 의미: 명사, 대명사, 수사, 관형사, 부사, 조사, 감탄사, 동사, 형용사

풀어 볼까? 문제!

1. 다음 글을 읽고, 빈칸에 들어갈 알맞은 말을 순서대로 적어 보세요.

---

① 나는 중학생이다.

② 너도 중학생이니?

③ 응, 나도 중학생이야.

⇒ ①의 '이다'는 ②와 ③에서 각각 '이니, 이야'로 그 모양이 달라진다. 이렇듯 '이다'는 단어의 형태가 바뀌는 [   ]을/를 하므로 용언의 일종으로 볼 수 있다.

그러나 '이다'는 띄어쓰기 없이 앞말에 딱 붙어서 앞말이 문장의 서술어 자격을 가진다는 단어 관계를 표시해 주므로, 학교 문법에서는 보통 '이다'를 서술격 [   ]로 분류한다.

정답

1. 활용 / 조사

Part 3. 문장으로 생각을 표현해 봐!

서현아, 우리 끝말잇기 할까?

서현
그래 좋아.

그럼 내가 먼저 할게. '대하'.

서현
음. '하늘'.

'늘 푸른 소나무'.

서현
야, 그런 게 어딨냐?
그건 단어가 아니잖아!

그런가? 그럼 이게 단어가 아니면 뭐야?

서현

그러게. 그럼 문장인가?

문장도 아닌 거 같은데.

서현

도대체 '늘 푸른 소나무'는 뭘까?

1. 문장이란 무엇일까?

끝말잇기는 단어를 사용해 말을 이어 나가는 놀이예요. 두 사람은 단어가 아닌 것을 말해 끝말잇기 놀이를 계속할 수 없었어요. 만약 단어와 문장이 아니라면 '늘 푸른 소나무'는 무엇이라 불러야 할까요? 이번 단원에서는 문장과 관련된 내용을 공부해 볼 거예요. '늘 푸른 소나무'를 생각하며 계속 공부해 보기로 해요.

1) 문장의 뜻과 형식

머릿속에 떠오른 단어를 아무렇게나 내뱉는다고 해서 의미를 전달할 수 있는 것은 아니에요. 단어들을 규칙에 맞게 배열해 문장을 만들어 표현할 때, 비로소 온전히 의미를 전달할 수 있겠지요. 다시 말해 완결된 문장의 형태로 말해야 원활하게 의사소통을 할 수 있어요. 그렇다면 돌이 갓 지난 어린아이가 다음과 같은 말을 했다면 의미를 제대로 전달할 수 있을까요?

엄마, 맘마!

말을 처음 배우는 단계에서 온전한 문장을 제대로 구사하기는 힘듭니다. 그래서 첫돌에서 두 돌에 이르는 때의 아이들은 한두 단어만으로 의사를 표현하기도 해요. 이 시기에 부모들은 아이의 말에 더욱 귀를 기울여야 해요. 한두 단어로 이루어진 유아의 문장에 미처 표현되지 못한 문장 성분들을 상황과 맥락을 통해 추측해야 하기 때문이에요. 이를 바탕으로 아이가 부모님에게 배가 고프니 먹을 것을 달라는 의미라는 것을 알아채고 아이가 원하는 것을 챙겨 주게 되지요. 이렇듯 인간은 처음에 한두 단어를 활용해 자신의 생각을 표현하는 연습을 하고서야 비로소 완벽한 문장을 구사할 수 있게 된답니다.

그렇다면 문장이란 무엇일까요? 문장은 우리의 생각이나 감정을 완결된 내용으로 표현하는 최소의 언어 형식이라 정의할 수 있어요. 그렇기 때문에 화자가 말하려고 하는 것은 완벽한 문장을 통해 구현돼요.

장미꽃이 피었다.

이 문장은 온전한 문장이에요. '장미꽃이'나 '피었다'만으로는 문장을 이루지 못하기 때문에 자신이 말하고자 하는 내용을 온전히 전달하지 못해요. 이런 점에서 문장은 우리 인간의 사고를 완전히 담을 수 있는 문법 단위라고 할 수 있어요.

문장을 이루는 요건으로 문장의 형식도 생각해 보아야 해요. 문장에 담겨 있는 내용, 즉 의미가 완결된 생각이라면, 문장을 이루는 형식은 완결을 표현하는 형식을 띠어야 해요. 문장이 끝났음을 알려 주는 표지로 문장 부호가 사용되는데, 온점(.)이나 물음표(?), 그리고 느낌표(!)가 있어요. 문장이 완성되었다면 문장 종결 표지가 있어야 합니다. 앞의 문장은 온점(.)을 종결 표지

삼아 문장을 완성하고 있어요. 하나의 문단 안에 몇 개의 문장이 실려 있는지 따져 보려면 종결 표지로 사용된 문장 부호가 몇 개인지 세어 보면 돼요.

> 문장 = 말하고자 하는 의미 + 종결 표지
>   내용   형식

앞서 이야기했던 문장을 나눠 보면 직관적으로 '장미꽃이'와 '피었다'의 두 덩어리로 나눌 수 있어요. 이렇게 나눌 수 있는 이유는 두 덩어리 사이에 띄어쓰기가 되어 있기 때문이에요. 띄어쓰기로 나뉘는 것처럼 문장을 이루는 도막도막의 마디를 어절이라고 해요. 인용한 문장은 두 어절로 이루어져 있어요. 어절도 국어의 문법 단위 중 하나이며 띄어쓰기의 기본 단위가 돼요.

띄어쓰기의 대원칙은 단어마다 띄어 쓰는 것이에요. 한 어절은 한 단어로 이루어져야 하지요. 하지만 여기에는 예외도 존재해요. 앞서 단어의 종류, 즉 품사를 공부하면서 하나의 단어이지만 앞말에 붙여 쓰는 품사가 있었던 것을 떠올려 보세요. 체언의 뒤에 붙어서 체언이 문장에서 어떤 역할을 하는지 보여 주는 품사가 있었던 것을 기억하나요? 그래요. 조사가 그에 해당하지요. 조사는 엄연한 단어이면서도 다른 단어들에 비해 자립성이 부족해 꼭 앞말에 붙여 써야 해요. 그래서 '장미꽃이'처럼 명사 '장미꽃'에 조사 '이'가 붙어 있는 어절은 두 개의 단어가 한 어절을 이루고 있답니다.

문장을 비롯해 의미를 전달하는 언어의 단위를 정리해 보면 다음과 같아요.

문장 분석					언어 단위	개수	영역
장미꽃이 피었다.					문장	하나	의미의 단위
장미꽃이		피었다			어절	둘	
장미꽃	이	피었다			단어	셋	
장미	꽃	이	피-	-었- -다	형태소	여섯	
[장미꼬치 피얻따]					음절	일곱	소리의 단위

이 표는 문법에서 다루는 언어의 단위를 바탕으로 문장을 나눠 본 거예요. 어릴 적 즐겨 불렀던 동요 중에 〈바윗돌 깨뜨려〉라는 노래가 기억나나요?

바윗돌 깨뜨려 돌덩이
돌덩이 깨뜨려 돌맹이
돌맹이 깨뜨려 자갈돌
자갈돌 깨뜨려 모래알

이 노랫말을 우리가 공부하고 있는 것들로 바꿔 보면 이렇게 되겠지요.

문장을 나누면 어절
어절을 나누면 단어
단어를 나누면 형태소

'장미꽃이 피었다.'는 한 문장이에요. 문장의 형태로 곧 완결된 의미를 전하고 있어요. 이 문장은 '장미꽃이'와 '피었다'로 나뉘고 띄어쓰기를 기준으로 볼

때, 두 어절이지요. 이 두 어절은 각각 단어로 나뉘어요. '장미꽃이'의 '장미꽃'
은 명사이고 '이'는 조사이지요. '피었다'는 동사 '피다'의 활용형이기 때문에 하
나의 단어예요. 그래서 두 어절을 단어로 나누면 세 단어가 되는 거예요.

형태소로 나눠 보면 좀 복잡해져요. 단어는 형태소의 결합으로 이루어졌다
는 것을 떠올려 보세요. 그렇다면 '장미꽃'은 '장미'와 '꽃'이라는 두 형태소가
결합된 합성어라는 것을 알 수 있어요. '피었다'도 마찬가지예요. 동사 '피다'의
어간 '피-'와 과거 시제를 표현하는 '-었-', 그리고 문장을 평서형으로 끝맺는
기능을 하는 어미 '-다'의 세 형태소가 결합되어 이루어진 단어라는 것을 알
수 있어요.

다만 앞에서 확인할 수 있는 분석 표에서 문장, 어절, 단어, 형태소는 모두
의미를 나타내는 언어 단위인 반면, 음절은 소리를 나타내는 언어의 단위예
요. 언어의 특성에서 배웠던 내용을 떠올려 보면, 의미의 단위는 내용의 단위
가 되고, 소리의 단위는 형식의 단위가 되는 거겠지요. 소리의 단위는 다음에
더 자세하게 살펴볼 거예요. 소리를 표현한 문자의 모양이 우리의 직관과 달
라 좀 이상하게 느껴질 텐데, 일단은 문법의 단위가 이렇게 나뉜다는 것만 알
아 두고 넘어가기로 해요.

2) 문장의 유형과 구성

그렇다면 우리가 사용하는 문장은 어떤 모습을 띠고 있을까요? 문장이 생
각을 표현하는 것이라면, 문장의 모습은 우리의 생각이 어떻게 표현될 수 있
는지 알아보는 중요한 기준이 돼요.

국어의 문장은 세 가지 유형인데, 문장의 길이가 아무리 길더라도 결국 이

세 유형 중 하나에 속하기 마련이에요. 각 유형의 문장을 예로 들면 다음과 같아요.

(가) 한언이가 착하다.
(나) 한언이가 일어났다.
(다) 한언이가 짝이다.

(가)~(다)의 문장은 앞서 살펴본 문장의 정의에 딱 맞아요. 하나의 완결된 생각을 표현하고 있고 종결 표지인 온점(.)을 사용해 문장을 끝맺고 있지요. 그렇다면 (가)~(다)의 문장은 어떤 점이 같고 어떤 점이 다른가요?

먼저 공통점을 찾아볼게요. 일단 모든 문장이 두 어절로 이루어졌다는 점을 들 수 있겠네요. 그리고 첫 어절에 '누가' 혹은 '무엇이'에 해당하는 말이 공통적으로 들어 있어요. 이 문장에서는 '누가'에 해당하는 말로 '한언이가'가 쓰였어요. 이건 쉽지요?

이제 세 문장의 차이를 찾아볼 차례예요. 이들 문장의 차이는 둘째 어절에 있어요. 종결 표지인 온점이 찍힌 마지막 단어의 성격에 따라 문장의 유형이 달라지거든요.

(가)의 '착하다'는 사람이나 사물의 상태나 성질을 표현하는 형용사예요. '한언이'가 어떠한 성질을 가지고 있는지를 보여 주는 말이지요.

(나)의 '일어났다'의 기본형은 '일어나다'예요. 형태가 조금 바뀌기는 했지만, 사람이나 사물의 움직임이나 작용을 표현하는 동사예요. '한언이'가 어떻게 행동하는지, 즉 '한언이'가 어찌하는지를 설명해 주는 말이에요.

(다)의 '짝이다'는 '착하다', '일어나다'와는 좀 성격이 달라요. '착하다'는 형

용사이고, '일어나다'는 동사인데 둘 다 하나의 단어예요. 반면 '짝이다'는 명사 '짝'과 서술격 조사 '이다'가 결합된 두 개의 단어입니다. 두 단어가 결합해서 '한언이'가 무엇인지를 풀이해 주는 말이 되었지요. (가)~(다)의 문장을 유형별로 정리해 보면 다음과 같아요.

구분	문장의 유형	풀이말의 종류
(가)	누가(무엇이) 어떠하다.	형용사
(나)	누가(무엇이) 어찌하다.	동사
(다)	누가(무엇이) 무엇이다.	체언 + 서술격 조사 '이다'

(가)~(다)에서 살펴본 것처럼 문장의 유형은 맨 마지막에 위치하고 있는 풀이해 주는 말에 따라 달라져요. 그래서 문장이 표현하는 사건을 풀이해 주는 말이 형용사인지, 동사인지, 아니면 체언에 서술격 조사가 붙어서 만들어진 말인지를 먼저 파악하는 것이 중요해요. 풀이해 주는 말의 의미적 특징과 문법적 특징에 따라 문장 성분이 결정되기 때문이에요.

다음으로, 국어의 문장은 크게 두 부분으로 나뉘어요. '누가/무엇이'에 해당하는 부분을 주어부라고 하고, '어떠하다/어찌하다/무엇이다'에 해당하는 부분을 서술부라고 해요. 다음 문장을 주어부와 서술부로 나누어 볼까요?

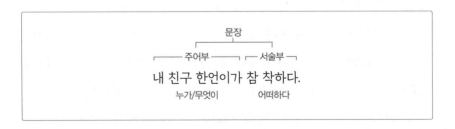

앞서 분석한 문장과 비교해 볼 때 문장이 좀 복잡해졌지만, 결국은 '누가/무엇이 어떠하다.'의 유형에 해당하는 문장임을 알 수 있어요.

'누가/무엇이 어찌하다.'의 유형에 해당하는 문장은 어떨까요?

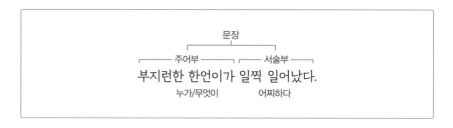

이 문장은 '누구'와 관련된 이야기인가요? 그래요. '한언이'와 관련된 이야기이지요. 그 '한언이'가 어찌했다는 건가요? 그래요. '일찍 일어났다'는 말이지요. 따라서 이 문장을 나누면 '한언이가'를 기준으로 앞쪽은 주어부, 뒤쪽은 서술부가 되는 거예요.

'누가/무엇이 무엇이다.'의 유형에 해당하는 문장도 마찬가지예요. 문장의 길이만 늘어났을 뿐, 문장의 뼈대는 간단하답니다.

문장의 유형을 파악하려면 문장의 제일 마지막에 오는 말의 성격을 찾아보아야 합니다. 풀이해 주는 말이 앞에서 살펴보았던 문장의 유형 중 어디에 해당하는지를 결정해 주거든요. 그 풀이해 주는 말에 따라 '누가/무엇이'에 해당하는 말이 주어부예요. 주어부 뒤에 나오는 말들은 모두 서술부에 해당하는 것이고요. 이렇게 주어부와 서술부만 나눌 수 있다면 절반은 끝난 거예요. 앞으로는 문장을 이루고 있는 요소들에는 어떤 것이 있는지 함께 살펴보기로 해요.

이것만은 알아 두세요.

1. 문장: 우리의 생각이나 감정을 완결된 내용으로 표현하는 최소의 언어 형식

2. 어절: 문장을 이루는 도막도막의 마디

3. 문장의 유형

문장의 유형	풀이말의 종류
누가(무엇이) 어떠하다	형용사
누가(무엇이) 어찌하다	동사
누가(무엇이) 무엇이다	체언 + 서술격 조사 '이다'

4. 국어의 문장: 크게 주어부와 서술부로 나뉨.

풀어 볼까? 문제!

1. [   ]은 우리의 생각이나 감정을 완결된 내용으로 표현하는 최소의 언어 형식이다.

2. 다음 문장이 몇 어절인지 써 보세요.

장미꽃이 예쁘게 피었다.

3. 다음 문장의 풀이말의 종류를 써 보세요.

문장의 유형	풀이말의 종류
한언이가 착하다.	
한언이가 일어났다.	
한언이가 짝이다.	

4. 〈보기〉의 문장을 주어부와 서술부로 나누어 보세요.

〈보기〉 부지런한 한언이가 일찍 일어났다.

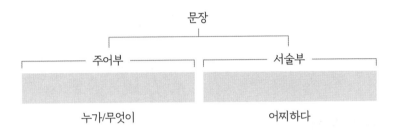

주어부 ────────── 서술부
누가/무엇이   어찌하다

정답

1. 문장

2. 3어절

3. 형용사 / 동사 / 체언+서술격 조사

4. 주어부-부지런한 한언이가 / 서술부-일찍 일어났다.

2. 문장에 필요한 주성분

1) 문장 성분의 뜻

여러분의 학교생활은 어떤가요? 학교에서의 하루 일과를 떠올려 보세요. 가장 즐거운 시간은 언제인가요? 물론 수업 시간도 즐겁겠지요. 지금 이 책을 읽고 있는 학생이라면 국어 시간을 즐거워할지도 모르겠네요. 체육 시간도 두 말하면 잔소리지요. 그러나 뭐니 뭐니 해도 여러분들이 하교 시간 다음으로 가장 기다리는 시간은 급식 시간일 거예요.

급식 시간에 받은 식판에는 밥과 국, 반찬이 담겨 있을 거예요. 오늘 메뉴는 '소고기 뭇국'이네요. 한국인의 밥상엔 김치가 제격이겠지요. 입맛을 돋우는 소시지 볶음과 영양 만점 계란찜도 있네요. 후식으로 먹을 비타민 가득한 사과도 한 조각 있어요. 이제 자리에 앉아 맛있게 점심을 먹으면 되겠네요.

오늘의 급식 메뉴

식판에 담겨 있는 여러 음식이 오늘의 급식 메뉴를 이루고 있어요. 여기에는 밥과 국처럼 꼭 필요한 음식, 반찬처럼 식사를 더 맛깔나게 도와주는 음식, 식사 메뉴와는 별도로 급식을 더 풍요롭게 해 줄 후식 같은 것도 있어요.

문장도 이와 비슷해요. 여러 구성 요소들이 하나의 문장을 이루지요. 이렇듯 문장을 이루고 있는 구성 요소를 문장 성분이라고 해요. 그리고 띄어쓰기의 단위인 어절은 문장 성분의 단위이기도 하지요. 즉 하나의 어절은 하나의 문장 성분이 됩니다. 문장 성분은 문장 안에서 고유의 문법적 기능을 맡고 있어요.

문장 성분 중에는 밥과 국처럼 꼭 필요한 주성분도 있고, 반찬처럼 있으면 더 좋은 부속 성분도 있고, 음식과는 별개로 후식처럼 존재하는 독립 성분도 있어요. 각각에 해당하는 문장 성분을 정리해 보면 다음의 표와 같아요. 이제 주성분부터 천천히 살펴보아요.

주성분	주어, 서술어, 목적어, 보어
부속 성분	관형어, 부사어
독립 성분	독립어

2) 서술어와 주어

먼저 문장 성분 중 주성분에 대해 생각해 볼게요. 앞서 이야기한 급식 식단에서 주메뉴는 무엇일까요? 아마도 소고기 뭇국일 거예요. 우리 문화에서 식사를 할 때에는 밥과 국이 주메뉴가 돼요. 그리고 주로 국의 이름이 식단의 대표 이름이 되기도 하지요. 식당 벽에 붙어 있는 차림표를 보면 알 수 있어요.

'김치찌개', '부대찌개', '된장찌개', '설렁탕', '갈비탕' 등 국이나 찌개 이름이 차림표의 대표 이름으로 올라 있지요.

문장에서도 국과 같은 역할을 하는 성분이 있어요. 국이 식단의 성격을 결정해 주듯, 서술어는 문장의 성격을 결정해 주기 때문에 문장에서 꼭 필요한 성분이에요. 문장의 종류를 알아보기 위해 앞에서 다루었던 문장을 다시 살펴볼게요.

(가) 한언이가 착하다.
(나) 한언이가 일어났다.
(다) 한언이가 학생이다.

(가)~(다)에서 제일 뒤에 오는 풀이말인 '착하다', '일어났다', '짝이다'와 같은 말을 서술어라고 해요. 서술어_{敍述語}는 문장에서 주체의 동작이나 상태, 성질과 같은 것을 풀이하는 기능을 하는 문장 성분이에요. '서술'이라는 말은 차례대로 풀어서 설명한다는 뜻이에요. 우리 국어의 문장 유형 세 가지는 전적으로 마지막에 오는 서술어에 따라 달라집니다. 그래서 어떤 서술어를 사용하느냐가 문장의 형식을 결정하는 데에 큰 영향을 미쳐요. 이러한 서술어를 이루는 유형은 세 가지가 있어요. (가)의 서술어 '착하다'는 형용사예요. (나)의 서술어 '일어났다'는 동사예요. (다)의 '학생이다'는 체언 '학생'에 서술격 조사 '이다'가 결합된 형태예요. 그러고 보니 문장의 세 가지 유형이 풀이말에 따라 달라진다고 했는데, 여기서 말하는 풀이말이 곧 서술어인 것을 알 수 있지요.

아무리 국이 중요하대도 밥을 먹을 때 국만 먹을 수는 없겠지요? 한국인에게는 밥이 주식이에요. 쌀밥이든 보리밥이든 콩밥이든 밥은 꼭 있어야 해요.

한국인은 '밥심'으로 산다고 하지 않나요. 그만큼 밥은 한국인에게 중요한 에너지원으로 역할을 하지요. 결국 우리 식단에서 밥과 국은 떼려야 뗄 수 없는 관계에 있어요. 오죽하면 '국밥'이라는 음식도 있겠어요. 문장에서도 밥에 해당하는 문장 성분이 있어요. 그건 바로 주어랍니다.

주어(밥)와 서술어(국)

주어主語는 문장에서 서술어를 통해 실현되는 동작 또는 상태나 성질의 주체를 나타내는 문장 성분이에요. '주체主體'라는 말은 어떤 일을 적극적으로 주도해 나가는 존재를 의미해요. 문장에서의 형태를 보면 '누가' 혹은 '무엇이'에 해당하는 말이지요. 앞서 다룬 문장의 첫 어절 '한언이가'와 같은 말을 '주어'라고 해요.

우리 국어에서 문장 성분을 쉽게 알아보는 방법이 있어요. 그건 바로 체언에 붙어 있는 조사가 무엇인지 살펴보는 거예요. 국어의 조사는 기본적으로 격 조사의 성격이 강해요. 격格이란 '자격'이라는 뜻인데, 체언과 같은 어구가 문장에서 하는 역할을 말하는 거예요. 그래서 격을 표시해 준다는 의미에서 격 조사를 격 표지라고 부르기도 해요.

문장 성분인 주어도 마찬가지예요. 한국어에서 주어를 표시해 주는 조사는

'이/가'가 있어요. 이 둘은 문법적인 역할은 같은데, 체언의 마지막 소리의 성격에 따라 달리 선택돼요. 받침이 있는 말 뒤에서는 '이'가 선택되고, 받침이 없는 말 뒤에서는 '가'가 선택된다는 말이에요.

하늘이 푸르다.
사과가 푸르다.

두 문장의 주어는 '하늘이'와 '사과가'예요. 주격 조사로 '이'와 '가'가 쓰였지요. 다만 '하늘'은 받침이 있는 말이라 '이'가 선택되었고, '사과'는 받침이 없는 말이라 '가'가 선택되었을 뿐이에요. 두 조사는 앞말의 끝소리에 따라 상호 보완적으로 사용될 뿐 문장에서의 기능은 정확히 같아요. 그래서 두 조사를 동시에 표기할 때 '이/가'와 같이 적어요. 그렇다면 다음 문장은 어떨까요?

할아버지께서 일어나셨다.
학교에서 개학일을 알려 주었다.

두 문장에도 주어와 서술어가 있어요. 서술어는 각각 '일어나셨다'와 '알려 주었다'예요. 그런데 주어를 찾으려고 보니 좀 이상하지요? 방금 전에 주어에는 주격 조사인 '이/가'가 붙는다고 했는데, 아무리 찾아봐도 주격 조사가 없어요. 그렇다면 다시 주어가 무엇인지 떠올려 보세요. 주어는 서술어가 표현하는 동작의 주체를 말하는 거지요. 서술어 '일어나셨다'를 중심으로 '누가' 일어난 것인지를 생각하면 '할아버지가 일어나셨다.'라는 것을 금세 떠올릴 수 있을 거예요. 그런데 우리말에는 높임법이 발달해 있지요. 그러다 보니 할아버지처럼 높임의 대상이 주어일 경우에는 '이/가' 대신 '께서'를 사용해요. 그래서 이 문장의 주어는 '할아버지께서'가 되는 거지요. 그럼 여기서 주격 조사 하나가 더 늘었네요. 주격 조사의 기본형은 '이/가'예요. 다만 주어가 높임의 대상일 때에는 '께서'를 주격 조사로 사용해요.

그다음 문장도 마찬가지예요. 서술어 '알려 주었다'를 중심으로 '누가' 알려 주었는지를 떠올려 본다면 '학교가' 알려 준 것이겠지요. 그러니 이 문장에서 주어는 '학교가'예요. 다만 이 경우처럼 예외적으로 주어가 기관이나 단체 등 인간 집단일 경우 '에서'가 주격 조사로 사용돼요. 그럼 주격 조사 하나가 또 늘었네요. 결론적으로 '이/가', '께서', '에서'가 모두 주격 조사로 사용될 수 있어요.

+ 더 알아보아요!

주격 조사의 종류는 다음과 같아요.

이/가	일반적인 상황의 주격 조사로 두루 사용됨.
께서	주어가 높임의 대상일 때 제한적으로 사용됨.
에서	주어가 기관이나 단체일 때 특수하게 사용됨.

지금까지 문장을 이루는 주성분 두 가지인 주어와 서술어를 알아보았어요. 명심해야 할 것은 모든 문장에 주어와 서술어는 꼭 있어야 한다는 점이에요. 마치 밥과 국처럼요. 이 중 서술어는 문장을 성격을 결정하는 데 중요한 역할

을 해요. 어떤 서술어가 쓰였느냐에 따라 필요한 문장 성분이 달라진다는 말이에요. 물론 주어는 모든 문장에 당연히 나와야 하는 것이니 따져 볼 필요가 없겠지요.

3) 목적어와 보어

급식 메뉴 '소고기 뭇국'에 꼭 필요한 음식 재료는 무엇일까요? 국을 끓일 때 필요한 여러 재료가 있겠지만, '소고기'와 '무'는 꼭 들어가야 '소고기 뭇국'이라는 이름을 붙일 수 있겠지요? 만약 '콩나물국'이라면 당연히 '콩나물'이 들어가야 할 거예요.

국은 문장 성분으로 치면 서술어와 같다고 이야기했지요? 서술어의 특성에 따라 필요한 문장 성분이 달라지기도 해요. 이에 대한 이해를 돕기 위해 문장이 드러내고자 하는 의미의 측면에서 좀 더 생각해 보려고 해요.

문장은 완결된 생각을 표현하는 단위라고 했어요. 여기서 완결된 생각이란 완결된 하나의 사건으로 표현된다고 할 수도 있겠지요. 그렇기 때문에 문장은 하나의 사건을 표현한다고 바꾸어 말할 수도 있어요. 마치 사진이나 영상을 찍는 것처럼 문장이 표현하는 사건을 한 장면의 그림으로 표현할 수 있을 거예요. 이런 생각을 그림으로 표현해 보면 다음과 같이 되겠지요.

(가)와 (나)는 모두 문장이에요. 그리고 그림은 문장이 말하고자 하는 바를 그림으로 표현해 본 거예요. (가)의 문장이 표현하는 사건에서 주요 행위는 '걸어가다'라는 동사를 통해 드러나고, 그 행위가 일어나는 사건에 참여하는 사람은 '걸어가다'라는 행위를 하는 '한언이'가 되겠지요. 그래서 '한언이'는 주격 조사 '가'를 붙여 '한언이가'라는 주어로 실현된 거예요.

(가)한언이가 걸어간다.   **(나)한언이가 공을 찬다.**

그런데 (나)에 표현된 사건은 (가)와 좀 달라요. (나)의 문장이 표현하는 사건에서 행위는 '차다'라는 동사를 통해 드러나고 있어요. 여기까지는 (가)와 별반 다를 게 없어요. 그러나 (나)의 서술어 '차다'는 (가)의 서술어 '걸어가다'와 다른 특성을 갖고 있어요. 서술어 '걸어가다'는 주어인 '한언이가'만 필요했는데, 서술어 '차다'는 주어 이외에 다른 문장 성분을 필요로 하고 있어요. 다시 말해 '차다'가 보여 주는 사건에는 행위자뿐만이 아니라 행위가 일어날 때, 그 동사의 특성 때문에 힘의 영향을 받는 사물인 '공'이 필요하게 돼요.

(나)에서 '공'은 동사의 의미와 관련하여 '한언이'의 발을 통해 전달되는 힘을 받게 돼요. 그로 인해 '한언이'의 발 앞에 있던 '공'은 이동을 시작해 '공'이 더 이상 움직일 수 없는 위치까지 이동하게 돼요. 즉 '공'의 위치가 변화하게 되는 셈이지요. 즉 서술어 '차다'로 실현되는 사건에서는 힘의 영향을 받는 다른 대상이 꼭 필요하다는 말이에요. 이 대상이 문장 성분으로 실현되면 목적어가 돼요.

목적어目的語는 서술어의 행위나 작용의 대상이 되는 문장 성분이라고 정의할 수 있어요. 이때 서술어로 사용되는 동사는 목적어가 필요한 동사라는 의미에서 타동사라고 해요. 목적어 역할을 하는 대상이 있어야 사건이 온전해지는 것이지요. 이 문장에서 목적어는 주어, 서술어와 함께 문장을 이루는 데에 꼭 필요한 주성분에 해당해요.

+ 더 알아보아요!

동사는 문장에서 서술어로 쓰여요. 이때 동작이나 작용이 주어 자신에게만 미치고 다른 사물에는 미치지 않는 동사를 자동사自動詞라고 해요. 자동사는 서술어로 쓰일 때 목적어 없이도 스스로 의미를 완성하는 동사라는 말이에요. 반면에 타동사他動詞는 그 자체만으로는 움직임을 나타낼 수 없어요. 그렇기 때문에 문장에서 서술어로 쓰일 때 움직임의 대상인 목적어가 필요하지요.
그런데 동사 '움직이다'는 자동사로 쓰이기도, 타동사로 쓰이기도 해요.

- 바위가 움직였다. (자동사)
- 한언이가 바위를 움직였다. (타동사)

이처럼 자동사와 타동사의 성격을 모두 가지고 있는 동사를 중립 동사라고 해요. 결국 자동사와 타동사의 구분은 동사가 문장에서 서술어로 어떻게 기능하는가에 달려 있어요.

목적어는 '누구를' 혹은 '무엇을'에 해당하는 말이에요. 목적어가 문장에서 실현될 때에는 목적격 조사 '을/를'이 사용돼요. 주격 조사인 '이/가'와 마찬가지로 '을/를'도 앞말이 받침이 있느냐 없느냐에 따라 선택돼요. 받침이 있는 말 뒤에서는 '을'이, 받침이 없는 말 뒤에서는 '를'이 쓰여요.

> 한언이는 밥을 먹었다.
> 주어　　목적어　서술어
>
> 한언이가 나무를 보았다.
> 주어　　목적어　　서술어

두 문장에 사용된 서술어는 모두 타동사예요. '먹었다'는 행위를 완성시키기 위해서는 먹는 행위의 영향을 받는 대상인 '밥'이 필요하겠지요. 그래서 그 대상이 목적어 '밥을'로 실현된 거예요. '보다'도 마찬가지예요. 눈을 통해 보는 행위를 완성시키기 위해서는 시선이 미치는 대상인 '나무'가 있어야겠지요. 그래서 '나무'가 목적어인 '나무를'로 실현된 거예요.

그러면 다음 문장은 어떤가요? 어떤 문장 성분이 사용되었는지 생각해 봐요.

> 한언이가 가수가 되었다.
> 주어　　보어　서술어

문장 성분을 파악하기 위해서는 가장 먼저 문장의 서술어를 찾아야 해요. 이 문장에서 서술어는 '되었다'예요. 그러면 자연스럽게 '누가/무엇이'에 해당하는 주어를 찾게 되지요. 주어와 서술어는 문장에서 꼭 있어야 하는 것이니까요. 그러고 보니 주어는 '한언이가'예요. 주어와 서술어를 찾아 문장을 만들고 보니 다음과 같아요.

> 한언이가 되었다.
> 주어　　서술어

뭔가 문장이 완성되지 않은 느낌이 들지요? 다른 문장 성분이 있어야 할 것 같은데, 우리가 방금 전 공부했던 목적어도 없어요. 그러고 보니 주어인 '한언이가'에 사용된 것과 똑같은 주격 조사가 '가수가'에 사용되었네요. 그럼 이 문장은 주어가 '한언이가'와 '가수가'로 두 개인 문장인 걸까요? 원칙적으로 주어가 두 개인 문장은 존재하지 않아요. 그렇다면 둘 중 하나는 주어가 아닐 텐데, '한언이가'는 계속 주어였고, 문장의 제일 첫 어절인 것을 보니 주어임에 틀림없어요. 그럼 '가수가'의 문장 성분이 궁금해지지요?

'가수가'는 서술어 '되었다'를 보충해서 문장을 완성시켜요. 다시 말해 서술어 '되었다'는 주어 말고도 꼭 필요한 문장 성분이 또 있다는 말이에요. 이처럼 서술어를 보완하여 완전하게 만드는 필수 성분을 보어補語라고 해요. '보어'는 불완전한 서술어의 뜻을 완벽해지도록 도와준다는 뜻을 가지고 있어요. 그렇게 본다면 보어 '가수가'에 사용된 '가'는 주격 조사가 아니라 보어 역할을 하도록 해 주는 보격 조사라고 할 수 있겠지요. 보격 조사는 주격 조사와 모양이 같은데 '이/가'가 있어요.

보어가 필요한 서술어가 하나 더 있어요.

한언이가 학생이 아니다.
주어   보어   서술어

이 문장에서 서술어는 '아니다'예요. 주어는 예상대로 '한언이가'가 되겠지요. 이 문장에서 '학생이'는 서술어 '아니다'가 필요로 하는 필수 성분이에요. 앞에서 살펴본 '가수가'처럼 '학생이'도 보어인 거지요.

마지막으로 우리는 문장 성분 보어의 뜻을 다음과 같이 정리할 수 있어요.

보어: 서술어 '되다/아니다'가 요구하는 필수 성분으로 조사 '이/가'가 붙은 말

+ 더 알아보아요!

'학교 문법'에서는 보어를 필요로 하는 서술어로 '되다'와 '아니다'의 두 가지만 제시하고 있어요. '학교 문법'은 학교에서 배우는 국어 문법을 말하는데, 학생들의 학습에 적합하도록 간단하고 명료한 내용을 중심으로 정리해 놓았어요. '학교 문법'에서 보어를 이렇게 제한적으로 설정해 놓아서 아쉬움이 커요. 문장 성분 중에서 문장의 골격을 이루는 주성분인 보어를 설정하는데, 달랑 두 개의 서술어를 위해 보어라는 범주를 만든 것은 개념의 낭비에 가까워요. 좀 더 다양하게 논의해서 보어의 범위를 더 넓혀 주었으면 하는 바람이 있어요. 그렇게 되면 문장 성분을 따지기가 좀 더 복잡해질는지 모르겠지만, 오히려 학생들이 국어 문법을 공부하고 우리 국어 문장의 특성을 이해하는 데에는 더 교육적이라고 생각해요.

지금까지 문장을 이루는 구성 요소인 문장 성분에는 어떤 것들이 있는지 살펴보았어요. 문장의 가장 핵심을 이루는 두 성분은 주어와 서술어였어요. 그리고 서술어의 특성에 따라 때로는 목적어가 필요하기도 했고, 아주 드물게 보어가 필요하기도 했어요. 이와 같은 문장 성분은 문장을 이루는 꼭 필요한 성분이라는 의미에서 주성분이라고 불러요.

이것만은 알아 두세요.

1. 문장 성분: 문장을 이루고 있는 구성 요소

2. 하나의 어절은 하나의 문장 성분이 됨.

3. 문장 성분: 크게 주성분, 부속 성분, 독립 성분으로 나뉨.

4. 주성분: 문장을 이루는 꼭 필요한 성분(서술어, 주어, 목적어, 보어)

주성분	뜻	특징
서술어	문장에서 주체의 동작이나 상태, 성질과 같은 것을 풀이하는 기능을 하는 문장 성분	문장의 성격을 결정함.
주어	문장에서 서술어를 통해 실현되는 동작 또는 상태나 성질의 주체를 나타내는 문장 성분	주격 조사 '이/가', '께서', '에서'
목적어	서술어의 행위나 작용의 대상이 되는 문장 성분	목적격 조사 '을/를'
보어	서술어 '되다'와 '아니다'를 보완하여 완전하게 만드는 필수 성분	보격 조사 '이/가'

풀어 볼까? 문제!

1. 다음 문장의 문장 성분이 몇 개인지 써 보세요.

> 튼튼한 한언이가 공을 멀리 찼다.

2. 빈칸에 알맞은 문장 성분의 이름을 순서대로 써 보세요.

① 한언이가 걸어간다.
　[　　　][　　　]

② 한언이가 공을 찬다.
　[　　　][　][　]

③ 한언이가 가수가 되었다.
　[　　　][　　][　]

④ 한언이가 학생이 아니다.
　[　　　][　　][　]

정답

1. 5개

2. ① 주어 / 서술어　② 주어 / 목적어 / 서술어　③ 주어 / 보어 / 서술어　④ 주어 / 보어 / 서술어

3. 문장을 풍요롭게 하는 부속 성분과 독립 성분

다시 급식 이야기로 돌아가 볼까요? 급식에서 가장 중요한 것은 밥과 국이라고 했습니다. 꼭 국이 아니더라도 밥과 함께 먹을 수 있는 주요 메뉴들이 있지요. 그게 불고기일 수도 있고, 돈가스일 수도 있어요. 어쨌든 밥과 국만으로도 밥을 먹을 수는 있지만 반찬이 없다면 뭔가 좀 아쉬움이 많이 남겠지요.

문장 성분 중에서도 반찬과 같은 역할을 하는 성분이 있어요. 주성분만으로도 문장을 만들어 사용할 수는 있어요. 중심 의미를 전달하는 데에는 문제가 없다는 말이지요. 다만 주성분만으로 문장을 만들면 마치 로보트가 말하는 것처럼 딱딱한 문장만 구사할 수 있겠지요. 미묘하고 복잡한 사람들의 생각을 전달하는 문장을 구사하는 데 한계가 생길 수밖에 없어요. 그래서 문장에는 주성분 외에도 다양한 부속 성분이 사용돼요. 부속 성분은 원칙적으로 문장의 주성분을 꾸며 주는 역할을 하는 문장 성분이에요. 여기에는 관형어와 부사어가 있어요.

1) 관형어와 부사어의 뜻

> (가) 한언이가　새 옷을　입었다.
> 　　　주어　　관형어　목적어　　서술어
>
> (나) 한언이가　빨리 걸었다.
> 　　　주어　　부사어　서술어

(가)는 네 개의 문장 성분으로 이루어진 하나의 문장이에요. 그럼 어떤 문장 성분으로 이루어졌는지 생각해 볼까요? 앞에서 배운 내용을 복습한다는 생각으로 해 봐요. 먼저 서술어를 찾아봐요. 그래요 서술어는 '입었다'예요. 서술어가 나왔으면 그 행위를 하는 주체인 주어가 필요하겠지요? '한언이가'가 주어예요. 그런데 '입었다'는 주어 이외에 다른 문장 성분이 필요한 타동사예요. 서술어 '입었다'가 추가로 요구하는 문장 성분은 목적어인 '옷을'이에요. 그러고 나니 '새'라는 한 어절이 남아 있어요. 이 문장 성분의 역할은 무엇일까요? '새'는 체언인 '옷' 앞에서 '옷'을 꾸며 주는 역할을 하고 있어요. '옷이긴 옷인데, 어떤 옷인고 하니 새 옷이라는 의미를 덧붙여 주고 있지요. 이렇듯 체언 앞에서 체언을 꾸며 주면서 '어떤'의 의미를 덧붙여 주는 문장 성분을 관형어라고 해요.

(나)의 문장도 같은 방법으로 문장 성분을 파악해 볼까요? 이 문장의 서술어는 '걸었다'예요. 누가 걸었나 했더니 '한언이가' 걸었대요. 주어는 '한언이가'인 거지요. 이제 남은 어절은 '빨리'예요. '빨리'는 어떤 문장 성분과 짝을 이루고 있나요? '한언이가 빨리'로 묶는 것보다는 '빨리 걸었다'로 묶는 것이 훨씬 자연스럽게 느껴지지요. 그건 '빨리'가 '걸었다'와 짝을 이루며 앞에서 꾸며 주기 때문이에요. 그래서 '걷긴 걸었는데, 어떻게 걸었는고 하니 빨리 걸었다'는

의미를 덧붙여 주고 있지요. '빨리'처럼 용언의 앞에서 용언을 꾸며 주면서 '어떻게'의 의미를 덧붙여 주는 문장 성분을 부사어라고 해요.

부속 성분에는 관형어와 부사어가 있는데, 관형어는 체언을, 부사어는 용언을 꾸며 주는 역할을 합니다. 이를 바탕으로 관형어와 부사어가 어떻게 다양하게 사용될 수 있는지 살펴볼 거예요.

2) 관형어의 특징

① 관형사는 모두 관형어로 쓰인다.

앞서, 단어의 종류 중 관형사를 공부했어요. 관형사와 관형어, 둘의 이름이 좀 비슷하지 않나요? 둘은 아주 밀접한 관계예요. 단어 중 관형사는 모두 문장에서 관형어로 사용돼요. (가)에서 봤던 '새'는 대표적인 관형사예요. 관형사가 관형어로 사용된 문장 몇 개를 생각해 볼까요?

한언이가 온갖 과일을 가져왔다.
주어   관형어   목적어   서술어

한언이가 온 동네를 헤맸다.
주어   관형어 목적어 서술어

한언이가 첫 손님이다.
주어   관형어 서술어

한언이가 여러 나라를 여행했다.
주어   관형어 목적어   서술어

네 문장에서 색이 다른 단어는 모두 관형사예요. 관형사가 문장에서 관형어로 쓰인 예이지요. 뒤에 오는 체언, 여기서는 명사를 꾸며 한 덩어리를 이루고 있어요. '온갖 과일', '온 동네', '첫 손님', '여러 나라'와 같은 명사구를 이루고 있어요.

② 체언에 관형격 조사가 붙어 관형어로 쓰인다.

관형사만 관형어가 되는 것은 아니에요. 체언에 관형격 조사 '의'가 붙은 형태나 심지어는 체언만으로도 관형어가 될 수 있어요.

한언이가 엄마의 ⌒사진을 보았다.
주어　　　 관형어　 목적어　 서술어

한언이가 엄마 ⌒사진을 보았다.
주어　　　 관형어　 목적어　 서술어

문장에서 '엄마의'는 '사진'을 꾸며 주고 있어요. 조사 '의'가 없는 '엄마'도 사진을 꾸며 주는 역할을 하고 있어요. 둘 다 문장에서 관형어로 사용된 예예요. 다만 조사 '의'가 있을 때와 없을 때 의미 차이가 생겨요. '엄마의 사진'은 두 가지 이상의 의미로 풀이되는 중의성重義性을 띠고 있어요.

① 엄마가 소유하고 있는 사진
② 엄마를 찍은 사진
③ 엄마가 찍은 사진

'엄마의 사진'이 중의성을 띠고 있는 것은 체언에 관형격 조사 '의'가 붙은 명사구가 다양한 해석이 가능해서예요. 관형격 조사 '의'가 쓰인 또 다른 예를 살펴봐요.

표현	의미	해석
언니(의) 모자	소유	언니가 가지고 있는 모자
나의 연구	주체	내가 한 연구
소설(의) 연구	대상	소설을 연구
한국(의) 학교	소속	한국에 있는 학교
기쁨의 눈물	속성	기뻐서 흘리는 눈물

③ 용언이 활용하여 관형어가 된다.

용언의 활용형이 관형어로 사용되기도 해요. 관형사형 어미는 동사나 형용사가 문장에서 관형어 역할을 하도록 해 주는 어미인데, '-(으)ㄴ', '-는', '-던', '-(으)ㄹ'이 있어요.

주어	관형어	목적어	서술어	관형사형 어미
한언이가	빨간	사과를	땄다.	-(으)ㄴ
	먹은		찾았다.	-은
	먹는		빼앗았다.	-는
	먹던		뱉었다.	-던
	먹을		샀다.	-(으)ㄹ

④ 의존 명사는 관형어가 꼭 필요하다.

관형어는 부속 성분이라 문장을 이루는 데에 꼭 필요한 성분은 아니에요. 하지만 관형어가 꾸며 주는 체언이 의존 명사일 경우에 관형어가 없으면 문장이 성립하지 않아요.

> 한언이가 사과 두 개를 샀다.
> 주어　　　목적어 관형어 목적어　서술어
>
> 한언이가 먹을 것을 준비했다.
> 주어　　　관형어 목적어　　서술어

의존 명사는 자립성이 없어서 반드시 관형어의 꾸밈을 받아야 해요. 사과의 수량을 세는 단위인 '개'나 일정한 일이나 사건, 사실을 나타낼 때 사용하는 '것'은 모두 의존 명사예요.

⑤ 관형어에도 순서가 있다.

관형어 여러 개가 하나의 체언을 꾸며 주는 경우가 있어요. 이 경우 일정한 순서를 따라야 하는데, 순서를 따르지 않으면 어색한 문장이 되지요.

> (가) 저 두 성실한 학생은 아이돌 가수이다.
> (나) 성실한 저 두 학생은 아이돌 가수이다.
> (다) 두 저 성실한 학생은 아이돌 가수이다.

(가)~(다)에서는 '학생'을 꾸며 주기 위해 세 개의 관형어가 사용되었어요. 이 중 (가)와 (나)의 경우, 관형어의 순서가 어색하지 않은데 (다)의 경우는

매우 어색해서 문법적으로 올바른 문장이라고 보기 힘들어요. (가)에 사용된 관형어 '저'는 가리킨다는 의미에서 '지시 관형어'라고 해요. '두'는 사물의 수량을 나타낸다는 의미에서 '수 관형어'라고 불러요. 마지막의 '성실한'은 형용사 '성실하다'의 활용형으로 '학생'의 상태를 알려 주는 의미에서 '성상 관형어'라고 할 수 있어요. 이를 바탕으로 여러 개의 관형어가 나열될 때의 순서는 다음과 같이 정리할 수 있어요.

관형어의 나열 순서
지시 관형어 → 수 관형어 → 성상 관형어

그런데 (나)에서는 가장 뒤에 놓여야 할 성상 관형어가 가장 앞에 있지요. 이는 성상 관형어가 나머지 두 관형어에 비해 길이가 길기 때문이에요. 이 경우는 길이가 긴 관형어가 가장 앞에 위치해 있다고 할 수 있어요. '성실한' 대신 '큰'을 사용해 문장을 만들어 보면 이를 더 명확히 알 수 있어요.

(라) 저 두 큰 학생은 농구 선수이다.
(마) 큰 저 두 학생은 농구 선수이다.

(라)의 성상 관형어 '큰'을 (마)에서와 같이 맨 앞으로 옮겼더니 문장이 어색해졌어요. 이처럼 여러 관형어를 나란히 사용할 때에는 관형어의 의미를 일차적으로 고려해야 하고, 그다음으로 관형어의 길이에 따라 순서를 바꿀 수 있어요.

3) 부사어의 특징

부속 성분엔 관형어 말고 부사어도 있어요. 부사어는 용언을 꾸며 주는 역할을 해요. 그런데 부사어는 용언을 꾸며 주는 역할 이외에도 문장에서 다양하게 쓰여요. 관형어나 다른 부사어를 꾸며 주기도 하고 단어나 문장을 이어 주는 데에 사용되기도 해요. 팔색조처럼 문장에서 여러 모습으로 나타나는 부사어의 특성을 차근차근 살펴볼까요?

① 부사어는 용언을 꾸며 준다.

> 한언이가 　빨리　걸었다.
> 　주어　　　부사어　서술어

이 문장에서 '빨리'의 품사는 부사예요. 그러니 문장에서 부사어로 사용돼요. 혼란스러워하지 말아요. 단어의 품사 이름은 명사, 동사, 부사처럼 '-사'로 끝나요. 문장 성분의 이름은 주어, 서술어, 관형어, 부사어처럼 '-어'로 끝나는 말이에요. 특히 관형어와 부사어는 품사 이름과 비슷해 많이 헷갈린답니다.

어쨌든 '빨리'는 부사어인데 뒤에 오는 동사 '걸었다'를 꾸며 줘요. '빨리 걸었다'가 한 덩어리인 구를 이루고 있지요. 우리 국어에서는 꾸며 주는 말이 꾸밈을 받는 말 앞에 와요. 여기까지는 부사어의 정의에 충실해서 별로 어려울 건 없을 거예요.

② 부사어는 다른 부사어를 꾸며 준다.

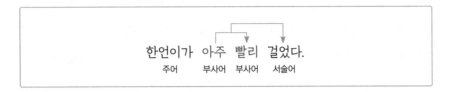

이 문장에는 부사어가 두 개 있어요. '아주'와 '빨리'예요. '빨리'가 부사어가 되는 이유는 좀 전에 살펴 보았어요. 그럼 '아주'는 어떤 문장 성분을 꾸며 줄까요? 꾸밈 관계에 있는 말은 서로 가까이 붙여 놓으면 자연스러워요. '아주 빨리'는 자연스러운 구 구성을 이루지만, '아주 걸었다'는 어딘지 어색하지요? 그 말은 '아주'가 '빨리'를 꾸며 준다는 말이에요. 그렇다면 '아주'는 부사인데 뒤에 오는 부사어 '빨리'를 꾸며 주는 모양새를 취하고 있어요. 즉 부사 '아주'는 부사어 '빨리'를 꾸며 주는 부사어 역할을 한다고 할 수 있겠지요.

③ 부사어는 관형어를 꾸며 준다.

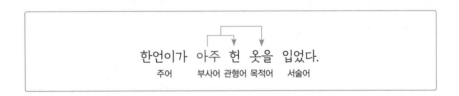

이 문장에도 '아주'가 사용되었어요. 우리 국어에서 꾸며 주는 말은 꾸밈을 받는 말 앞에 와요. 그럼 이 문장에서 '아주'가 꾸며 줄 수 있는 경우의 수는 다음과 같아요.

(가) 아주 헌   (나) 아주 옷   (다) 아주 입었다

(가)~(다) 중, 가장 자연스러운 것은 '아주 헌'이에요. 이 말은 곧 '아주'가 '헌'을 꾸며 준다는 말이겠지요. 여기서 '헌'은 '옷'을 꾸며 주는 관형어로 사용되었어요. 그렇다면 '아주'는 관형어 '헌'을 꾸며 주는 역할을 하는 것이지요. 이처럼 관형어를 꾸며 주는 역할을 하는 것은 부사어의 특징이기도 해요.

④ 부사어는 문장 전체를 꾸며 준다.

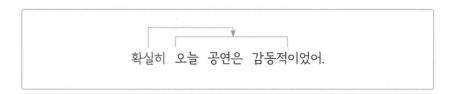

확실히 오늘 공연은 감동적이었어.

앞선 문장에 색이 다른 단어는 문장 전체를 꾸며 주는 역할을 하고 있어요. 어디까지 꾸며 주는지 잘 모르겠다고요? 부사어의 수식 범위가 어디인지 따져 보려면 부사어와 짝을 이루는 부분이 어디인지를 생각하면 돼요. '확실히 오늘', '확실히 오늘 공연은'의 구성은 어색해요. '확실히'의 수식 범위가 더욱 넓어져야 한다는 것을 알 수 있지요. '확실히 오늘 공연은 감동적이었어.'는 의미가 어색하지 않아요. 결국 '확실히'의 수식 범위는 '오늘'부터 '감동적이었어'까지 이르는 문장 전체임을 알 수 있어요.

이렇듯 문장 전체를 수식하는 부사어의 경우 주로 화자의 심리적 태도를 나타내는 경우가 많아요. 화자가 문장이 표현하는 사건 전체를 어떻게 느끼고 있는지에 대한 평가가 부사어에 포함되어 있다는 말이에요.

과연 한언이는 노래를 잘하는구나.

여기서 '과연'의 경우는 '알고 보니 정말로, 이미 들은 이야기나 알려진 내용이 사실로 확인될 때'라는 의미를 포함하고 있어요. 문장이 표현하는 사건인 '한언이의 노래 솜씨'에 대해 화자가 이미 알고 있었고, 이번 사건을 통해 그 실력을 확인하게 되었다는 의미를 표현하고 있는 것이지요.

문장 전체를 수식하는 부사어는 문장 성분 간의 호응에도 유의해야 해요. 호응呼應이란 '부를 호呼'에 '응할 응應'으로 부르는 것에 대답한다는 의미예요. 어떤 특정한 말이 나오면 다음에 반드시 짝을 이루는 특정한 말이 나와야 한다는 말이에요.

만일 한언이가 늦게 오면 우리끼리 먼저 출발하자.

모름지기 청소년이라면 자기 행동에 책임을 질 수 있어야 한다.

'만일'과 '모름지기'는 모두 문장 전체를 꾸며 주는 부사어예요. '만일'은 가정된 일이나 상황을 표현하는데, 어미 '-면'이 따라 나와야 해요. '모름지기'는 '사리를 따져 보건대 마땅히'의 의미를 지닌 부사예요. 그러니 문장에서 부사어로 사용되었겠지요. '모름지기'에는 마땅히 해야 한다는 당위의 의미가 담겨 있기 때문에 서술어가 '~해야 한다'와 같은 형태가 되어야 어색하지 않아요. 이 밖에 '설마', '설령', '제발', '부디'와 같은 부사가 부사어로 사용될 때에도 뒤에 오는 말의 제약이 따라요.

⑤ 부사어는 문장이나 단어를 이어 준다.

사실 부사어의 범위는 아주 넓어요. 주어, 서술어, 목적어, 보어 등의 주성분과 관형어, 독립어가 아닌 것은 모두 부사어에 들어간다고 보면 돼요. 그러다 보니 부사어를 따져 보는 것이 어쩌면 쉬울 수도 있고, 어려울 수도 있어요. 웬만한 건 부사어라고 해도 될 만큼인데, 그렇다고 모든 문장 성분이 부사어는 아니잖아요.

여기에 또 부사어의 그런 쓰임이 있어요. 접속 부사가 문장에서 부사어로 쓰이는 경우예요. 접속 부사는 두 종류가 있어요. 하나는 문장과 문장을 이어 주는 문장 접속 부사예요. 다른 하나는 단어와 단어를 이어 주는 단어 접속 부사예요. 다음 문장을 볼까요?

웬일인지 한언이가 도서관에 나타났다. 그리고 한언이가 책을 읽기 시작했다.

'그리고'는 앞문장과 뒷문장을 자연스럽게 이어 주는 역할을 하고 있어요. 문장의 의미를 파악할 때 접속 부사를 중심으로 문장의 앞뒤를 살펴 논리 관계를 따져 보면, 글을 이해하는 데에 도움이 돼요. 문장을 이어 주는 부사어로 사용되는 것들은 '그리고' 이외에도 '그러나', '그러므로', '하지만', '그런데' 등이 있어요.

학교 폭력 예방 및 대책에 관한 법률이 사회적 관심사로 떠오르고 있다.

문장에 쓰인 '및'은 단어를 이어 주고 있어요. '예방'과 '대책'의 두 단어를 나란히 연결할 때 사용된 것이지요. 이런 것까지 모두 부사어에 포함된다니 부사어의 범위가 참 넓네요.

⑥ 용언이 활용하여 부사어가 된다.

부사어로 사용되는 형태는 어떤 것들이 있는지 알아보아요. 앞서 살펴본 것처럼 기본적으로 모든 부사는 다 부사어로 사용돼요. 사실 이것은 부사의 고유한 성질이 문장에서 발현된 것이라고 보는 편이 더 적절할 거예요. 부사 이외에도 용언의 활용형, 체언에 부사격 조사가 결합된 형태가 부사어로 사용될 수 있어요.

용언에 관형사형 어미가 붙어 관형어 역할을 하듯, 용언에 부사형 이미인 '-게, -도록'이 붙어 부사어로 사용돼요.

> 한언이가　사과를　맛있게　먹었다.
> 　주어　　　목적어　　부사어　　서술어

이 문장에서 '맛있게'는 서술어로 쓰인 동사 '먹었다'를 꾸며 주는 부사어로 사용되었어요. '맛있다'에 부사형 어미 '-게'가 붙어 '맛있게'의 형태가 된 거예요. 다른 부사형 어미로 용언을 활용하면 다음 같은 문장도 만들 수 있답니다.

> 한언이가　밤새도록　기타를　연주했다.
> 　주어　　　부사어　　목적어　　서술어

⑦ 체언에 부사격 조사가 붙어 부사어로 쓰인다.

체언에 부사격 조사가 붙어 부사어로 쓰이는 경우는 아주 많아요. 부사격 조사는 체언의 뒤에 붙어서 체언이 시간이나 공간, 도구, 방법 등을 나타낼 수 있도록 해 줘요.

저녁에	한언이가	주방에서	냄비에	물로	라면을	끓였다.
부사어	주어	부사어	부사어	부사어	목적어	서술어

이 문장이 전하고자 하는 바는 주성분으로 드러나요. 한마디로 '한언이가 라면을 끓였다.'가 전하고자 하는 내용이지요. 이는 주어와 목적어, 서술어로 이루어진 문장이에요. 나머지 문장 성분은 문장을 이루는 데 없어도 큰 문제는 없어요. 그렇지만 나머지 문장 성분이 사용되면 문장의 의미를 더욱 풍부하게 해 줍니다.

앞선 문장에서 색이 다른 어절은 모두 부사어입니다. 체언에 부사격 조사가 붙어서 부사어로 사용된 경우이지요. 부사격 조사로 '에', '에서', '로'가 사용되었어요. 먼저 유의할 것은 부사격 조사 '에'는 시간과 공간을 나타내는 체언에 두루 붙는다는 점이에요. '저녁에'는 시간을, '냄비에'는 공간을 의미하지요. 시간과 공간을 이루는 말은 대표적인 부사어예요. '언제'와 '어디서'에 해당하는 말이지요.

'에서'는 '에'와 비슷하게 장소를 나타내는 말에 붙지만, '에'가 대상이나 사물이 존재하는 공간을 의미한다면, '에서'는 그 공간에서 주체의 움직임이 일어난다는 점에서 차이가 있어요. 그래서 때로는 '에서'가 '까지'와 호응을 이루어 출발점과 도착점을 나타내기도 해요.

한언이가	서울에서	부산까지	걸어갔다.
주어	부사어	부사어	서술어

이 문장에서 '에서'는 이동이 시작되는 장소를, '까지'는 이동이 끝나는 장소를 의미해요.

다시 돌아가 '로'가 결합한 체언은 도구의 의미를 지니는 부사어로 사용돼요. 앞선 문장에서 '물로'는 라면을 끓이는 수단이자 방법이 되지요. 즉 '무엇으로'에 해당하는 말이에요.

이 밖에도 부사격 조사에는 체언을 발신자 역할을 하게 해 주는 '에게서', 대상을 의미하는 '에게' 등이 있어요. 우리 국어는 부사격 조사가 발달해 있어요. 많이 쓰이는 부사격 조사와 그 기본 의미를 정리하면 다음과 같아요.

부사격 조사			부사격 조사		
조사	의미	예	조사	의미	예
에	시공간	집에	(으)로	도구	사랑으로
에서	출발	공원에서	(으)로부터	시작	친구로부터
에게	대상	친구에게	까지	도착	학교까지
에게서	발신자	아빠에게서	와/과	함께	친구와

여기에 쓰인 부사어는 모두 수의적隨意的 성분이에요. '수의적'은 '자기 뜻대로 하는 것'이라는 의미로, 문장 성분이 꼭 필요하지 않고 상황에 따라 있어도 되고 없어도 된다는 의미예요.

그런데 부사어 중에는 문장을 이루는 데에 꼭 필요한 부사어가 있어요. 약간 모순적이지요? 이 말의 의미가 무엇인지 다음에서 살펴봐요.

⑧부사어 중에는 꼭 필요한 부사어가 있다.

앞에서 배운 내용을 다시 떠올려 봐요. 문장 성분은 주성분, 부속 성분, 독립 성분으로 이루어지는데, 부속 성분이나 독립 성분은 꼭 필요한 문장 성분은 아니라고 했지요. 부사어는 관형어와 함께 부속 성분에 해당하는데, 꼭 필요한 부사어가 있다니, 뭔가 아리송해요. 그럼에도 불구하고 '학교 문법'에서는 '필수 부사어'라는 용어를 사용해서 이런 성격의 부사어들을 따로 분류하고 있어요.

필수 부사어는 문장의 서술어가 꼭 필요로 하는 부사어예요. 다시 말해 서술어가 무엇이냐에 따라 필수 부사어가 필요하기도 하고 그렇지 않기도 하다는 말이에요. 앞서 배운 내용에서 동사 중, 타동사는 목적어를 필요로 한다고 했던 게 기억나나요? 비슷한 이치예요. 결국 필수 부사어가 없으면 온전한 문장이 될 수 없어요.

필수 부사어의 대표 주자는 동사 '주다'와 관계가 깊어요. '주다'는 타동사로 목적어가 필요해요.

한언이가 주었다.
주어   서술어

이 문장은 온전한 의미를 전달한다고 할 수 없어요. 뭔가 궁금하지 않나요? 여러분이라면 저 말을 한 사람에게 뭐라고 물어보고 싶나요? 아마도 '뭘?' 하고 묻고 싶을 거예요. 즉 타동사 '주다'는 목적어가 있어야 온전한 문장을 만들 수 있어요.

한언이가 선물을 주었다.
주어   목적어   서술어

이 문장은 아까 문장보다는 사정이 좀 나아 보여요. 하지만 여전히 미흡한 구석이 남아 있지요? 다른 문장 성분이 더 필요할 것 같아요. 여러분에게 다

시 물어볼게요. 여러분이라면 저 말을 한 사람에게 뭐라고 묻고 싶나요? 아마도 '누구에게?'라고 묻고 싶을 거예요. 즉 체언에 '에게'가 붙은 형태의 부사어가 있어야 온전한 문장이 되겠지요.

한언이가 서현이에게 선물을 주었다.
주어   부사어   목적어   서술어

이 문장처럼요. 이젠 서술어 '주다'가 요구하는 문장 성분들이 모두 제자리를 찾아간 것 같아요. '주다'가 요구하는 문장 성분은 주어와 목적어 이외에 부사어가 추가돼요.

'주다'가 서술어로 쓰인 문장의 사건을 그림으로 나타내면 다음과 같아요.

동사 '주다'가 서술어로 사용된다면?

동사 '주다'가 서술어로 사용된 문장의 사건이 표현하는 바는 대상인 '선물'이 '한언이'에게서 '서현이'에게로 이동하는 거예요. 이때 주어 '한언이'는 행위자이자 '선물'이 원래 존재하고 있었던 '근원'에 해당해요. '선물'의 최종 목표인 '서현이'는 선물을 받는 사람, 즉 수령자예요. 서술어 '주다'는 이와 같이 행위자, 이동되는 대상, 그리고 그 대상이 최종적으로 도달하는 목표를 모두 필요로 해요. 그래서 이동의 대상이 되는 '선물'은 문장에서 목적어인 '선물을'로 실현되었어요. 수령자인 '서현이'는 부사어인 '서현이에게'로 실현되었어요. 비록 '서현이에게'는 부사어이지만, 사건을 표현하는 데 없어서는 안 되는 중요한 성분이에요. 그래서 '서현이에게'를 부사어이긴 부사어인데, 꼭 필요한 부사어라는 의미에서 필수 부사어라고 불러요.

⑨ 서술어의 자릿수가 있다.

필수 부사어는 서술어의 자릿수와 밀접한 관련을 맺고 있어요. 서술어의 자릿수는 서술어가 필요로 하는 문장 성분의 개수에 따라 결정돼요. 기본적으로 모든 서술어는 주어를 필요로 해요. 그때 주어만을 필요로 하는 서술어를 한 자리 서술어라고 해요.

하늘이　맑다.　　　한언이가　뛴다.
주어(1)　서술어　　　주어(1)　　서술어

두 문장의 서술어는 각각 '맑다'와 '뛰다'예요. '맑다'는 형용사이고 '뛰다'는 자동사예요. 이들은 모두 주어만 필요로 하기 때문에 한 자리 서술어라고 불러요.

타동사는 서술어로 쓰일 때 주어 이외에 목적어를 필요로 해요. 꼭 필요한 문장 성분의 개수가 2개인 셈이지요. 그래서 두 자리 서술어라고 불러요.

한언이가　책을　읽는다.
주어(1)　목적어(2)　서술어

이 문장에서 '한언이가'는 주어, '책을'은 목적어예요. 주성분은 목적어 말고도 보어가 있었지요. 보어가 필요한 서술어도 두 자리 서술어예요.

한언이가	가수가	되었다.		한언이가	학생이	아니다.
주어(1)	보어(2)	서술어		주어(1)	보어(2)	서술어

서술어 '되다'와 '아니다'는 서술어를 보충해 주는 보어 '가수가'와 '학생이'가
필요해요.

주어 이외에 필수 부사어를 요구하는 서술어도 있어요.

한언이가	중학교에	다닌다.		한언이는	서현이와	친하다.
주어(1)	필수 부사어(2)	서술어		주어	필수 부사어(2)	서술어

두 문장에서 '중학교에'와 '서현이와'는 모두 체언에 부사격 조사가 붙어 있
는 부사어로 쓰였어요. 그런데 이 부사어가 없으면 온전한 문장이 이루어지지
않아요. 그래서 이들 부사어는 필수 부사어가 되는 거예요.

세 자리 서술어는 '주다' 이외에도 '받다', '삼다' 같은 것이 있어요.

한언이가	서현이에게	선물을	받았다.
주어(1)	필수 부사어(2)	목적어(3)	서술어

한언이가	서현이를	친구로	삼았다.
주어(1)	목적어(2)	필수 부사어(3)	서술어

이 문장에서 '서현이에게'와 '친구로'는 모두 필수 부사어로 서술어가 요구하
는 문장 성분이에요. 필요한 문장 성분에 따른 서술어의 자릿수를 정리해 보
면 다음과 같아요.

서술어 종류	필요한 문장 성분				서술어의 예
	주어	목적어	보어	필수 부사어	
한 자리 서술어	○				맑다, 뛰다 등
두 자리 서술어	○	○			읽다, 먹다, 차다 등
	○		○		되다, 아니다
	○			○	다니다, 친하다, 닮다, 다르다 등
세 자리 서술어	○	○		○	주다, 받다, 삼다, 여기다 등

+ 더 알아보아요!

서술어가 요구하는 주성분에는 주어, 목적어, 보어가 있어요. 그런데 보어를 요구하는 서술어는 '되다'와 '아니다' 달랑 두 개예요. 이 두 서술어를 위해 문장 성분의 한 범주, 그것도 주성분으로 보어를 따로 두기에는 무리가 있어 보여요. 반면 필수 부사어는 부속 성분에 포함되면서, 서술어에 따라 꼭 필요한 성분으로 취급되기도 해요. 이런 모순을 극복하기 위해서 보어의 범위를 좀 더 넓힐 필요가 있어요. 즉 서술어가 필요로 하는 필수 부사어를 보어의 범주에 넣어 분류할 필요가 있다는 말이에요. 다만 현행 학교 문법에서는 채택하고 있지 않은 분류 방식이기도 해요.

4) 독립어

우리는 문장 성분 중 주성분과 부속 성분이 무엇인지 알아보았어요. 마지막으로 남은 문장 성분은 독립 성분에 해당하는 독립어예요. 이미 독립어라는 명칭에서 알 수 있듯이 독립 성분은 다른 문장 성분, 특히 서술어로부터 자유로운 문장 성분이에요. 독립어는 한 문장 안에서 다른 문장 성분과 직접적인 관계를 맺지 않고 홀로 쓰이는 문장 성분이라고 정의할 수 있어요.

감탄사는 본능적인 놀람이나 느낌, 부름, 응답 등을 나타내는 단어예요. 기본적으로 모든 감탄사는 문장에서 독립어로 사용돼요.

> 우와, 정말 잘하는데! (놀람)
>
> 아야, 밤 가시에 찔렸네! (느낌)
>
> 야, 너 이리 와 봐! (부름)
>
> 예, 공부할게요. (응답)

이 중, 누군가를 부르는 말은 감탄사 외에도 체언에 호격 조사 '아/야'가 붙어 독립어가 되기도 해요. 이때 호격 조사가 붙을 수 있는 체언은 감정을 가진 사람이나 동물을 가리키는 유정 명사有情名詞여야 해요. 만약 호격 조사가 붙은 말이 유정 명사가 아니라면, 감정이 없는 사물을 의인화하여 표현된 경우라 볼 수 있어요. 다음 이어지는 예를 보면 더 쉽게 이해할 수 있을 거예요.

> 한언아, 할아버지께서 부르셔. (유정 명사+호격 조사)
>
> 소나무야, 언제나 넌 푸르구나! (무정 명사+호격 조사)

국어의 문장 성분 중 부속 성분과 독립 성분을 알아보았어요. 부속 성분에는 관형어와 부사어가 있는데, 특히 부사어는 역할과 형태가 다양해요. 심지어 필수 부사어는 마치 주성분처럼 문장에서 없어서는 안 되는 문장 성분이어서 서술어의 자릿수를 결정하는 데에 영향을 미쳐요. 독립 성분에는 독립어가 있는데, 문장을 만드는 데에 직접 관여하는 성분은 아니에요. 하지만 독립어를 사용하면 문장을 통해 화자의 심리적 태도나 담화가 이루어지는 맥락을 이해하는 데에 도움을 주지요. 꼭 필요한 건 아니지만, 먹으면 기분이 좋아지는 후식과 같은 것이랄까요.

이것만은 알아 두세요.

부속 성분	관형어	체언을 꾸며 주면서 '어떤'의 의미를 덧붙여 줌. ① 형태: 관형사, 체언+관형격 조사, 용언의 활용형 ② 특징: 의존 명사는 관형어가 꼭 필요하며, 관형어를 나열할 때 순서가 있음.
	부사어	용언을 꾸며 주면서 '어떻게'의 의미를 덧붙여 줌. ① 쓰임: 용언, 다른 부사어, 관형어, 문장 전체 수식 　　　　문장이나 단어를 이어 줄 때 사용됨. ② 형태: 부사, 용언의 활용형, 체언+부사격 조사 ③ 서술어의 자릿수를 따질 때 필수 부사어를 포함함.
독립 성분	독립어	다른 문장 성분과 관계를 맺지 않고 홀로 쓰임. ① 형태: 감탄사, 체언+호격 조사

풀어 볼까? 문제!

1. 부속 성분에는 [   ]와 [   ]가 있다.

2. 다음 문장의 문장 성분을 순서대로 써 보세요.

한언이가 온 동네를 샅샅이 뒤졌다.

[   ][   ][   ][   ][   ]

3. 다음 문장의 밑줄 친 서술어의 자릿수를 각각 써 보세요.

① 한언이가 깡총깡총 <u>뛴다</u>.

② 한언이가 책을 열심히 <u>읽는다</u>.

③ 한언이가 정말 가수가 <u>아니다</u>.

④ 한언이는 서현이와 서로 아주 <u>친하다</u>.

⑤ 한언이가 예쁜 서현이를 단짝 친구로 <u>삼았다</u>.

4. 다음 중, 밑줄 친 감탄사의 성격이 <u>다른</u> 하나는 무엇인가요?

① <u>예</u>, 공부할게요.

② <u>야</u>, 너 이리 와 봐!

③ <u>우와</u>, 정말 잘하는데!

④ <u>아야</u>, 밤 가시에 찔렸네!

⑤ <u>한언아</u>, 할아버지께서 부르셔.

정답

1. 관형어 / 부사어

2. 주어 / 관형어 / 목적어 / 부사어 / 서술어

3. ① 한 자리   ② 두 자리   ③ 두 자리   ④ 두 자리   ⑤ 세 자리

4. ⑤

4. 문장을 안고, 문장을 잇고.

자동차   기차   자동차 운송 차량

봄과 가을은 여행하기 좋은 계절이에요. 푸른 파도가 넘실대는 바다도 좋고, 푸른 숲과 함께하는 산도 좋겠지요. 생각만 해도 설레지 않나요? 여행을 가려면 이동 수단이 있어야 하겠지요. 만약 여행지가 국내이고, 제주도가 아니라면 자동차로 갈 수도 있고, 열차로 갈 수도 있어요.

자동차와 열차의 가장 큰 차이는 무엇일까요? 무엇보다 생김새가 다르다는 것이지요. 자동차는 두 쌍의 바퀴에 하나의 차체가 올라가 있지만 열차는 그런 차체가 여럿이 연결되어 줄지어 움직이지요. 만약 자동차로 여행하다 중간에 자동차가 고장이라도 나면, 자동차를 다른 차에 실어 와야 할지도 몰라요. 이런 경우는 다른 차에 자동차가 실려 있는 모양이 되겠지요.

우리의 생각을 표현하는 문장의 유형도 이와 비슷해요. 자동차 한 대처럼 한 쌍의 주어와 서술어가 하나의 사건만을 표현하는 문장을 홑문장이라고 해요. 반면 열차처럼 주어와 서술어의 쌍이 둘 이상이어서 여러 사건을 표현하는 문장을 겹문장이라고 해요. 겹문장에는 마지막 그림의 자동차가 자동차 운송 차량 위에 실린 것처럼 큰 문장 안에 작은 문장이 실려 있는 형태도 있어요.

문장을 이루는 데에 주어와 서술어는 꼭 필요한 문장 성분이에요. 주어와 서술어가 둘 이상 결합되어 겹문장이 되는 과정을 문장의 확장이라고 해요. 이제 문장의 확장 방식에 따른 문장의 종류를 함께 살펴보기로 해요.

1) 구와 절

문장 성분을 공부하면서 문장을 이루는 기본 단위로 어절이 있다고 했지요. 어절은 문장을 직관적으로 분석할 수 있게 해 줘요. 띄어쓰기의 단위이기 때문이지요. 하나의 어절은 곧 하나의 문장 성분을 이룬다고 했어요.

그런데 문장에서 어절이 두 개 이상 모여 하나의 문장 성분으로 쓰이기도 해요. '성경 구절', '구구절절 옳다.'와 같은 말을 들어 본 적이 있을 텐데, 바로 구句와 절節이라는 단위가 그것이에요. 어절이 둘 이상 모여 이루어졌다는 점에서 구와 절은 비슷해요.

```
          구          구
       ┌──┴──┐     ┌──┴──┐
        저  꽃이  매우  활짝  피었다.
       관형어  주어  부사어  부사어  서술어
```

이 문장은 다섯 개의 어절로 이루어져 있어요. 문장 성분이 다섯 개란 말이기도 해요. 하지만 문장 성분을 조금 더 큰 덩어리로 묶어 보면, '저 꽃이'와 '매우 활짝'이 좀 더 직접적인 관련을 맺고 있음을 알 수 있어요. 이들은 서로 꾸밈 관계에 있는 문장 성분이에요. 그리고 '저 꽃이'는 문장에서 주어의 역할을 하고, '매우 활짝'은 서술어 '피었다'를 꾸며 주는 부사어의 역할을 해요. 이처럼 둘 이상의 어절이 모여 하나의 의미 단위를 이루어 한 단어처럼 쓰이는 것을 구句라고 해요. 구를 이루는 구성을 구 구성이라고 하는데, 구 구성을 이루는 단어는 주어와 서술어의 관계를 가지지 못해요. '저 꽃이'는 관형어가 주어를 꾸며 주고 '매우 활짝'은 부사어가 부사어를 꾸며 주는 역할을 하고 있어요.

반면 절節은 둘 이상의 어절이 모여 있다는 점에서 구와 같지만 절에는 주어와 서술어가 있다는 점이 결정적으로 달라요.

절　　　　　　절

꽃이　피고　열매가　열린다.
주어　서술어　주어　　서술어

이 문장은 두 개의 절로 이루어져 있는데, '꽃이 피고'와 '열매가 열린다'가 바로 절이에요. 앞절에는 주어 '꽃이'와 서술어 '피고'가 하나의 짝을 이루고 있지요. 뒷절에서는 주어 '열매가'와 서술어 '열린다'가 주어와 서술어의 짝을 이루고 있어요. 두 개의 절이 결합되어 하나의 문장을 이루고 있는 셈이지요. 다시 말해 하나의 문장 안에 주어와 서술어의 관계가 두 번 나타난다고 할 수 있어요.

절은 마치 문장처럼 주어와 서술어를 갖고 있지만 그 자체로 문장이 되지는 못해요. 얼핏 보면 '열매가 열린다'가 하나의 문장처럼 보이지만, 사실 이는

'꽃이 피고 열매가 열린다'는 더 큰 문장의 일부에 불과해요. 이렇듯 절은 문장 속에 포함되어 그 일부분으로 쓰인다는 점이 문장과 다른 점이에요. 문장의 확장 방식을 이해하기 위해서는 '절'의 특징을 꼭 기억해야 해요.

구분	절	구
공통점	둘 이상의 어절이 결합되어 한 단위를 이룸.	
차이점	주어와 서술어가 있음.	주어와 서술어가 없음.

그러면 문장을 처음 공부할 때 한언이가 이야기했던, 단어도 아니고 문장도 아닌 '늘 푸른 소나무'의 정체를 눈치챘나요? 둘 이상의 어절이 결합되어 있으니 '구' 아니면 '절'인데, 주어와 서술어의 관계가 나타나지 않아요. 그렇기 때문에 '구'라고 보아야 해요.

2) 홑문장과 겹문장

문장은 확장 방식에 따라 홑문장과 겹문장으로 나뉘어요. 홑문장은 앞바퀴와 뒷바퀴가 한 쌍을 이루는 자동차와 같아요. 다시 말해 한 문장 안에 주어와 서술어 관계가 한 번만 나타나는 문장을 의미해요. 반면 겹문장은 한 문장 안에 주어와 서술어의 관계가 두 번 이상 나타나는 문장을 의미해요. 마치 여러 차체가 연결되어 움직이는 열차나 아예 자동차 한 대를 짐칸에 실어 나르는 자동차 운송 차량과 비슷해요. 차가 여러 대이듯 주어와 서술어로 이루어진 절이 여러 개가 모여 문장 하나를 이루는 거예요.

문장의 확장 방식에 따라 문장을 분류해 보면 다음과 같아요.

홑문장: 주어와 서술어의 관계가 한 번만 나타나는 문장

겹문장: 주어와 서술어의 관계가 두 번 이상 나타나는 문장

　　- 이어진문장: (주어+서술어)+(주어+서술어)

　　- 안은문장: {주어+(주어+서술어)+서술어}

홑문장과 겹문장을 따질 때 문장의 길이는 하나도 중요하지 않아요. 길다고 겹문장이고 짧다고 홑문장이 아니라는 말이에요. 길이 대신 주어와 서술어의 관계가 어떻게 드러나는지를 파악해야 해요. 그런데 우리 국어에서는 문장이 확장되면서 주어가 생략되는 경우가 많아요. 반면 절대로 생략되지 않는 문장 성분은 바로 서술어예요. 그래서 문장이 확장되었는지, 다시 말해 문장이 겹문장인지를 확인하려면, 서술어가 몇 개인지 따져 보아야 해요.

봄에　들꽃이　온　산을　알록달록　물들였다.
부사어　주어　관형어　목적어　부사어　서술어

이 문장은 길이가 길지만 홑문장이에요. 서술어가 '물들였다' 하나뿐이에요. '물들였다'가 요구하는 성분인 주어는 '들꽃이'예요. 그런데 주어와 서술어, 즉 '들꽃이 물들였다.'만으로는 온전한 사건을 표현할 수 없어요. 서술어로 쓰인 동사 '물들였다'는 목적어를 필요로 하는 타동사예요. 그래서 이 문장의 주성분을 중심으로 문장을 만들어 보면 다음과 같아요.

들꽃이　산을　물들였다.
주어　목적어　서술어

이렇게 놓고 보면 나머지 문장 성분들은 모두 부속 성분에 해당해요. '봄에',

'알록달록'은 모두 부사어이고, '온'은 관형어예요. 주성분인 체언이나 용언을 꾸며 주면서 문장의 의미를 더 풍부하게 하는 역할을 하는 셈이지요.

빨간 장미가 피었다.

관형어   주어   서술어

이 문장은 길이가 짧아 홑문장이라고 생각하기 쉬워요. 지금까지 배운 내용을 바탕으로 문장 성분을 따져 보면, 서술어 '피었다'가 요구하는 문장 성분은 주어 '장미가' 하나뿐이에요. 주어 앞에 있는 '빨간'은 형용사 '빨갛다'에 관형사형 어미인 '-ㄴ'을 붙여 '빨간'의 형태로 활용해 뒤에 오는 '장미가'를 꾸며 주는 것 같아요. 그렇다면 '빨간'은 관형어겠지요.

문장 성분만을 따져 볼 때는 이렇게 파악해도 무방해요. 다만 문장의 확장 관점에서는 다른 해석이 필요해요. 이 문장은 다음의 두 문장이 결합해 한 문장으로 쓰인 예로 볼 수 있어요.

장미가 빨갛다. + 장미가 피었다.

주어   서술어   주어   서술어

↓

{(장미가 빨갛-)+-ㄴ} 장미가 피었다.

↓

{장미가 빨간}   장미가 피었다.

↓

장미가 빨간   장미가 피었다.

주어 생략 서술어   주어   서술어

이 문장을 홑문장으로 바꾸어 보면 서술어가 두 개인 것을 쉽게 알 수 있어

요. '피었다'가 서술어인 것은 쉽게 파악할 수 있는데, '빨갛다'가 서술어인 것은 쉽게 찾기 어렵지요? 왜냐하면 '장미가 빨갛다.'라는 문장이 뒤에 오는 주절의 주어 '장미가'를 꾸며 주는 과정에서 주어가 중복돼 꾸며 주는 역할을 하는 절의 주어를 생략했기 때문이에요.

이렇듯 겹문장은 하나의 문장 안에 주어와 서술어의 관계가 두 번 이상 나타나는 문장이에요. 겹문장은 문장의 확장 방법에 따라 두 종류로 나뉘어요. 바로 이어진문장과 안은문장이에요.

3) 이어진 문장

이어진문장은 주어와 서술어가 있는 두 개의 이상의 절이 연결 어미로 이어져 하나의 문장을 이룬 것이에요. 마치 열차의 객차가 나란히 이어져 하나의 열차 편성을 이룬 것과 같아요. 절이 이어지면서 발생하는 앞절과 뒷절의 의미 관계에 따라 대등하게 이어진 문장과 종속적으로 이어진 문장으로 나뉘어요. 의미 관계는 주로 어미의 종류에 따라 달라져요. 그래서 절이 연결될 때 어떤 연결 어미가 사용되었는지 파악하는 것이 중요해요.

대등적으로 이어진 문장은 이어지는 절의 의미 관계가 서로 대등한 관계를 이뤄요. 대등적對等的이라는 말은 실력이나 능력이 차이가 없다는 뜻으로 여기서는 두 절의 의미가 어느 쪽이 더 중요하고 덜 중요하고의 차이가 없다는 의미예요. 그래서 앞절과 뒷절의 순서를 바꾸어도 의미 차이가 발생하지 않아요.

```
            사람 위에 사람 없다. + 사람 밑에 사람 없다.

                     절                      절

            사람 위에 사람 없고, 사람 밑에 사람 없다.
            관형어 부사어 주어  서술어    관형어 부사어 주어   서술어
```

　이 문장은 두 개의 절이 나열의 의미를 나타내는 연결 어미 '-고'로 연결되어 하나의 문장을 이룬 예예요. 대등적으로 이어진 문장의 대표적인 형태이지요. 이어진문장이 된 뒤, 앞절과 뒷절의 중요도가 똑같기 때문에 다음 문장처럼 둘의 순서를 바꿔도 전달하고자 하는 내용은 달라지지 않아요.

　사람 밑에 사람 없고, 사람 위에 사람 없다.

　대등적 연결 어미는 '-고' 외에도 '-(으)며', '-(으)나', '-지만', '-거나', '-든지' 등이 있어요.

대등적 연결 어미	의미	예문
-고 -(으)며	나열	아빠는 밥을 하고 엄마는 청소를 했다. 친구가 기타를 치며 노래를 불렀다.
-지만 -(으)나	대조	봄이 왔지만 아직 날씨가 쌀쌀하다. 큰불은 잡혔으나 잔불이 남아 있다.
-든지 -거나	선택	밥을 먹든지 간식을 먹든지 하자. 주말에는 축구를 하거나 음악을 듣는다.

대등적으로 이어진 문장은 두 절의 의미가 비교적 독립적으로 존재해요. 이를 통해 한 가지 상황에 대한 여러 가능성을 제시함으로써 상황을 더 자세하게 표현하거나 강조하는 효과를 줄 수 있어요.

반면 종속적으로 이어진 문장은 두 절 사이의 관계가 더 밀접한 관련을 맺고 있어요. 종속적從屬的이라는 말은 어떤 것에 딸려서 붙어 있는 것이라는 의미예요. 절의 입장에서 보면 앞절이 뒷절에 딸려 있기 때문에 종속되어 있다고 표현하는 거예요. 그래서 앞절을 종속절從屬節, 뒷절을 주절主節이라고 해요.

봄이 온다. + 진달래가 핀다.
주어 서술어   주어   서술어

절   절

봄이 오면 진달래가 핀다.

이번에는 두 문장이 결합돼 한 문장이 되는 과정을 보여 주고 있어요. 앞절에 연결 어미 '-(으)면'이 붙으면서 뒷절의 조건이 마련되고 있어요. 다시 말해 앞절이 뒷절에 종속되어 있다고 할 수 있지요. 원래 말하고자 하는 것은 '진달래가 핀다.'인데, 진달래가 피기 위한 조건으로 '봄이 오면'이 제시되어 있는 거예요. 그렇기 때문에 종속적으로 이어진 문장은 앞절과 뒷절의 순서가 바뀌면 문장의 의미가 달라지거나 문장의 의미 자체가 모순적이게 돼요. 그러면 이런 문장은 어떨까요?

진달래가 피면 봄이 온다.

이 문장은 인과 관계에 따르면 어색한 문장이에요. 진달래가 핀 것이 원인이 되어 봄이 온 것은 아니니까요. 하지만 이런 문장이 꼭 불가능한 것만은 아니에요. 때론 주절과 종속절의 순서를 바꾸면 시적인 느낌을 주기도 하거든요. 이 경우 원래 의미와는 전혀 다른 의미를 띠기 때문에 앞절과 뒷절의 순서를 바꿀 수 없다고 하는 거예요.

우리 국어에서 종속적 연결 어미는 아주 잘 발달해 있어요. 종류도 많고 의미도 다양하다는 얘기예요. 종속적 연결 어미의 종류는 다음과 같아요.

종속적 연결 어미	의미	예문
-아/어서	이유	눈이 와서 길이 미끄럽다.
-(으)니까	원인	외로우니까 사람이다.
-(으)면	조건	사촌이 땅을 사면 배가 아프다.
-(으)려고	의도	학교에 가려고 일찍 일어났다.
-는데	배경	집에 가는데 비가 왔다.
-ㄹ지언정 -ㄹ지라도	양보	목을 자를지언정 머리카락은 자를 수 없다. 삶이 그대를 속일지라도 슬퍼하지 마라.
-ㄹ수록	더함	산이 높을수록 골이 깊다.

문장이 확장되면서 두 절의 주어가 같으면 생략되는 게 일반적에요. 이어진 문장을 만드는 과정도 문장의 확장이기 때문에 이런 현상이 빚어져요. 같은 주어가 두 번 나타나면 자연스럽지 못한 문장이 돼요. 다만 대등적으로 이어진 문장과 종속적으로 이어진 문장은 주어 생략의 모습에 차이가 있어요.

대등적으로 이어진 문장에서는 뒷절의 주어가 반드시 생략돼요.

아빠가 기타를 치며 아빠가 노래를 불렀다.
주어   목적어 서술어 주어   목적어 서술어

∅   기타를 치며 아빠가 노래를 불렀다. → 앞절 주어 생략

아빠가 기타를 치며   ∅   노래를 불렀다. → 뒷절 주어 생략

문장에서처럼 주어 '아빠가'가 두 번 반복될 경우, 뒷절의 주어가 생략되는 것이 훨씬 자연스러워 보여요. 하지만 종속적으로 이어진 문장에서는 주어 생략의 제약이 덜해요. 앞절이든 뒷절이든 상황에 따라 자유로이 주어를 생략할 수 있어요.

아빠가 기타를 치려고 아빠가 기타를 꺼냈다.
주어   목적어 서술어 주어   목적어 서술어

∅   기타를 치려고 아빠가 기타를 꺼냈다. → 앞절 주어 생략

아빠가 기타를 치려고   ∅   기타를 꺼냈다. → 뒷절 주어 생략

이번에는 의도를 나타내는 어미 '-(으)려고'로 두 절을 이어 한 문장으로 만들었어요. 이 경우 주어 '아빠가'가 앞절과 뒷절에 모두 들어 있어요. 두 개의 주어 중 하나를 생략하는 편이 훨씬 자연스러워요. 이때 앞절과 뒷절의 어느 쪽의 주어든 생략해도 큰 무리가 없어요.

4) 안은 문장

문장이 확장되어 만들어진 겹문장에는 안은문장이 있어요. 마치 자동차

운송 차량이 다른 차를 싣고 가는 것처럼 하나의 문장 안에 다른 문장이 절의 형태로 들어 있는 문장을 이야기해요. 여기서 절을 포함하고 있는 문장을 안은문장이라고 하고 다른 문장 속에 들어가 하나의 성분처럼 쓰이는 문장을 안긴문장이라고 해요. 그런데 안긴문장은 완결된 문장이 아니에요. 다른 문장 속에서 하나의 문장 성분처럼 쓰이기 때문에 안긴 절이라고 표현하는 것이 더 적절해요. 교과서에 따라 '안긴문장'이라는 용어를 쓰기도 하는데, 이는 '안긴 절'을 의미하는 것으로 두 용어가 동일한 의미로 사용되는 경향이 있답니다. 이 책에서 우리는 '안긴 절'이라는 용어를 사용할 거예요.

안긴 절을 만들 때에는 서술어로 쓰인 용언을 활용해요. 그렇게 만들어진 안긴 절은 문장에서의 역할에 따라 명사절, 관형절, 부사절, 서술절, 인용절의 다섯 가지가 있어요. 즉, 안은문장은 안긴 절의 유형에 따라 다섯 가지가 있다는 의미예요.

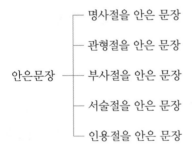

①명사절을 안은 문장

먼저 명사절은 문장에서 명사처럼 쓰이는 절을 말해요. 명사는 문장에서 격 조사를 취해 다양한 문장 성분으로 쓰여요. 보통 주성분인 주어나 목적어, 보어가 되기도 하지만 때로는 부사어의 역할을 하기도 해요.

하나의 문장을 명사처럼 쓰이게 하기 위해서는 명사형 전성 어미가 필요합니다. 전성 어미란 용언의 어간에 붙어 다른 품사처럼 쓰이도록 만들어 주는 어미를 뜻해요. 전성轉成이라는 말은 사물의 기능이나 상태를 바꾸어 준다는 말이에요. 명사형 어미로는 '-(으)ㅁ'과 '-기'가 있어요. 이렇게 만든 명사절이 포함된 문장을 명사절을 안은 문장이라고 해요.

'명사형'이라는 명칭에서 알 수 있듯이 '명사처럼' 쓰이도록 하지만 '명사'로 품사를 바꾸지는 못해요. 명사형 어미가 붙은 용언은 여전히 용언의 서술성을 가지고 있기 때문에 서술어로 쓰일 수 있는 거예요.

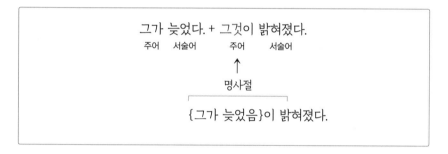

이 문장은 두 개의 홑문장이 하나의 겹문장이 되는 과정을 보여 주고 있어요. '그가 늦었다'에서 서술어로 쓰인 '늦었다'에 명사형 어미 '-(으)ㅁ'이 붙어 명사처럼 쓰일 수 있게 되었어요. 이런 절을 명사절이라고 해요. 이 문장에서는 명사절에 주격 조사 '이'가 붙어 문장에서 주어의 역할을 하고 있어요.

요즘 인터넷에서 자주 쓰이는 '음슴체'가 바로 명사형 어미를 붙여 문장을 만드는 거예요. 여러분들의 학교 생활 기록부에 특기 사항을 문장 형태로 입력할 때, 이와 같이 명사형 어미를 붙여 표현해요. 명사형 어미가 붙으면 문장 종결 부호와 함께 문장처럼 사용되기도 해요. 이게 다 용언의 명사형에는 서술성이 남아 있기 때문이에요. 서술성이 남아 있다는 말은 용언이 명사형 어미로 활용하여 명사처럼 쓰인다고 해서 용언이 고유하게 가지고 있는 서술어로의 쓰임이 사라지지는 않는다는 의미예요.

한국어 어휘 사전 만들기 활동에서 외래어의 특징을 잘 설명함.

학교 생활 기록부를 보면 이 같은 내용이 있을 거예요. 학생들의 활동을 객관적이고 간결하게 기술하기 위해 명사형 어미를 쓰기도 해요.

'-기'도 명사절을 만드는 명사형 어미예요.

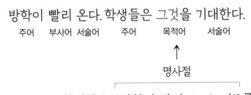

이 문장은 홑문장 '방학이 빨리 온다.'에 명사형 어미 '-기'가 붙어 문장에서 명사절로 쓰였어요. 이렇게 만들어진 명사절에 목적격 조사 '를'이 붙어 겹문장의 목적어가 되었지요.

'-(으)ㅁ'과 '-기'는 모두 명사절을 만들어 준다는 공통점이 있어요. 하지만 둘의 의미는 약간의 차이가 있답니다.

나는 어느덧 봄이 왔음을 온몸으로 느꼈다.
엄마는 아기가 잠이 들기를 기다렸다.

두 문장은 명사절을 안은 문장이라는 점에서 공통점을 가지고 있어요. 그런데 '어느덧 봄이 왔음'은 이미 완료된 사건임에 비해 '아기가 잠이 들기'는 아직 완료되지 않은 사건이에요. 이와 같은 차이는 서술어의 의미적 특성에 따라 달라져요. 서술어 '느꼈다'는 이미 끝난 사건을 목적어로 요구하지만, 서술어 '기다리다'는 아직 끝나지 않은 사건을 목적어로 요구하기 때문에 생기는 차이예요. 그래서 명사절을 만들 때 적절한 명사형 어미를 선택하는 것은 문장 성분 간의 호응을 위해서 꼭 필요해요.

이렇듯 명사형 어미 '-(으)ㅁ', '-기'를 활용하여 다양한 명사절을 만들 수 있어요. 그리고 이렇게 만들어진 명사절은 격 조사를 취해 문장에서 다양한 문장 성분으로 쓰일 수 있지요.

+ 더 알아보아요!

명사절의 다양한 활용은 다음과 같아요.

문장 성분	예문
주어	자기 전에 이를 닦기가 귀찮다.
목적어	우리는 자유가 중요함을 깨달았다.
보어	체벌은 학생을 사랑함이 아니다.
부사어	방학이 오기에 아직 이르다.

② 관형절을 안은 문장

문장이 확장되면서 절이 관형사처럼 체언을 꾸며 주는 경우가 있어요. 체언을 꾸며 주는 문장 성분은 관형어였지요. 이런 역할을 하는 절을 관형절이라고 해요. 같은 맥락에서 관형절이 들어 있는 문장을 관형절을 안은 문장이라고 불러요.

명사절을 만들 때와 마찬가지로 관형절을 만들 때도 전성 어미가 쓰여요. 용언을 관형사로 쓰이도록 만들어 주는 어미이기 때문에 관형사형 어미라고 해요. 관형사형 어미에는 '-(으)ㄴ', '-는', '-(으)ㄹ', '-던'이 있어요.

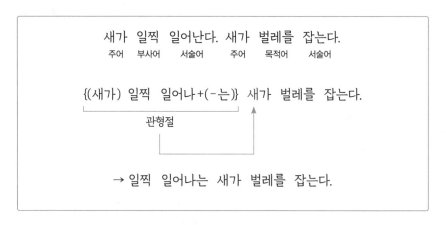

문장이 확장되며 한 문장이 다른 문장의 성분을 꾸며 주는 과정을 보았나요? '새가 일찍 일어난다.'라는 문장이 안은문장의 주어에 쓰인 명사 '새'를 꾸며 주는 관형어의 역할을 하고 있어요. 관형어의 역할을 하는 성분이 단어가 아니라 주어와 서술어를 갖춘 절의 형태이기에 관형절이라고 부르는 거예요.

관형절을 만들 때, 중복되는 문장 성분은 생략돼요. 관형절 속에는 필수적으로 안은문장의 성분이 들어가기 마련이에요. 그래서 문장 성분이 생략되는 것이 일반적인데, 이때 안긴 절의 문장 성분이 생략돼요. 이 문장에서는 '새'가 두 번 나오기 때문에 관형절 속의 주어인 '새가'가 생략되었어요. 이 경우 주어가 생략되었기 때문에 자칫 절이 아니라고 생각하기 쉬워요. 하지만 생략된 주어도 엄연히 존재하는 것이라고 봐야 해요. 관형절을 파악할 때 이 점을 특히 유의해야 해요.

푸른 잔디에서 노란 병아리가 뛰논다.
관형어   부사어   관형어   주어   서술어

이 문장은 '잔디가 푸르다. + 병아리가 노랗다. + 잔디에서 병아리가 뛰논다.'와 같이 세 개의 문장이 결합되어 하나의 문장을 이룬 거예요. 그렇기 때문에 이 문장에서 '푸른'과 '노란'은 용언의 활용형 하나로 관형절을 이룬 것처럼 보여요. 하지만 실상은 '잔디가'와 '병아리가'가 생략된 것으로 파악해야 해요. 그래서 주어와 서술어가 결합된 관형절로 보는 것이 타당하답니다.

관형사형 어미도 각자의 쓰임이 달라요. 각각의 어미에는 시간을 나타내는 시제를 반영해요. 그렇기 때문에 글을 쓸 때, 시제의 호응에도 유의해야 해요.

관형사형 어미	시제	예문
-(으)ㄴ	과거	내가 다닌 초등학교를 찾아보았다.
	현재	(형용사) 좋은 학교를 다녀야 한다.
-는		내가 다니는 중학교를 찾아보았다.
-(으)ㄹ	미래	내가 다닐 고등학교를 찾아보았다.
-던	회상	내가 다니던 초등학교를 찾아보았다.

③ 부사절을 안은 문장

문장 성분 중 부속 성분인 관형어의 역할을 하는 절을 살펴보았어요. 그렇
다면 또 다른 부속 성분인 부사어의 역할을 하는 절은 어떨까요? 관형절이 있
었다면 부사절도 있는 것이 형평에 맞겠지요. 부사절은 절이 문장에서 용언을
꾸미는 부사어의 역할을 해요. 그리고 부사절이 사용된 문장을 부사절을 안
은 문장이라고 하지요.

부사절을 만들 때에도 문장의 서술어로 쓰인 용언을 활용해요. 부사형 어
미 '-이', '-게', '-도록', '-듯이', '-(아)서' 등이 붙어 부사절을 만들어요.

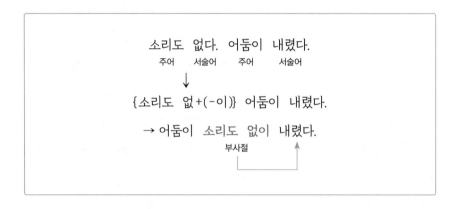

이 문장은 두 개의 문장 중 하나의 문장이 부사절이 되는 과정을 보여 주고
있어요. '소리도 없다.'의 서술어 '없다'에 부사형 어미 '-이'가 결합해 부사절이
되었어요. 그렇게 만들어진 부사절은 안은문장의 서술어 '내렸다'를 꾸며 주
고 있어요.

부사형 어미 '-이'는 부사절을 만드는 데에 제약이 심해요. 모든 용언을 활
용시키지 못하고, '없다', '다르다', '같다'와 같은 몇몇 형용사에만 붙어 '없이',
'달리', '같이'와 같은 형태로만 쓰여요.

반면 부사형 어미 '-게'는 형용사뿐만 아니라 동사에도 두루 붙을 수 있어 부사절을 만드는 데에 생산적이에요.

꽃이 아름답게 피었다. 하늘이 눈이 부시게 푸르다.
주어 부사어(절) 서술어 주어 부사절 서술어

'아름답다'는 형용사예요. '꽃이 아름답다.'와 '꽃이 피었다.'의 두 문장이 한 문장이 되면서 부사절을 안은 문장이 되었어요. 물론 두 문장의 주어 '꽃이'가 중복되기 때문에 부사절에서는 주어가 생략된 형태가 되었지요.

'부시다'는 형용사예요. '눈이 부시다.'와 '하늘이 푸르다.'의 두 문장이 한 문장이 되면서 역시 부사절을 안은 문장이 되었어요. 이 경우는 두 문장의 주어가 '눈이'와 '하늘이'로 다르기 때문에 부사절 '눈이 부시게'에도 주어 '눈이'가 그대로 남아 있어요.

부사어와 마찬가지로 부사절도 문장에서의 위치가 비교적 자유로워요. 부사절은 안은문장 속에 들어가 있는 경우도 있지만, 다음과 같이 문장의 앞에 두어도 의미를 전달하는 데에 큰 무리가 없어요.

소리도 없이 어둠이 내렸다.

아름답게 꽃이 피었다.

눈이 부시게 하늘이 푸르다.

부사절의 이런 특성은 부사절과 종속적으로 이어진 문장을 구분하는 데에 어려움을 주기도 해요. 이어서 부사형 어미 '아서/어서'로 만들어진 부사절을 살펴보세요.

배가 아프다. 나는 병원에 갔다.
주어 　 서술어 　 주어 　 부사어 　 서술어

↓

{배가 아프+(-아서)} 나는 병원에 갔다.

나는 배가 아파서 병원에 갔다.
부사절

이 문장은 부사절이 만들어지는 과정을 보여 주고 있는 듯해요. 이렇게 보면 '배가 아파서'는 부사절처럼 보이기 때문에 이 문장은 부사절을 안은 문장처럼 보여요. 그런데 이 부사절의 위치를 바꾸면 상황이 달라지지요.

배가 아파서 나는 병원에 갔다.

안은문장 속의 부사절을 문장의 앞에 두니, 이 문장이 마치 종속적으로 이어진 문장처럼 보여요. '배가 아파서'는 '나는 병원에 갔다.'의 이유가 되는 종속절처럼 역할을 해요. 그만큼 부사절과 종속적으로 이어진 문장은 비슷한 점이 많아요.

하지만 이 둘을 구분하는 것은 학교 문법의 범위를 넘어서요. 학교 문법은 학생들을 가르치기 위해 좀 더 간단하고 명료하게 정리해 놓은 것이기 때문이에요. 우리는 이 둘을 문장이 실현된 형태로 구분하기로 해요. 두 개의 절이 나란히 있으면 종속적으로 이어진 문장으로 보고, 주어와 서술어 사이에 절의 형태가 끼어들어 있으면 부사절을 안은 문장으로 다루기로 해요. 이러한 예는 문법이 절대적인 규칙이 아니며, 관점에 따라 다양한 해석이 가능하다는 점을 보여 줘요.

부사형 어미 '-듯이'도 부사절을 만드는 데 사용돼요. 다음을 보면 문장이 절이 되면서 서술어 '지나간다'를 꾸며 주고 있지요.

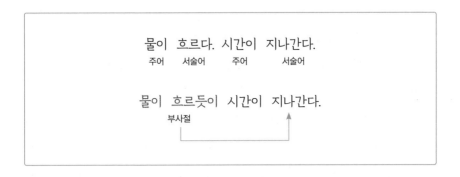

그런데 부사형 어미 '-듯이'와 의존 명사 '듯이'는 형태가 비슷하나 문법적 특성이 달라 문장을 분석할 때 혼란을 주기도 해요.

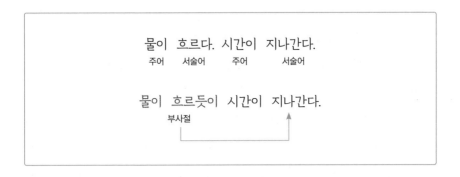

이 문장의 '듯이'는 '유사하거나 같은 정도'의 뜻을 나타내는 의존 명사예요. 의존 명사이기 때문에 앞에 수식하는 말이 필요하지요. 이와 같은 경우 '물이 흐르다.'라는 문장이 관형절의 형태로 '듯이'를 수식하고 있어요. 그렇기 때문에 이 문장은 관형절을 안은 문장으로 보아야 해요.

부사형 어미 '-듯이'와 의존 명사 '듯이'를 구분하기 위해서는 두 말이 어디에 붙어 있느냐를 살펴봐야 한답니다. 어미는 어간에 직접 붙어 있기 때문에 '먹듯이'와 같은 형태로 실현돼요. 반면 의존 명사는 앞말의 꾸밈을 받아야 하기 때문에 '먹은 듯이'와 같이 관형사형 어미 뒤에 나타나며, 앞말과 띄어 써야 해요.

> 나는 옷이 땀에 젖도록 운동장을 뛰었다.
> 주어   부사절   목적어   서술어

이 문장도 부사절을 안은 문장이랍니다. '옷이 땀에 젖다.'가 부사형 어미인 '-도록'과 결합하여 '옷이 땀에 젖도록'이라는 부사절을 형성했지요.

앞에서 살펴본 것 말고도 부사절을 이루는 경우는 매우 많아요. 또한 종속적으로 이어진 문장과의 구별도 모호한 점이 있어요. 그렇기 때문에 우리는 학교 문법에서 제시하고 있는 부사형 어미가 사용되었는지를 중심으로 부사절을 파악하기로 해요. 이 부분에 더 궁금한 점이 생긴다면 장래에 국어학자가 되어 연구해 보는 것도 좋겠어요.

④ 서술절을 안은 문장

문장 성분을 결정하는 것은 서술어와 밀접한 관련이 있다고 했어요. 그런데 이번에는 절 자체가 문장에서 서술어의 기능을 하는 경우를 살펴볼 거예요. 바로 서술절이에요.

서술절은 다른 절들과는 다른 특성이 있어요. 무엇보다 절을 만들어 주는 어미가 없어요. 이를 두고 절 표지가 따로 없다고 표현하기도 해요. 명사절에서는 명사형 어미 '-(으)ㅁ', '-기'가 사용되었지요. 관형절에서는 관형사형 어미 '-(으)ㄴ', '는', '-(으)ㄹ'과 같은 것들이 필요했어요. 부사절에서는 부사형 어미 '-이', '-게', '-도록' 등이 절 표지로 나타나 절을 파악하기가 수월했어요. 그러나 서술절은 절 표지가 따로 없기 때문에 다른 안긴 절과 차이가 있어요.

대신 서술절은 문장의 유형이 독특해요. 소위 이중 주어 구문이라고 불리는 문장이에요.

> 한언이가 키가 크다.
> 주어   주어   서술어

이 문장은 주어가 두 개예요. '한언이가'와 '키가'이지요. 앞서 문장 성분을 공부할 때 이와 비슷한 문장을 본 기억이 있을 거예요. 보어가 들어간 문장 말이에요.

> 토끼는 맹수가 아니다.
> 주어   보어   서술어

이 문장은 주어가 두 개처럼 보이지만, '맹수가'는 주어가 아니라 보어였어요. 서술어 '아니다'는 필수 성분으로 보어를 요구하는 용언이었으니까요.

그런데 '한언이가 키가 크다.'의 서술어 '크다'는 보어를 필요로 하는 용언이 아니에요. 그렇다면 심각한 문제가 발생하네요. 서술어는 하나인데 주어가 둘이니 말이에요. 이런 문장의 형태를 설명하기 위해 필요한 것이 서술절이에요.

'키가 크다.'는 그 자체로 주어와 서술어를 갖추고 온전한 문장을 이루고 있어요. 그러나 완전한 의미를 표현하지는 못해요. 누가 또는 무엇이 키가 큰지를 덧붙여야 하는데, 그 '누가'에 해당하는 말이 '한언이가'가 되는 거겠지요.

그렇다면 이 문장의 전체 주어는 '한언이가'라고 할 수 있어요. 그럼 남게 되는 주어 '키가'는 어떻게 보면 좋을까요? 그래요. 서술어 '크다'의 주어가 되는 거예요. 그러면 '키가 크다'는 주어와 서술어를 갖춘 하나의 절이 되고, 이 절은 문장 전체의 서술어 역할을 하게 되는 셈이지요. 앞의 문장을 다시 분석해 보면 다음과 같아요.

한언이가 키가 크다.
주어　　　주어　서술어
서술절

이 문장은 서술어가 절의 형태로 안겨 있는 문장이기 때문에, 서술절을 안은 문장이라고 불러요.

⑤ **인용절을 안은 문장**

문장을 쓰다 보면 다른 사람의 말을 인용해야 할 때가 있어요. 이런 경우 인용하는 문장이 절의 형태로 문장에 안기게 돼요. 결과적으로 인용절은 그 문장의 서술어를 보충하는 역할을 하게 되지요.

다른 사람의 말을 인용하는 방식에는 두 가지가 있어요. 하나는 큰따옴표를 사용해서 말한 사람의 말을 그대로 따오는 방식인데, 이를 직접 인용이라고 해요. 반면에 간접 인용은 말한 사람의 말을 따올 때, 자신의 표현으로 고쳐서 인용하는 방식이에요. 직접 인용이냐 간접 인용이냐에 따라 절을 만드는 방식이 조금 달라요.

그림에서 한언이의 친구가 한언이의 말을 다른 사람에게 전할 때 가장 쉬운 방법은 직접 인용하는 방식이에요. 한언이의 말을 그대로 따라서 말하면 되니까요.

한언이가 어제 "꽃이 예쁘게 피었다."라고 말했어.
주어　　　부사어　　　　인용절　　　　　서술어

한언이가 하는 말

이 문장은 한언이의 말을 직접 인용한 문장이에요. 안은문장의 주성분인 주어와 서술어를 찾아보면 '한언이가 말했어.'예요. 그런데 서술어 '말하다'는 주어만으로 온전한 문장을 만들지 못해요. 그래서 말한 내용이 서술어를 보충해 줘야 하는데, 그게 바로 인용절의 내용이 되는 거예요.

직접 인용은 간접 인용에 비해 간단해요. 한언이가 한 말을 그대로 쓰되, 큰따옴표로 묶어 직접 인용했다는 것을 표시해요. 그리고 인용격 조사 '라고'를 붙이면 돼요.

한편 간접 인용하는 방식으로 상대의 말을 전하는 방식도 있어요. 이때는 인용격 조사 '고'가 사용돼요.

한언이가	어제	꽃이 예쁘게 피었다고	말했어.
주어	부사어	인용절	서술어

그런데 간접 인용할 때에는 유의해야 할 게 있어요. 문장의 종류에 따라 서술어의 어미가 바뀐다는 점이에요.

문장 종류	직접 인용문	간접 인용문
평서	"꽃이 예쁘게 피었다."	꽃이 예쁘게 피었다고 말했다.
청유	"꽃 구경 가자."	꽃 구경 가자고 말했다.
의문	"꽃이 예쁘게 피었니?"	꽃이 예쁘게 피었냐고 물었다.
명령	"꽃을 봐."	꽃을 보라고 말했다.
감탄	"꽃이 예쁘게 피었네."	꽃이 예쁘게 피었다고 말했다.

표를 살펴보면, 청유문의 경우 간접 인용절을 만들 때 조사 '고'가 동일하게 사용되고 있어요. 반면 의문문과 명령문이 간접 인용절로 안길 때에는 서술어의 어미가 다르게 바뀌어요. 의문문에서는 의문형 어미가 '-(느)냐'로 바뀐 뒤 조사 '고'가 붙어 인용절이 되지요. 명령문에서는 명령형 어미 '-아/어'가 '-(으)라'로 바뀐 뒤 조사 '고'가 붙어요.

감탄문의 경우 인용하는 말의 양태를 빼고 평서문으로 바뀐 뒤 조사 '고'가 붙어요. 양태는 말하는 사람의 주관적 태도를 의미해요. 그렇기 때문에 감탄문의 경우 양태가 전하는 의미까지 제대로 전달하기 위해서는 직접 인용을 활용하는 게 좋아요.

또 서술격 조사 '이다'가 서술어로 쓰인 문장을 간접 인용할 때에도 유의해야 해요.

오늘 점심은 짜장면이라고 말했어.

이 문장에서처럼 서술격 조사 '이다'는 간접 인용할 때 '이라고'의 형태로 바뀌어요.

간접 인용할 때 나타나는 '다고', '(으)라고', '(느)냐고', '(이)라고'를 어떻게 규정할지에 대해 논란이 있어요. 분석적 견해를 취한다면 명령, 청유, 감탄형 어미가 바뀐 뒤 인용격 조사 '고'가 붙은 것으로 해석할 수 있지만, 이들을 모두 하나의 어미로 취급하는 방법도 가능해요. 다시 말해 직접 인용의 조사 '라고'는 인용하는 문장 전체에 붙기 때문에 '조사'예요. 반면 간접 인용의 '라고'는 어미 '-(으)라'와 조사 '고'가 결합된 형태로 볼 수도 있고 '-(이)라고'를 하나의 어미로도 볼 수 있다는 거예요. 좀 복잡하지요? 이런 것들은 모두 문법이 항상 변화할 수 있고, 사람에 따라 다르게 해석할 수 있는 열린 범주라는 점을 보여 주는 증거예요.

마지막으로, 간접 인용절에는 상대 높임법이 나타나지 않는다는 특징이 있어요. 상대 높임이란 말하는 사람이 듣는 사람을 높이거나 낮추어 말하는 높임 표현을 말해요.

한언이가 아버지께 "학교에 다녀오겠습니다."라고 말씀드렸다.
한언이가 아버지께 학교에 다녀오겠다고 말씀드렸다.

이 문장에서 상대 높임은 어미 '-습니다'를 통해 드러나요. 직접 인용문에서는 감탄문에서처럼 화자의 태도가 드러나요. 하지만 이를 간접 인용절로 바꿀 때에는 객관적 진술을 표현하는 평서형 어미가 사용된다는 점도 간접 인용절의 큰 특징이에요.

5) 홑문장과 겹문장의 효과

그러면 홑문장과 겹문장은 언제 사용하면 좋을까요? 정답은 없어요. 다만 홑문장이든 겹문장이든 각각의 특성이 있으니, 이를 알고 의사소통에 효과적으로 사용하려는 태도만이 중요할 뿐이에요. 특히 글을 쓸 때는 상황에 맞는 적절한 문장의 형태를 선택하는 것이 필요해요. 그럼 이제 홑문장과 겹문장이 어떤 특성이 있는지 살펴볼까요?

먼저 홑문장은 간결한 점이 매력이에요. 그렇기 때문에 전하고자 하는 내용을 쉽고 명료하게 전달할 수 있다는 장점이 있어요. 그래서 쉽게 설명하는 글을 쓸 때 구사하면 좋아요. 엄밀한 의미에서 홑문장은 존재하지 않아요. 이제 막 말을 배우기 시작한 유아를 위한 그림책에서나 볼 수 있을까요? 글을 쓸 때 홑문장을 쓴다는 말은 한 문장 안에 주어와 서술어를 적게 사용한다는 말로 이해하는 게 더 적절해요.

신문 기사나 소설에 홑문장이 사용되면 사건이 빠르게 진행되는 느낌을 줄 수 있어요. 호흡이 빠르고 간결하기 때문에 홑문장 중심으로 글을 쓰면 사건 하나하나가 독립적으로 존재하는 느낌을 줄 수 있어요.

그렇지만 홑문장을 과도하게 쓰면 글이 어수선하게 느껴져요. 글의 의미가 분산되고 문장 간의 논리 관계를 드러내기가 어려워지기도 하지요.

반면 겹문장은 홑문장에 비해 내용을 구체적으로 표현할 수 있는 장점이 있어요. 특히 여러 사실을 나열하거나 서로 다른 내용을 대조적으로 표현할 때 강조의 효과를 얻을 수 있지요. 문장이 표현하는 사건의 논리적 관계를 잘 드러낼 수 있어 문장 간의 관계가 홑문장에 비해 긴밀해져요. 그래서 두 가지 이상의 사건이 밀접하게 관련된 느낌을 줄 수 있어요. 그래서 논리적인 글을 쓸 때 적절해요. 또한 느린 호흡과 묵직한 느낌은 글에 신뢰감을 더해 주기도 한답니다.

하지만 겹문장의 가장 큰 맹점은 문법적으로 옳지 않은 비문非文이 만들어질 가능성이 크다는 점입니다. 겹문장이 만들어지면서 문장이 길어지면 문장의 구조가 복잡해지거든요. 이 경우 문장 성분 간의 호응이 어긋나면서 의미가 모호해지는 단점이 있어요.

앞에서 우리는 문장을 이루는 성분과 다양한 문장의 확장 방식을 공부했어요. 아마 겹문장을 만드는 과정이 복잡하고 어렵게 느껴졌을 거예요. 한국어는 우리에게 모국어이기 때문에 일상생활에서 겹문장을 만들어 사용하는 것이 크게 어렵지는 않을 거예요. 다만 우리가 일상적으로 사용하고 있는 문장이 어떻게 이루어져 있는지 살펴보고, 문장이 확장되는 과정을 공부하면서 좀 더 우리말에 흥미를 느낄 수 있기를 바라요.

또한 글을 쓸 때, 문장의 구조를 분석할 수 있게 되면 좀 더 글을 효과적으로 쓸 수 있게 돼요. 특히 비문이 생길 가능성을 줄여 주고, 논리적이고 명료한 글로 고쳐 쓸 수 있는 능력도 생기게 된답니다. 어쩌면 이것이 바로 우리가 문법을 공부하는 현실적인 이유이기도 하지요.

이것만은 알아 두세요.

1. 구와 절의 비교

구분	절	구
공통점	둘 이상의 어절이 결합되어 한 단위를 이룸.	
차이점	주어와 서술어가 있음.	주어와 서술어가 없음.

2. 확장 방식에 따른 문장의 종류

　홑문장: 주어와 서술어의 관계가 한번만 나타나는 문장

　겹문장: 주어와 서술어의 관계가 두 번 이상 나타나는 문장

　　── 이어진문장: (주어+서술어) + (주어+서술어)

　　　── 대등적으로 이어진 문장: 두 절의 의미 관계가 대등함.

　　　　나열: -고, -(으)며 / 대조: -지만, -(으)나 / 선택: -든지, -거나

　　　── 종속적으로 이어진 문장: 두 절의 의미 관계가 밀접함.

　　　　이유: -아서 / 원인: -(으)니까 / 배경: -는데

　　　　조건: -(으)면 / 의도: -(으)려고

　　　　양보: -ㄹ지언정, -ㄹ지라도 / 더함: -ㄹ수록

　　── 안은문장: {주어+ (주어+서술어) + 서술어}

　　　── 명사절을 안은 문장

　　　　명사형 어미: -(으)ㅁ, -기

　　　── 관형절을 안은 문장

　　　　관형사형 어미: -(으)ㄴ, -는, -(으)ㄹ, -던

　　　── 부사절을 안은 문장

　　　　부사형 어미: -이, -게, -도록, -듯이, -(아)서

　　　── 서술절을 안은 문장: 주어가 두 개

　　　── 인용절을 안은 문장

　　　　인용격 조사: 라고, 고

풀어 볼까? 문제!

1. 이어진문장의 종류입니다. 바르게 짝지어 보세요.

    ① 사촌이 땅을 사면 배가 아프다.

    ② 밥을 먹든지 간식을 먹든지 하자.   ㉠ 대등적으로 이어진 문장

    ③ 큰불은 잡혔으나 잔불이 남아 있다.   ㉡ 종속적으로 이어진 문장

    ④ 외로우니까 사람이다.

2. 안은문장에 쓰이는 절의 종류와 그 예입니다. 바르게 짝지어 보세요.

    ① 명사절   ㉠ 한언이가 키가 크다.

    ② 관형절   ㉡ 물이 흐른 듯이 벽에 자국이 생겼다.

    ③ 부사절   ㉢ 한언이가 꽃이 예쁘게 피었다고 말했어.

    ④ 서술절   ㉣ 엄마는 아기가 잠이 들기를 기다렸다.

    ⑤ 인용절   ㉤ 하늘이 눈이 부시게 푸르다.

정답

1. ①-㉡ / ②-㉠ / ③-㉠ / ④-㉡

2. ①-㉣ / ②-㉡ / ③-㉤ / ④-㉠ / ⑤-㉢

5. 상황에 맞게 문장을 표현하자!

1) 문장의 종결 표현

서현: 한언아 지금 뭐 해?
한언: 밥 먹어.
서현: 밥 먹어?
한언: 응. 밥 먹는다니까.
서현: 그럼 밥 먹어.
한언: 너도 밥 먹어?
서현: 응, 나도 밥 먹어.
한언: 그럼 너도 밥 먹어.

두 사람의 대화는 같은 말을 계속 반복하고 있는 듯해요. 문장 부호가 없다면 다 같은 말이라는 생각이 들지도 몰라요. 하지만 '밥 먹어.'라는 표현은 각각 전하고자 하는 의미가 달라요. 어떤 때는 사실을 전달하기도 하고, 어떤 때는 질문을 하는 것으로 해석되기도 하며, 또 상대방에게 행동을 하도록 명령하는 의미로도 읽혀요. 이는 문장을 끝맺는 종결 표현은 같은 형태지만, 그 형태가 의미하는 바가 다르기 때문이에요.

'아 해 다르고 어 해 다르다.'는 속담이 있어요. 어떻게 표현하느냐에 따라 의미가 달라질 수 있음을 이르는 속담이에요. 그렇기 때문에 상황에 맞는 적절한 표현을 사용해야 해요. 특히 종결 표현은 어떻게 사용하느냐에 따라 문장의 전체 의미가 달라지기도 하거든요.

종결 표현은 문장을 끝맺는 표현 형식을 의미해요. 국어에서는 종결 표현이 어미를 통해 드러나요. 용언이 활용할 때 변하지 않는 부분을 어간이라 하고 변하는 부분을 어미라고 해요. 연결 어미가 두 문장을 이어 하나의 겹문장을 만들 때 사용되는 어미라면, 종결 어미는 문장을 끝맺을 때 사용되는 어미를 말해요. 결국 어떤 종결 어미를 사용했느냐에 따라 국어의 종결 표현이 결정되지요. 국어의 문장 종결 방식은 다섯 가지가 있어요. 이는 종결 어미의 종류가 다섯 가지가 있다는 말이기도 해요. 종결 어미를 활용해 평서문, 의문문, 명령문, 청유문, 감탄문 등 다양한 문장을 만들 수 있어요.

① 평서문

평서문은 화자가 청자에게 어떤 명령이나 질문 없이 하고 싶은 말을 단순하게 진술하는 문장이에요. 일상생활에서 가장 많이 사용하는 문장이에요.

화단에 진달래가 피었다.

이 문장은 발생한 사건을 진술하는 평서문이에요. 종결 어미로는 평서형 어미 '-다'가 사용되었어요.

② 의문문

의문문은 화자가 청자에게 대답을 요구할 때 사용되는 문장이에요. 종결 어미와 함께 문장 부호로 물음표가 사용돼요.

화단에 진달래가 피었니?

이 문장에서는 의문형 어미 '-니'가 사용되었어요. '-니' 이외에도 '-느냐'가 사용되기도 해요. 그런데 화자가 의문사를 사용하여 의문문으로 질문을 하는 경우 청자는 두 가지 방법으로 대답할 수 있어요.

어디 가니?
A: 학교에 가고 있어.
B: 응. 심부름 가고 있어.

설명 의문문은 '누구, 무엇, 왜, 언제, 얼마나, 어디' 등과 같이 잘 모르는 내용을 질문하는 의문사가 사용돼 설명을 요구하는 의문문이에요. 의문사에 초점이 놓이기 때문에 그에 대한 대답을 구체적으로 요구하는 문장이 돼요. 그래서 위 문장의 질문을 설명 의문문으로 받아들일 경우, A의 대답인 '학교에 가고 있어.'처럼 '어디'에 해당하는 구체적인 장소를 대답에 넣어야 하지요.

반면 의문사에 초점이 놓이지 않고 서술어에 초점이 놓이면, 판정 의문문이 돼요. 이 경우 화자는 청자에게 단순한 긍정이나 부정의 대답을 요구하는 것으로, 의문사의 내용은 구체적으로 설명하지 않아도 돼요.

국어에서 의문문이 설명 의문문인지 판정 의문문인지를 결정하는 데에는 억양이 중요해요. 설명 의문문에서는 억양이 뒤로 가면서 낮아지지만, 그와 반대로 판정 의문문에서는 억양이 뒤로 가면서 높아져요. 요즈음에는 메신저나 문자 메시지로 대화를 주고받는 일이 잦아졌어요. 문자 표현에는 억양과 같은 반언어적半言語的 표현이 반영되지 않기 때문에 의문문을 사용할 때 유의해야 한답니다. 예를 들어 설명을 요구하는 질문이었는데, 판정 의문문으로 받아들여 '예'나 '아니요'로 짧게 대답하는 경우가 생길 수 있어요. 그럴 경우 자칫 대화 중 오해가 생겨 감정이 상하거나 심할 경우 갈등이 빚어지기도 하거든요.

③ 명령문

명령문은 화자가 청자에게 어떤 행동을 하거나 하지 말도록 강하게 요구하는 문장이에요. 그렇기 때문에 명령문의 주어는 항상 청자가 될 수밖에 없어요. 또한 청자의 행동을 요구하기 때문에 서술어로 꼭 동사가 쓰여야 해요.

밥 먹어라.

이 문장에서는 명령형 어미 '-아/어라'가 사용되어 청자가 서술어로 표현되는 행동을 하도록 명령하고 있어요. 명령문이 발화되는 맥락은 청자가 가까이 있는 경우가 대부분이기 때문에 주어가 생략되는 것이 일반적이에요. 그럼에도 불구하고 청자가 여러 명이거나 명령을 수행하는 행위자를 콕 집어 이야기해야 할 경우는 주어나 독립어로 이를 밝히기도 해요.

한언이는 밥 먹어라. (주어)

한언아, 밥 먹어라. (독립어)

명령문의 서술어는 동사여야 한다고 했어요. 그런데 형용사가 명령문의 서술어로 쓰이는 경우가 있어요.

부디 건강하고 행복해라.

일상생활에서 이런 표현을 참 많이 써요. 이 문장에서 서술어로 쓰인 '건강하다'와 '행복하다'는 모두 형용사예요. 원칙적으로 형용사를 명령문의 서술어로 사용할 수 없기 때문에 '부디 건강해지고 행복해져라.'와 같이 바꿔야 해요. 하지만 이렇게 놓고 보면 말맛이 좀 떨어지고 어색하지요? 그렇기 때문에 이런 표현을 어떻게 받아들여야 할지 고민이 생기기 마련이에요. 문법에 맞지 않기 때문에 사용하지 말자는 의견과 사람들이 많이 사용하니 문법에 반영해야 한다는 의견 사이에 논쟁이 생길 수 있어요. 여러분의 생각은 어때요?

④ 청유문

청유문은 화자가 청자에게 어떤 행동을 함께 하도록 요청하는 문장이에요. 그렇기 때문에 행위의 주체가 되는 주어는 화자와 청자를 모두 포함해요. 명령문과 마찬가지로 행동을 요구하기 때문에 서술어는 동사여야 하지요.

우리 모두 다 함께 손뼉을 치자.

이 문장에서는 청유형 어미로 '-자'가 사용되었어요. 주어로는 말하는 사람과 듣는 사람을 모두 포함하는 인칭 대명사 '우리'가 사용되었지요. 서술어로는 동사 '치다'가 사용되었어요.

⑤ 감탄문

감탄문은 화자가 자기의 느낌을 표현하는 문장이에요. 화자가 특별히 청자를 성해 놓지 않고 말하는 방식이기 때문에 혼잣말을 하는 듯한 느낌을 주기도 해요.

진달래가 참 아름답구나!

이 문장에서는 감탄형 어미 '-구나'가 사용되었어요. 그리고 감탄의 의미를 더하기 위해 문장 부호로 느낌표도 사용되었지요. 명령문이나 청유문과는 달리 감탄문은 청자의 행동을 중요하게 여기지 않기 때문에 서술어로 꼭 동사가 올 필요는 없어요.

2) 높임 표현

우리나라 사람들은 나이를 중시합니다. 심지어 어린아이를 만나면 인사처럼 묻는 것이 '몇 살?' 하면서 나이를 묻는 것이지요. 왜냐하면 나이에 따라 높임 표현이 달라지기 때문이에요.

우리 국어는 높임법이 아주 발달해 있습니다. 언어에 문화가 반영되어 있는 대표적인 예지요. 높임법이란 화자가 표현할 때 어떤 대상이나 상대가 높고 낮은 정도에 따라 언어를 달리하여 표현하는 방식을 말해요. 높임법의 종류는 높임의 대상에 누구냐에 따라 주체 높임법, 상대 높임법, 객체 높임법의 세 가지가 있어요.

① 주체 높임법

주체 높임법은 서술어의 주체, 즉 주어를 높이는 방법이에요. 주어가 화자보다 나이나 사회적 지위, 계급 등이 높을 때 사용하는 높임법이지요. 주체 높임법은 문장의 서술어에 주체 높임을 나타내는 선어말 어미 '-(으)시-'가 붙어서 실현돼요. '선어말 어미'는 '어말 어미'의 앞에 놓이는 어미라는 뜻이에요. 결과적으로 선어말 어미는 서술어로 쓰인 용언의 어간과 어말 어미 사이에 놓여요.

친구가 우리를 기다린다.
선생님께서 우리를 기다리신다.

두 문장은 주어에 따라 주체 높임이 달리 실현된 문장의 예랍니다. 주어가 '친구가'일 때에는 서술어도 그냥 '기다린다'를 사용하면 돼요. 하지만 주어가 '선생님'인 경우는 서술어에 높임이 표현돼야 해요. 그래서 주체 높임의 선어말 어미 '-(으)시-'가 어간 뒤에 붙어 '기다리신다'가 된 거예요.

또한 주어를 높일 때에는 높임을 나타내는 주격 조사가 사용되기도 해요. 서술어의 '-(으)시-'와 호응하는 주격 조사로 '께서'가 자연스러워요. 그리고 주어로 사용되는 명사에 존경의 뜻을 더하는 접미사 '-님'이 붙기도 해요. 그렇기 때문에 높임 표현이 나타난 문장의 주어가 '선생님께서'가 되는 거예요.

이러한 방식이 문장의 주어를 직접 높이는 방식이라면, 주어의 신체나 성품, 행위, 소유물을 높이는 방식도 있어요. 전자를 직접 높임이라 하고 후자를 간접 높임이라고 해요.

할아버지는 수염이 많으시다.

이 문장의 서술이 '많으시다'는 '수염'을 높이고 있어요. 그런데 수염은 사물이므로 높임의 대상이 될 수 없지요. 다만 이 경우 '수염'은 실제의 높임 대상인 '할아버지'와 간접적으로 연결되기 때문에 높임의 표현이 사용된 거예요.

고양이는 수염이 많으시다.

이 문장이 잘못된 이유는 '고양이'는 높임의 대상이 될 수 없기 때문이에요. 그래서 '수염'도 높임의 대상이 될 수 없으므로 서술어 '많으시다'는 잘못된 표현이 되는 거지요. 이처럼 간접 높임을 잘못 이해하는 바람에 일상생활에서 잘못된 높임 표현을 사용하는 경우를 많이 볼 수 있어요.

커피가 나오셨습니다.

이 문장은 높임을 표현하느라 서술어에 주체 높임을 나타내는 '-(으)시-'를 붙였습니다. 그런데 서술어와 호응하는 주어를 보니 '커피가'인 것이지요. 커피를 주문한 사람을 높이겠다는 의미로 사용한 문장일 텐데, 결과적으로 '커피'를 높여 버린 셈이 되었습니다.

군이 높임 표현을 사용해야 한다면, 다음처럼 말하는 게 좋을 것 같아요.

(손님께서) 주문하신 커피가 나왔습니다.

이런 과잉 높임으로 잘못된 표현이 공공연하게 사용되는 이유는 이런 표현을 사용하는 종업원만의 문제는 아니에요. 종업원의 입장에서는 이러한 표현이 잘못된 것인지 알고 있으면서도 혹시라도 손님이 기분 나빠 할까 봐 쓴다고 합니다. 올바른 높임 표현을 아는 것은 손님과 종업원, 즉 우리 모두에게 필요해 보여요.

다음으로, 주어를 높이기 위해 '계시다'와 같은 특수한 어휘를 사용하는 경우도 있어요.

선생님께서 교실에 계신다.
선생님께서 교실에 있으시다.

이 문장은 '계시다'와 '있으시다'가 사용된 문장들을 비교한 거예요. 먼저 서술어 '계시다'는 주어가 높임의 대상일 때 사용될 수 있어요. '있다'의 높임말이라고 볼 수 있지요. '있다'에 주체 높임의 선어말 어미 '-(으)시-'가 붙은 것보다 더 자연스러워요. 이처럼 주어를 직접 높일 때에는 '계시다'를 사용하는 게 적절해요. 반면 '있으시다'가 사용되는 경우도 있어요.

선생님께서 걱정이 계시다.
선생님께서 걱정이 있으시다.

이 문장의 '걱정'은 선생님의 심리 상태를 나타내는 말이에요. 이처럼 주어와 관련된 대상을 통해 높임을 표현할 때에는 '계시다'가 아닌 '있으시다'를 사용하는 게 더 적절하지요.

주체 높임법과 관련해서 학생들이 가장 많이 실수하는 것은 선생님의 말을 친구에게 전할 때예요.

선생님께서 너 교무실로 오래.
선생님께서 너 교무실로 오시래.
선생님께서 너 교무실로 오라고 하셔.

이 중 어떤 표현이 가장 올바른 표현일까요? 결론부터 말하면 마지막 문장이 가장 바른 표현이에요. 주체 높임법을 공부했으니 이를 바탕으로 이유를 생각해 봐요.

먼저 첫 번째 문장에서 서술어 '오래'는 '오라고 해'의 준말이에요. 이렇게 분석해 놓고 주어와 서술어를 따져 보면 '선생님께서~(말)해.'가 되어 주체 높임의 호응이 어긋남을 알 수 있어요.

두 번째 문장에서 서술어는 '오시래'인데, 이는 '오시라고 해'의 준말이에요. 주체 높임을 나타내는 '-(으)시-'가 들어가 있기 때문에 얼핏 보면 높임에 어긋나지 않는 것처럼 보여요. 하지만 서술어 '오시다'의 주어는 '선생님께서'가 아니라 '너'가 되기 때문에 '너(가) 오시다.'처럼 친구를 높이는 표현이 되어, 이것 역시도 높임에 어긋나는 표현이 되어 버려요.

세 번째 문장의 '오라고 하셔'는 '너가 오다.'와 '선생님께서 (말)하셔.'의 두 문장으로 분석할 수 있는데, 친구는 높이지 않고 선생님께서 말씀하신 행위는 높이고 있기 때문에 주체 높임이 가장 잘 실현된 문장이에요. '오라고 하셔'의 준말은 '오라셔'인데, 학생들에게는 익숙한 표현은 아닐 거예요. 그래도 '오라셔'라는 표현을 꼭 익혀서 올바른 높임 표현을 사용하도록 노력합시다.

주체 높임법을 사용하기 위해 꼭 따져 봐야 하는 것은 문장의 주어가 무엇이냐예요. 주어가 높임의 대상일 경우에는 주체 높임을 사용하고 그렇지 않으면 높임 표현을 사용하지 말아야 해요. 그러려면 앞서 배웠던 문장 성분의 내용을 떠올려 봐야겠지요.

② 상대 높임법

우리 국어는 높임법이 발달해 있다고 했어요. 그중 상대 높임법은 국어의 높임법 중에서 가장 잘 발달되어 있어요. 이 말은 상대 높임법이 아주 복잡하다는 말이에요. 상대 높임법 역시 종결 어미를 통해 실현돼요. 상대 높임법은 화자가 청자에 대하여 높이거나 낮추어 말하는 방법을 의미해요. 상대 높임법의 '상대'는 청자예요. 다시 말해 청자가 나와 어떤 관계에 있느냐에 따라 높임의 표현이 달라지는 것이지요. 그렇기 때문에 대화의 상황과 맥락, 화자와 청자의 관계 등을 잘 고려해 상대 높임법을 사용해야 원활하게 의사소통을 할 수 있어요.

상대 높임법을 잘못 사용하게 되면 화자와 청자 사이에 갈등이 생길 수도 있어요. 나이가 어린 사람이 '반말'을 하면 화가 나지요. 또한 자신은 상대와 별로 친하지 않다고 생각하는데 말을 놓는 상황도 갈등을 유발해요. 이는 모두 높임 표현을 중시하는 언어 문화가 반영된 결과예요.

상대 높임법 체계는 다음과 같아요.

구분		평서법	의문법	명령법	청유법	감탄법
격식체	하십시오체	가십니다	가십니까?	가십시오	(가시지요)	–
	하오체	가(시)오	가(시)오?	가(시)오	갑시다	가는구려
	하게체	가네 가세	가는가? 가나?	가게	가세	가는구먼
	해라체	간다	가냐? 가니?	가(거)라 가렴	가자	가는구나
비격식체	해요체	가요	가요?	가(세)요	가세요	가세요
	해체	가 가지	가? 가지?	가 가지	가 가지	가 가지

상대 높임법은 격식체와 비격식체로 나뉘어요. 격식체는 화자와 청자가 의례적으로 격식을 갖추는 관계에서 사용되는 높임법이에요. 격식체를 사용하면 청자는 기분이 좋아져요. 자신이 존중받는다는 느낌이 들기 때문이지요. 반면 화자와 청자 사이에 심리적 거리감을 나타낼 수도 있어요. 그렇기 때문에 친한 친구 사이에 상대 높임의 격식체를 사용하면 한쪽에서는 서운함을 느낄 수도 있어요.

비격식체는 화자와 청자가 격식을 갖추지 않아도 되는 관계에서 쓰는 높임 표현이에요. 요즘에는 복잡한 격식체보다 훨씬 더 간단한 비격식체를 많이 사용해요. 청자가 나이나 신분에서 차이가 많이 나거나 공식적인 자리가 아니라면 비격식체를 사용하는 것이 대세예요. 비격식체는 격식을 덜 차리면서 청자를 높이거나 낮추는 방식이기 때문에 친한 사이에서는 정감 있는 표현으로 여겨질 수 있어요.

그런데 단순히 화자가 청자보다 나이가 많다고 해서 비격식체의 '해체'를 사용할 수 있는 것은 아니에요. 편의점에서 높임 표현 때문에 폭력 사건이 발생했다는 기사를 종종 보게 돼요. 나이 많은 손님이 아르바이트생에게 '해체'를 사용하자 아르바이트생 역시 손님에게 '해체'를 사용해 빚어진 갈등이에요. 이렇듯 국어의 상대 높임법은 단순히 나이만 고려하는 것이 아니라 화자와 청자의 친함 정도나 둘 사이의 사회적 관계 등이 두루 고려되어야 해요.

단골 가게의 손님과 주인

이 만화는 단골 가게의 손님과 주인이라는 관계 속에서 상대 높임법이 어떻게 사용되고 있는지 잘 보여 주고 있어요. 자주 보는 관계 속에 서로 친하다고 생각하면 나이 많은 사람이 나이가 적은 사람에게 쉽게 말을 놓고 편하게 대할 수 있지요. 비격식체를 사용해서요. 그런데 계산을 해야 하는 상황에서 막상 손님이 지갑을 안 가져왔다고 하자 주인은 격식체의 가장 높은 높임 수준의 '하십시오체'를 사용하여 격식을 차리면서 다음에 계산하는 것은 곤란하다는 의미를 간접적으로 표현하고 있어요.

격식체의 '하오체'나 '하게체'는 요즘 거의 사용되지 않아요. 시나 노래 가사 등 예술적으로 표현해야 하는 상황에서 사용되는데, 이 경우 예스러움과 함께 정중함을 느끼게 하지요. 장인이나 장모가 사위에게 '하게체'를 쓰는 경우가 있기도 하지만, 이 역시도 흔한 경우는 아니에요.

비격식체가 많이 사용되다 보니 대화 중 종종 오해가 생기기도 해요. 특히 '해체'의 어미는 모든 종결법에서 똑같아요. 말로 대화할 때는 말투, 억양과 같은 반언어적 표현과 표정과 몸짓과 같은 비언어적인 표현이 있어 오해가 덜하지만, 문자 메시지에서는 문제가 되기도 해요. 요즘 문자 메시지로 의사소통을 하는 경우가 많은데, 국어의 상대 높임법이 복잡한 만큼 상황과 맥락, 화자와 청자의 관계 등을 고려하여 그에 맞는 적절한 높임법도 사용하도록 해요.

③ 객체 높임법

객체 높임법은 서술어의 객체를 높임으로써 높임을 표현하는 방식이에요. 서술어의 객체에 해당하는 것은 대표적으로 목적어가 있어요. 서술어에 따라서는 부사어에 해당하는 말이 객체로 여겨지기도 해요. 객체 높임법은 주로 특수한 어휘, 특히 특수한 동사를 사용해 표현된답니다. 객체 높임법에 많이 사용되는 동사는 '모시다', '드리다', '여쭈다', '뵈다' 등이 있어요.

나는 동생을 데리고 병원에 갔다.
나는 할아버지를 모시고 병원에 갔다.

두 문장에서 목적어는 각각 '동생을'과 '할아버지를'이에요. 동생과는 달리 할아버지는 높임의 대상이기 때문에 목적어 '할아버지를'을 높이기 위해 동사 '모시다'를 서술어로 사용했어요.

나는 동생에게 과일을 주었다.
나는 할아버지께 과일을 드렸다.

두 문장에서는 부사어로 각각 '동생에게'와 '할아버지께'가 사용되었어요. 동생은 높임의 대상이 아니기 때문에 서술어로 '주다'가 사용될 수 있지만, 할아버지는 높임의 대상이기 때문에 서술어로 '드리다'가 사용되었어요. 특히 이 경우 부사어에는 조사 '께'가 붙어서 서술어 '드리다'와 문법적으로 호응을 이루고 있어요.

3) 능동 표현과 피동 표현

문장은 하나의 사건을 표현한다고 했던 것 기억나나요? 다음의 그림도 하나의 사건을 표현하고 있답니다. 여러분들은 이 그림 속 사건을 어떤 문장으로 표현하고 싶나요? 아마 두 문장으로 표현할 수 있을 거예요.

강아지가 사람을 물었다.
사람이 강아지에게 물렸다.

두 문장은 같은 사건을 표현하고 있지만 표현하는 형식이 달라요. 앞의 문

강아지와 사람에게 벌어진 일

장에서는 무는 행위를 한 '강아지가'가 주어로 실현되었지만, 뒤의 문장에서는 강아지에게 물린 '사람이'가 주어로 실현되었어요. 이렇듯 같은 사건을 표현할 때, 동작이나 행위를 누가 하느냐, 즉 주어를 누구로 하느냐에 따라 능동문과 피동문으로 나뉘어요.

능동문能動文은 주어가 동작을 자기의 힘으로 하는 것을 표현하는 문장을 말해요. '능동'이라는 말은 스스로 내켜서 움직이거나 작용함을 이르는 말이에요. 이 사건에서 직접적이고 능동적으로 행위를 한 것은 '강아지'이며 이 강아지를 주어로 해서 만든 문장은 능동문이 되는 거예요. 반면 피동문被動文은 주어가 다른 행위를 한 주체에 의해서 동작을 당하게 되는 것을 표현한 문장이에요. '피동'은 '능동'의 상대 개념으로 남의 힘으로 움직이는 일을 말해요. 두 번째 문장에서 사람은 자기가 한 일이 없이 오로지 강아지가 한 행동을 당하기만 했어요. 즉 주어 '사람이'는 행위를 직접 수행하지 않고 '강아지'가 무는 행위를 당한 입장이지요.

이렇듯 같은 사건을 두고 다르게 표현하는 이유는 무엇일까요? 그것은 화자가 사건을 바라보고 해석하는 관점에서 차이가 있기 때문이에요. 사건에 참여하는 여러 요소 중에서 어떤 것에 관심을 두느냐는 초점화와 관련이 있어요. 마치 탐정이 사건을 해결하기 위해 돋보기를 들이대고 발자국이나 지문을 확대해서 보는 것처럼, 하나의 사건에 돋보기를 대고 확대해서 보는 게 초점화라고 생각하면 돼요. 그래서 초점화된 부분은 문장으로 표현할 때 두드러지는 표현이 되고, 그렇지 않은 부분은 배경으로 남게 되지요. 문장 성분을 공부할 때 주성분과 부속 성분이 있다고 했던 것 기억나나요? 사건에서 초점화된 요소는 문장 성분으로 표현될 때 주성분으로 실현돼요. 주성분 중에서도 특히 주어는 목적어보다 훨씬 중요한 사건의 주인공이에요. 그러면 앞선 두 문장의 문장 성분이 어떻게 바뀌는지 살펴볼게요.

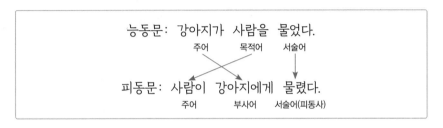

능동문과 피동문을 비교해 보면, 사건에 참여하는 어떤 요소가 초점화되었는지 쉽게 알 수 있어요. 능동문에서 중요한 것은 주어인 '강아지가'예요. 물론 목적어인 '사람을'도 중요하지만 무는 행위를 한 '강아지'에 비하면 상대적으로 조명을 받지 못해요. 반면 피동문에서는 능동문의 목적어에 불과했던 '사람'이 당당히 주어로 실현돼요. 무대의 주인공이 바뀌는 셈이지요.

그러다 보니 자연스레 능동문에서 주어였던 '강아지'는 '사람'에게 주인공 자리를 내어 주고 고작 부사어로 그 지위가 낮아져 '강아지에게'라는 부사어로 실현될 뿐이에요. 부사어는 필수 부사어라고 하더라도 문장에서의 중요도가 주어에 비해 훨씬 떨어지거든요. 다시 말해 '강아지'는 능동문일 때에는 주연 자리에 있었지만, 피동문에서는 사건의 배경으로 전락하게 된 셈이지요.

이런 문장 형식의 차이를 만들어 낸 직접적인 문장 성분은 바로 서술어예요. 능동문의 서술어 '물다'는 피동문에서는 '물리다'로 바뀌게 되지요. 능동문에 사용되는 동사를 능동사라고 하고 피동문에 사용된 동사를 피동사라고 해요. 능동사 '물다'는 접미사 '-리-'가 붙어 피동사 '물리다'가 되었어요. 피동사를 만드는 접사에는 '-이-', '-히-', '-리-', '-기-'가 있어요. 피동 접사로 파생된 피동사의 예문은 다음과 같아요.

피동 접사	능동사	피동사	예문
-이-	보다	보이다	한언이가 귀신을 보았다. 귀신이 한언이에게 보였다.
-히-	잡다	잡히다	경찰이 범인을 잡았다. 범인이 경찰에게 잡혔다.
-리-	듣다	들리다	한언이가 종소리를 들었다. 종소리가 (한언이에게) 들렸다.
-기-	안다	안기다	엄마가 아기를 안았다. 아기가 엄마에게 안겼다.

그렇다면 능동문과 피동문은 어떤 경우에 사용될까요? 말하는 사람이 처한 상황이나 사건을 해석하는 심리적 태도에 따라 표현하는 문장 형식이 달라져요. 다시 앞서 살펴본 문장으로 돌아가 보면, 병원에서 의사와 말할 때와 강아지의 주인과 말할 때 각각 피동문과 능동문이 사용되겠지요.

의사: 어떻게 오셨어요?

환자: 강아지에게 물렸어요.

병원에서 말할 때는 말하는 사람이 환자의 입장이 되어, 자신의 상태를 중심으로 표현하는 게 더 적절해요. 그렇기 때문에 피해를 입은 자신을 주어로 해서 피동 표현을 사용하는 게 더 적절한 표현이 될 수 있어요.

반면 강아지의 주인을 만나 이야기할 때에는 행위의 책임이 있는 강아지를 주어로 해서 능동문으로 표현하는 것이 더 적절해요.

주인: 어떻게 된 건가요?

피해자: 강아지가 저를 물었어요.

이 대화는 강아지가 한 행동에 초점을 맞추고 있어요. '강아지'를 주어로 해서 이번 사건의 책임이 '강아지'에게 있다는 점을 두드러지게 표현하고 있어요. 만약 이 대화에서 피해자가 사건을 피동문으로 표현하면 사건의 책임이 다소 모호해져요.

주인: 어떻게 된 건가요?

피해자: 제가 강아지에게 물렸어요.

이처럼 피동문이 사용되면 사건의 이면에 강아지의 책임 말고도 화자에게도 어느 정도 책임이 있는 것처럼 보여요. 마치 화자가 강아지를 놀리다가 강아지에게 물린 것처럼 해석될 여지가 발생하게 되지요. 그렇게 되면 강아지의 행위에 책임을 물을 수 없게 될지도 몰라요. 그래서 피동문은 행위의 주체를 잘 밝히고 싶지 않은 사건을 표현할 때 자주 사용돼요. 그러니 피동문이 쓰인 표현에서는 항상 행위의 주체가 누구인지를 따져 보는 태도가 필요하지요.

피동 접사를 활용해 만든 피동문을 파생적 피동문이라고 해요. 타동사를 피동사로 파생시켜 만든 피동문이라는 의미예요. 그런데 모든 타동사를 다 피동사로 만들 수는 없어요. 피동 접사로 파생되는 피동사의 수는 한정되어 있기 때문이에요. 그렇기 때문에 피동문을 만드는 방법으로 문장 구성 방식을 바꾸는 방식이 더 자주 사용돼요. 이렇듯 문장의 구성 방식을 바꾸어 만든 피동문을 통사적 피동문이라고 해요. 통사적 피동문을 만드는 방식은 용언의 어간에 '-아/어지다'를 붙이는 거예요.

한언이는 촛불을 켰다.
촛불이 켜졌다.

동사 '켜다'는 파생 접사를 활용해 피동사를 만들 수 없어요. 이런 경우 통사적 피동문을 만들면 피동의 의미를 표현할 수 있어요.

통사적 피동문이 생산적이다 보니 요즘에는 파생적 피동문보다 통사적 피동문을 더 많이 사용하는 것 같아요. 파생적 피동문을 만들 때 사용되는 접사는 동사별로 다른데, 접사가 붙는 규칙을 찾기가 힘들거든요. 그럴 바엔 그냥 마음 편히 동사에 '-아/어지다'를 붙여 피동문을 만들면 복잡하게 생각하지 않아도 좋기 때문이지요.

그런데 피동사에 '-아/어지다'를 붙여 이중 피동을 만드는 경우가 있어요.

능동문: 한언이가 종이를 찢었다.

피동문: 종이가 찢겼다.

피동문: 종이가 찢어졌다.

이중 피동문: 종이가 찢겨졌다.

동사 '찢다'는 피동 접사 '-기-'가 붙어 '찢기다'로 파생될 수 있어요. '-아/어지다'가 붙어 '찢어지다'로 만들 수도 있지요. 그런데 '찢겨지다'는 이미 피동사인 '찢기다'에 '-아/어지다'가 붙어 피동의 의미가 이중으로 드러나요. 이러한 피동문을 이중 피동문이라고 하는데, 피동문을 만들 때 주의해야 해요. 이중 피동은 가급적 피동사 하나로 표현하는 것이 문장을 쓸 때 간결하고 명료해요. 다음의 예처럼 말이에요.

치약은 가정에서 다양한 용도로 쓰여진다. → 쓰인다.

졸업한 초등학교가 점점 잊혀졌다. → 잊혔다.

얼마 후면 졸업한다는 사실이 믿겨지지 않았다. → 믿기지

현관문이 활짝 열려져 있었다. → 열려

국어의 다양한 표현으로 피동문을 살펴보았어요. 문장의 표현 방식이 다르다는 것은 곧 전하고자 하는 의미가 다르다는 의미예요. 하나의 사건을 두고 어떤 관점에서 표현할 것인가에 따라 능동문을 사용할 수도 있고 피동문을 사용할 수도 있어요.

능동문은 행동을 하는 사람이 곧 주어가 되기 때문에 주어의 행위가 강조돼요. 반면 피동문은 행동을 당한 사람이 주어로 표현되기 때문에 행동을 당

한 사람이나 사물이 강조되는 효과가 있어요. 즉 능동문과 피동문은 서로 강조하는 점이 다르다는 거예요.

4) 주동 표현과 사동 표현

옷 입는 아이

이 그림은 어떤 사건을 표현하고 있을까요? 가족이 외출을 준비하는지 어린아이가 옷을 입고 있네요. 이 그림 속 사건을 문장으로 표현하면 다음과 같을 거예요.

아이가 옷을 입는다.

그런데 그림의 구도를 조금 바꿔 크기를 키워 봤더니 다음과 같은 사건이 목격되었네요. 아이의 옆에서 아빠가 옷 입는 모습을 지켜보며 입을 옷을 준비해 주고 있어요.

옷을 입히는 아빠

이 그림을 문장으로 표현하면 다음과 같을 거예요.

아빠가 아이에게 옷을 입힌다.

두 문장은 같은 사건을 표현하고 있지만 결정적으로 차이가 있어요. 서술어 '입다'로 실현된 사건의 주어가 누구냐에 따라 문장의 의미가 달라져요. '아이가 옷을 입는다'처럼 주어인 '아이'가 서술어로 실현되는 동작을 직접 하는 것을 주동主動이라고 해요. 한자어를 그대로 풀이해 보면, '주主', 즉 주어가 '동動', 즉 움직인다, 다시 말해 '주어가 움직인다'는 뜻이에요.

그런데 가만히 보니 외출을 준비하며 아빠가 아이의 옷 입는 것을 준비시키는 역할을 맡은 모양이에요. 이를 문장으로 표현하면 '아빠가 아이에게 옷을 입힌다'가 되겠지요. 옷을 입는 것은 '아이'이지만, 정작 그 옷을 입도록 하는 행위의 주어는 '아빠'가 되는 셈이지요. 이처럼 주어가 남에게 동작을 하도록 시키는 것을 사동使動이라고 해요. 여기서 '사使'는 '시키다'라는 의미를 담고 있어요. 그러니 '사동'이라는 용어 자체가 '움직이는 것을 시키다'라는 의미를 담고 있는 거예요. 주동문이 주어가 스스로 하는 행동에 초점을 맞춘 표현이라면, 사동문은 주어가 스스로 하는 행동의 이면에 작용하는 다른 사람의 역할이나 힘에 초점을 맞춘 표현이지요.

+ 더 알아보아요!

피동 표현을 공부하면서 배운 '능동'과 사동 표현을 공부하면서 배운 '주동'이 서로 같아 보이지 않나요? 사실 두 표현은 같은 사건을 말하는 것인데, '피동 표현'의 상대 개념으로 '능동 표현'이라는 용어를 사용하고, '사동 표현'의 상대 개념으로 '주동 표현'을 사용해요. 다음의 문장을 보면 그 관계가 좀 더 잘 이해될 거예요.

- 엄마가 아기를 안았다. → 능동 / 주동
- 아기가 엄마에게 안겼다. → 피동
- 아빠가 엄마에게 아기를 안겼다. → 사동

모두 같은 사건을 표현하고 있지만, 주어를 누구로 하느냐에 따라 문장의 초점이 달라지는 걸 확인할 수 있어요.

그럼 주동문이 사동문으로 바뀔 때에는 문장 성분이 어떻게 변하는지 알아볼게요.

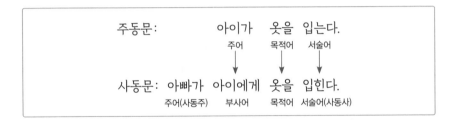

주동문이 사동문으로 바뀔 때 가장 중요한 것은 주동문에는 없던 새로운 주어가 나타난다는 거예요. 이 문장에서는 '아빠가'가 사동문에 새롭게 주어로 등장했어요. 이러한 주어를 '사동주'라고 부르는데, 사동주가 나타나면서 주동문의 주어였던 '아이가'는 부사어 '아이에게'로 바뀌면서 사건의 중심 요소에서 배경 요소로 중요도가 떨어지게 되지요. 이때 주동 표현의 목적어는 사동 표현에서도 그대로 목적어의 지위를 유지해요.

주동 표현의 동사가 형용사나 자동사면 문장 변화의 양상이 조금 달라져요. 주어가 부사어가 되는 것이 아니라 목적어가 되거든요. 왜냐하면 사동 표현에 사용되는 서술어는 기본적으로 타동사여야 해서 목적어가 꼭 있어야 하기 때문이에요.

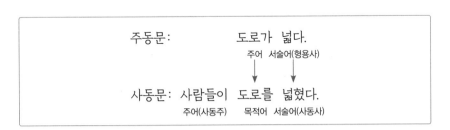

주동문:		물이	병에	찼다.
		주어	부사어	서술어(자동사)

사동문:	사람들이	물을	병에	채웠다.
	주어(사동주)	목적어	부사어	서술어(사동사)

사동 표현에서도 피동 표현과 마찬가지로 서술어가 중요해요. 주동문의 서술어에 사동 접사를 붙여 다동사인 사동사로 만들이 서술어로 사용하는 것이 일반적이에요. 사동 접사는 피동 접사보다 조금 더 많답니다. 피동 접사인 '-이-, -히-, -리-, -기-'는 사동 접사로도 사용돼요. 여기에 '-우-, -구-, -추-'가 추가되지요. 결과적으로 '물다'의 사동사와 피동사는 모두 '물리다'가 되기도 해요.

피동 표현: 엄마가 강아지에게 물렸다.

사동 표현: 엄마가 아이에게 젖병을 물렸다.

다음은 사동 접사로 파생해 만든 사동사와 그에 따른 예문이에요.

사동 접사	주동사	사동사	예문
-이-	속다	속이다	만우절에 선생님이 속았다. 만우절에 학생들이 선생님을 속였다.
-히-	익다	익히다	계란이 물에 익었다. 아빠가 계란을 물에 익혔다.
-리-	날다	날리다	종이비행기가 날았다. 아빠가 종이비행기를 날렸다.

-기-	맡다	맡기다	한언이가 모둠장을 맡았다. 모둠원이 한언이에게 모둠장을 맡겼다.
-우-	비다	비우다	물병이 비었다. 한언이가 물병을 비웠다.
-구-	달다	달구다	쇠가 뜨겁게 달았다. 대장장이가 쇠를 뜨겁게 달구었다.
-추-	늦다	늦추다	약속 시간이 너무 늦다. 한언이가 약속 시간을 늦추었다.

때로는 사동 접사가 두 개가 붙어서 사동사가 만들어지는 경우도 있어요. '태우다', '재우다', '세우다' 등이 대표적이에요. 이는 각각 '자다', '타다', '서다'에 사동 접사 '-이-'와 '-우-'가 붙어 만들어진 사동사라는 점이 흥미로워요.

주동문	사동문
밥이 탔다.	아빠가 밥을 태웠다.
아기가 잠을 잤다.	아빠가 아기에게 잠을 재웠다.
텐트의 기둥이 섰다.	아빠가 텐트의 기둥을 세웠다.

사동 표현을 만드는 방법에는 앞서 살펴본 것처럼 사동 접사로 사동사를 만들어 표현하는 방법이 있어요. 이런 사동문을 파생적 사동문이라고 해요. 반면 문장의 구성 방식을 바꾸어 만드는 사동문을 통사적 사동문이라고 해요. 통사적 사동문을 만들기 위해서는 주동문의 서술어로 쓰인 용언을 활용해 '-게 하다'의 형식을 취하면 돼요.

일반적으로 파생적 사동문은 길이가 짧아 '짧은 사동', 통사적 사동문은 길이가 길기 때문에 '긴 사동'이라고 표현하기도 한답니다. 짧은 사동문과 긴 사동문은 똑같이 사동 표현이지만, 의미하는 바가 조금 달라요.

짧은 사동: 아빠가 아이에게 옷을 입혔다.
긴 사동: 아빠가 아이에게 옷을 입게 했다.

두 문장은 모두 사동문이에요. 그리고 사동주는 모두 아빠로 동일해요. 하지만 두 문장의 의미는 미묘하게 차이가 있어요. 짧은 사동문은 주어인 '아빠'가 직접 옷을 입히는 행위를 하는 것처럼 여겨져요. 반면 긴 사동문에서는 아빠가 직접 행위를 하는 것이 아니라 아이에게 옷을 입도록 간접적으로 지시하는 것으로 여겨져요.

아빠가 갓난아이에게 옷을 입게 했다.

이 문장은 어딘지 어색해요. 갓난아이는 스스로 옷을 입을 수 있는 능력이 없어요. 그렇기 때문에 긴 사동문으로 표현하게 되면 의미가 제대로 통하지 않아요. 사동문의 의미적 특성을 강조할 때에는 짧은 사동은 직접 사동, 긴 사동은 간접 사동이라고 부르기도 해요.

파생적 사동 = 짧은 사동 = 직접 사동
통사적 사동 = 긴 사동 = 간접 사동

이 밖에 서술성 명사에 사동 접미사 '-시키다'가 붙어 사동 표현이 만들어지는 경우가 있어요. 서술성 명사는 행위를 나타내는 성질이 강한 명사에 동사 파생 접미사 '-하다'가 붙어 쉽게 서술어로 쓰이는 명사를 말한답니다. 그 예로 '발표하다', '빨래하다', '정지하다' 등이 대표적이에요.

주동문: 차가 정지했다.
사동문: 경찰이 차를 정지시켰다.
사동문: 경찰이 차를 정지하게 했다.

그런데 간혹 접미사 '-하다'만 붙여도 되는데, 과도하게 사동 접미사인 '-시키다'를 붙여 불필요한 사동 표현을 만드는 경우도 있어요.

전학 온 친구를 학생들에게 소개시켰다.
친구가 나에게 거짓말시켰다.

'-시키다'가 들어간 표현을 '-하다'로 바꾸어도 무방하다면, 그건 과도한 사동 표현으로 보아야 해요. 그래서 이 문장에서 서술어는 '소개하다', '거짓말하다'로 바꾸는 게 좋아요.

지금까지 상황에 맞는 문장을 표현하기 위해 고려해야 할 점들을 알아보았어요.
문장 종결법에는 화자의 발화 의도가 담겨 있어요. 의문문이나 청유문의 경우는 겉으로 드러나는 의도와 숨은 의도가 다를 수 있어요. 예를 들면 의문의 형식을 취하고 있지만 사실은 명령의 의미를 우회적으로 표현하는 경우가 대표적이에요. 그렇기 때문에 표현 형식에만 집착하지 말고 발화가 이루어지는 상황과 맥락을 고려해 그 의미를 해석해야 해요.

우리 국어의 높임 표현은 매우 복잡해요. 그래서 높임 표현을 잘못 사용하는 경우가 있어 유의해야 해요. 또한 요즘에는 복잡한 높임 표현을 간소화한 비격식체를 많이 사용해요. 그런데 비격식체에서는 다양한 종결법이 같은 어미로 실현되기 때문에 문자로 의사소통할 때 오해를 불러올 수 있어요. 대화 중 충분한 정보를 세공하든지 이모티콘 등을 활용해 화자의 감정을 표현해 주어야 오해를 줄일 수 있어요.

피동 표현이나 사동 표현을 사용하여 같은 사건이라도 다르게 표현할 수 있어요. 강조하고자 하는 것이 다를 때 이들 표현을 사용하는데, 표현할 때뿐만 아니라 표현된 문장을 받아들일 때에도 문장 뒤에 숨은 의도를 파악하기 위해 노력해야 해요.

이것만은 알아 두세요.

1. 문장의 종결 방식에 따른 문장 분류

평서문	화자가 청자에게 하고 싶은 말을 단순하게 진술하는 문장 **예** 화단에 진달래가 피었다.
의문문	화자가 청자에게 대답을 요구할 때 사용되는 문장 **예** 화단에 진달래가 피었니?
명령문	화자가 청자에게 어떤 행동을 하거나 하지 말도록 강하게 요구하는 문장 **예** 밥 먹어라.
청유문	화자가 청자에게 어떤 행동을 함께하도록 요청하는 문장 **예** 우리 모두 다 함께 손뼉을 치자.
감탄문	자기의 느낌을 표현하는 문장 **예** 진달래가 참 아름답구나!

2. 높임법의 종류

주체 높임	주어를 높이는 방법 **예** 선생님께서 우리를 기다리신다.
상대 높임	화자가 청자에 대하여 높이거나 낮추어 말하는 방법 **예** 집에 가십시오. / 집에 가라.
객체 높임	서술어의 객체를 높이는 방법 **예** 나는 할아버지를 모시고 병원에 갔다.

3. 피동 표현과 사동 표현

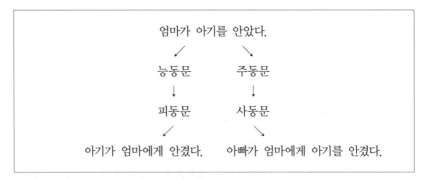

피동 표현	주어가 다른 행위를 한 주체에 의해서 동작을 당하게 되는 것을 표현함.
사동 표현	주어가 남에게 동작을 하도록 시키는 것을 표현함.

풀어 볼까? 문제!

1. 문장 종결 방식과 그 예입니다. 바르게 짝지어 보세요..

① 평서문   ㉠ 밥 먹어라.

② 의문문   ㉡ 화단에 진달래가 피었다.

③ 명령문   ㉢ 화단에 진달래가 피었니?

④ 청유문   ㉣ 진달래가 참 아름답구나!

⑤ 감탄문   ㉤ 우리 모두 다 함께 손뼉을 치자.

2. 다음 문장에 사용된 높임 표현의 종류를 써 보세요.

(㉠) 높임	선생님께서 우리를 기다리신다.
(㉡) 높임	집에 가십시오. / 집에 가라.
(㉢) 높임	나는 할아버지를 모시고 병원에 갔다.

3. 〈보기〉의 문장을 피동 표현으로 바꾸어 보세요.

〈보기〉 엄마가 아기를 안았다.

4. 〈보기〉의 사동 표현을 주동 표현으로 바꾸어 보세요.

〈보기〉 아빠가 아이에게 옷을 입혔다.

정답

1. ①-ⓒ / ②-ⓒ / ③-⑦ / ④-ⓜ / ⑤-ⓔ

2. ⑦ 주체 높임 / ⓒ 상대 높임 / ⓒ 객체 높임

3. 아기가 엄마에게 안겼다.

4. 아이가 옷을 입었다.

Part 4. **말소리가 보인다!**

1. 음운이란 무엇일까?

여러분이 어렸을 때, 친구들과 함께 줄을 맞춰서 걸어가면서 "참새 짹짹, 오리 꽥꽥." 이렇게 외쳐 본 적이 있을 거예요. 그런데 정말 참새는 '짹짹', 오리는 '꽥꽥'이라고 울까요? 사실은 아니지요. 그렇다면 우리는 어떻게 참새와 오리의 울음소리를 "짹짹", "꽥꽥"이라고 생각하여 말하게 된 걸까요? 다음 그림을 보면서 생각해 봅시다.

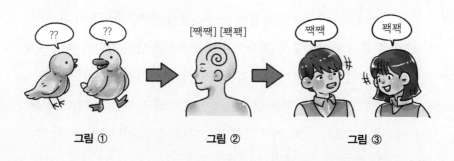

그림 ①   그림 ②   그림 ③

그림 ①에 해당하는 소리는 음향音響이라고 해요. 자동차 경적, 그릇 깨지는 소리, 강아지 울음소리, 하품 소리 등 세상에서 나는 소리는 모두 음향이지요. 반면에 그림 ③에 해당하는 소리는 음성音聲이라고 해요. 음성은 사람이 발음 기관을 통해 내는 구체적인 소리예요. 방귀 소리는 발음 기관을 거쳐서 나오지 않았으므로 음성이 아니고, 하품 소리는 구체적으로 표현하기 힘든 소리라서 음성이 아니지요.

그렇다면 그림 ②에 해당하는 소리는 뭘까요? 그것이 바로 이번에 자세히 알아볼 음운音韻이에요. 음운은 동일한 언어를 쓰는 사람들끼리 같은 소리라고 생각하는 관념적인 소리예요. 쉽게 말해 음운은 사람이 머릿속으로 떠올리는 소리랍니다.

감   밤

다른 각도에서 음운을 이해해 볼까요? 우리말에는 모양과 발음이 비슷하지만 단 한 부분의 차이 때문에 그 뜻이 아예 달라지는 단어 쌍이 있어요. 예를 들어 볼까요? 먼저 가을에 발갛게 익는 과일 '감'을 떠올려 보고요, 다음으로는 쪄서도 먹고 구워서도 먹는 견과류 '밤'을 떠올려 보세요. 두 열매는 서로 발음이 비슷하지요? 그런데 어느 한 부분이 차이 나서 둘의 뜻이 완전히 달라졌어요. 바로 '감'의 'ㄱ'과 '밤'의 'ㅂ'이지요.

산

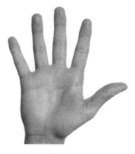

손

이번에는 우리나라 전역에 우뚝우뚝 솟아 있는 '산', 그리고 사람의 팔목 끝에 달린 신체 부위 '손'을 떠올려 보세요. 두 단어는 어느 부분 때문에 서로의 뜻이 완전히 달라지나요? 맞아요. '산'의 'ㅏ'와 '손'의 'ㅗ' 때문이지요.

이렇게 말의 뜻이 달라지게 만드는 가장 작은 소리 단위가 바로 음운이에요. '감'과 '밤'을 비교해 보면 음운 'ㄱ'과 'ㅂ'이 대립하고, '산'과 '손'을 비교하면 음운 'ㅏ'와 'ㅗ'가 대립하네요. 'ㄱ'과 'ㅂ' 따위의 음운을 우리는 자음子音이라고 부르고요, 'ㅏ'와 'ㅗ' 따위의 음운을 우리는 모음母音이라고 불러요.

길게 발음하는 밤

짧게 발음하는 밤

그런데 음운에는 자음과 모음처럼 그 소리 단위가 딱딱 쪼개지는 것만 있는 것은 아니에요. 예를 들어, 견과류 '밤'과 캄캄한 '밤[夜]'은 그 자음과 모음이 모두 같은데요. 그렇다면 두 단어의 의미를 어떻게 구별할 수 있을까요? 그것은 바로 소리의 길이, 즉 장단長短에 의해서 가능해요. 견과류 '밤'은 길게, 캄캄한 '밤'은 짧게 발음하는 것이지요.

소리의 높낮이, 즉 성조聲調로도 말의 뜻을 구별하는데요. 한국어에서는 성조가 거의 사라졌지만, 아직 경상도에서는 음운의 역할을 맡기도 한답니다. (경상도에서는 숫자 '2'와 알파벳 'e'가 소리의 높낮이로 구별된다는 사실, 알고 있었나요?)

이제 음운을 전체적으로 정리해 봅시다. 말의 뜻을 구별해 주는 가장 작은 소리 단위인 음운에는 자음, 모음처럼 각각을 떨어뜨려서 파악할 수 있는 것이 있는가 하면, 소리의 길이와 높낮이처럼 다른 소리에 붙어야만 드러나는 것이 있어요. 전자는 잘 구분되는 음운이라서 '분절 음운', 후자는 다른 음운과 떨어져서 나타날 수 없는 음운이므로 '비분절 음운'이라고 부른답니다.

이것만은 알아 두세요.

음운: 말의 뜻이 달라지게 만드는 가장 작은 소리 단위	
분절 음운: 각각이 잘 나누어지는 음운	비분절 음운: 다른 소리에 붙어서만 파악되는 음운
자음, 모음	소리의 길이(장단), 높낮이(성조) 등

풀어 볼까? 문제!

1. 음운을 변별해 낼 수 없는 것을 고르고, 그 이유를 설명해 보세요.

① 말-발

② 굴-둘

③ 나비-나방

④ 다리-마리

⑤ 바람-보람

정답

1. ③ 나비-나방. ③은 '나ㅂ'까지는 같은데 그 뒷부분이 하나는 'ㅣ', 다른 하나는 'ㅏ ㅇ'이라 하나의 부분끼리만 대립하지 않는다.

2. 우리말 모음을 파헤쳐 보자!

1) 단모음

갓난아기는 자신의 존재를 울음으로 처음 알리고, 조금 자라면 옹알이를 하면서 입을 열기 시작해요. 아기가 내뱉는 말 중에 음운으로 분석 가능한 최초의 단어는 보통 '엄마'라고 알려져 있는데요. 왜 '엄마'라는 말을 아기가 처음 내뱉을 만한 걸까요? 먼저 입을 자연스럽게 연 채로 성대를 울려서 소리를 내 보세요. 그러면 입이 너무 크지 않게 벌어진 상태로 [어]에 가까운 소리가 날 거예요. 그러고는 잠깐 입술을 닫았다가 다시 벌리면서 소리를 내 보세요. 그러면 [음마] 정도의 소리가 날 텐데요. 이 두 소리를 한꺼번에 내면 바로 [엄마]라는 소리가 된답니다.

사실 우리는 아기가 아니어도 [어] 같은 소리를 자주 내곤 해요. 당황했거나 말문이 막혔을 때, 우리는 "어…."라고 말하고요, 날카로운 것에 찔렸을 때는 "아!" 소리를 내뱉지요. 입을 어느 정도 연 상태로 성대를 울려서 공기를 내보내는 소리는 그리 어렵지 않은 소리예요.

이처럼 성대가 울려서 나온 소리가 목에서부터 입이나 코로 나올 때, 방해를 받지 않고 죽 흘러나오는 소리를 한데 묶어 모음母音이라고 한답니다. 우리말 모음은 크게 단모음과 이중 모음으로 나뉘는데요, 먼저 단모음부터 살펴볼까요?

단모음은 소리를 내는 과정 중에 입술 모양이나 혀의 위치가 그대로 유지되는 모음이에요. 단모음은 [이] 하나만 알고 있으면 나머지를 전부 찾을 수 있답니다. 양 입술을 옆으로 길게 만들어 입을 조금만 벌리고, 혀끝 쪽으로 공기를 내보낸다고 생각하고 소리를 내 보세요. 그러면 [이] 발음이 나지요? 그 상태에서 두 손으로 양 볼을 잡아 누르고 입술을 동그랗게 만든 상태에서 [이]를 발음해 보세요. 그러면 동그란 입 모양 때문에 [위] 발음이 나요.

[이] 발음   [위] 발음

이번에는 [이]를 계속 소리 내는데, 턱을 아래로 조금 당겨서 입을 아까보다 더 벌려 보세요. 그러면 아래턱과 혀가 밑으로 떨어지는 바람에 [에] 발음이 나고요, 그 상태에서 두 볼을 눌러 동그래진 입으로 [에]를 발음하면 [외]가 돼요.

[에] 발음   [외] 발음

다시 [이]를 소리 내는데, 턱을 [에]보다 아래로 더 당겨서 입을 활짝 벌려

보세요. 그러면 아래턱과 혀가 밑으로 완전히 내려가는 바람에 [애] 발음이 난답니다. [애]를 발음하는 상태에서는 입을 동그랗게 만들어도 딱히 새롭게 구별되는 모음이 소리 나지는 않아요.

[애] 발음

이렇게 5개의 단모음을 찾았네요. 이번에는 [이]를 발음하다가 공기가 혀끝이 아니라 혀뿌리 쪽에서부터 나온다고 생각해 보세요. 그러면 혀가 약간 뒤쪽으로 위축되는 것이 느껴지지요? 발음은 자연스럽게 [이]에서 [으]가 되네요. 그 상태에서 두 손으로 양 볼을 잡아 누르고 입술을 동그랗게 만든 상태에서 [으]를 발음해 보세요. 그러면 동그란 입 모양 때문에 [우] 발음이 나요.

[으] 발음   **[우] 발음**

이번에는 [으]를 계속 소리 내는데, 턱을 아래로 조금 당겨서 입을 아까보다 더 벌려 보세요. 그러면 아래턱과 혀가 밑으로 떨어지는 바람에 [어] 발음이 나고요, 그 상태에서 두 볼을 눌러 동그래진 입으로 [어]를 발음하면 [오]가 돼요.

[어] 발음

[오] 발음

다시 [이]를 소리 내는데, 턱을 [어]보다 아래로 더 당겨서 입을 활짝 벌려 보세요. 그러면 아래턱과 혀가 밑으로 완전히 내려가는 바람에 [아] 발음이 난답니다. [아]를 발음하는 상태에서는 입을 동그랗게 만들어도 딱히 새롭게 구별되는 모음이 소리 나지는 않아요.

[아] 발음

이렇게 우리는 국어의 단모음 10개를 다 찾아보았어요. 그럼 10개의 단모음을 발견한 과정을 다시 살펴보면서, 단모음 정리 기준을 확인해 볼까요?

혀의 위치 (혀의 최고점이 앞에 있는지, 뒤에 있는지 여부)	전설前舌 모음 / 후설後舌 모음
혀의 높이 (입이 벌어지는 정도에 따른 혀의 높낮이)	고高모음 / 중中모음 / 저底모음
입술 모양 (입술이 옆으로 펴지는지, 둥글게 말리는지 여부)	평순平脣 모음 / 원순圓脣 모음

그러면 모음 '이'를 다시 발음하면서, 단모음 정리 기준에 따라 이름을 붙여 봅시다. 먼저 [이] 발음은 혀끝 쪽이 긴장하면서 입천장 쪽으로 올라가므로 전설 모음이고요, 입이 가장 덜 벌어져 혓몸이 처지지 않으므로 고모음, 입술 은 쭉 펴지므로 평순 모음이네요. 이렇게 각 단모음에 기준을 하나하나 붙여 가면서 체계를 정리하면 다음의 표가 나옵니다.

혀의 앞뒤 혀의 높이 ╲ 입술 모양	전설 모음		후설 모음	
	평순 모음	원순 모음	평순 모음	원순 모음
고모음	ㅣ	ㅟ	ㅡ	ㅜ
중모음	ㅔ	ㅚ	ㅓ	ㅗ
저모음	ㅐ		ㅏ	

참고로 모음 앞에 적는 'ㅇ'은 소리를 가진 음운이 아니에요. '이 자리가 비어 있다'는 뜻의 동그라미 기호 정도로 생각하세요.

2) 이중 모음

그런데 단모음을 10개로 정리하고 나면, 질문이 생길 거예요. 아까 단모음 을 소리 내면서 찾았던 '위'와 '외'의 발음이 굉장히 낯설지 않냐고요. 그리고 '위'와 '외'는 다르게 발음하지 않냐고요.

맞아요. 요즘에는 사람들 대부분이 '우'와 '이'를 쪼개서 마치 [우이]를 빠르 게 읽는 것처럼 '위'를 발음하지요. 게다가 '외'는 발음을 아예 [웨]와 똑같이 내곤 합니다. 만약에 '위'를 빠른 [우이]처럼, '외'를 [웨]처럼 발음한다면, '위'

와 '외'는 더 이상 단모음으로 인정받지 못할 거예요. 왜냐고요? 잘 생각해 보세요. 단모음을 발음할 때는 입 모양이 그대로 유지되어야 하는데, [우이]와 [웨]를 소리 내는 과정 중에는 입 모양이 바뀌잖아요. 이렇게 단모음과 달리 발음의 처음과 끝을 비교했을 때 입 모양이 달라지는 모음을 이중 모음이라고 해요. 우리말에는 'ㅑ, ㅒ, ㅕ, ㅖ, ㅛ, ㅠ, ㅢ, ㅘ, ㅝ, ㅙ, ㅞ'까지 11개의 이중 모음이 있지요.

그런데 모든 사람이 '위'를 이중 모음으로만 발음하면, 단모음 체계에서 '위'가 빠지고 이중 모음이 12개로 늘어나겠군요! 만약에 '외'도 빠진다면, 단모음이 하나 더 줄겠지만 이중 모음이 13개로 더 늘진 않겠어요. 이중 모음 '외'는 '웨'와 발음이 같아 구분이 안 되니까요.

+ 더 알아보아요!

이중 모음과 반모음

발음이 끝까지 유지되지 않고 입 모양이 달라지는 이중 모음을 자세히 살펴보면, 다음의 두 가지 경우로 나눌 수 있어요.

- 짧은 [ㅣ] 소리 + 단모음: ㅑ ㅒ ㅕ ㅖ ㅛ ㅠ ㅢ (7개)
- 짧은 [ㅗ/ㅜ] 소리 + 단모음: ㅘ ㅝ ㅙ ㅞ　　(4개)

즉, 이중 모음은 단모음 앞에 아주 짧은 [ㅣ]나 [ㅗ/ㅜ] 소리가 덧붙어서 만들어지네요. 이렇게 이중 모음을 발음할 때 등장하는 짧은 [ㅣ]나 [ㅗ/ㅜ]를 반모음半母音이라고 해요. 정리하자면 이중 모음은 '반모음+단모음'의 결합체인데요. 반모음 중에서 짧은 [ㅣ] 소리는 보통 'y'로, 짧은 [ㅗ/ㅜ] 소리는 'w'로 표시해요.

- y계 이중 모음: ㅑ ㅒ ㅕ ㅖ ㅛ ㅠ ㅢ (7개)
- w계 이중 모음: ㅘ ㅝ ㅙ ㅞ　　(4개)

비록 그 소리가 짧게 나고 한글에 그것을 표기하는 별도의 글자가 없어도 반모음은 분명히 존재해요. 게다가 반모음만으로도 말뜻이 구별돼요. ('와[wa]'와 '야[ya]'는 완전히 다른 말이잖아요!) 따라서 반모음은 엄연한 음운이랍니다. 모음도 자음도 아닌 제3의 음운, 반모음. 이것을 잘 기억해 두면 다음에 살펴볼 음운 현상을 이해할 때 좋을 거예요. 기대하시라!

이것만은 알아 두세요.

1. 모음: 성대가 울려서 나온 소리가 목에서부터 입이나 코로 나올 때, 방해를 받지
   않고 쭉 흘러나오는 소리

2. 단모음: 소리를 내는 과정 중에 입술 모양이나 혀의 위치가 그대로 유지되는 모음

혀의 앞뒤	전설 모음		후설 모음	
혀의 높이 ＼ 입술 모양	평순 모음	원순 모음	평순 모음	원순 모음
고모음	ㅣ	ㅟ	ㅡ	ㅜ
중모음	ㅔ	ㅚ	ㅓ	ㅗ
저모음	ㅐ		ㅏ	

3. 이중 모음: 단모음과 반모음의 결합체로, 발음 과정 중에 입 모양이 변하는 모음

   (이중 모음은 보통 2개의 음운으로 셈.)

풀어 볼까? 문제!

1. '위층에 내 외할머니가 사신다.'라는 문장을 [wi층에 네 웨할머니가 사신다]라고
   발음하는 사람은 머릿속에 단모음을 몇 개 가지고 있을지 추측하고, 그 이유를 밝
   혀 써 보세요.

정답

1. 이 사람은 7개의 단모음을 가지고 있을 것이다. 일단 '위'를 이중 모음 [wi]로 발음하므로 단모음 'ㅟ'가 없을 것이다. 또한 '내'
를 [네]로 발음하므로 이 사람의 머릿속에는 단모음 'ㅐ'가 없을 것이다. 마지막으로 '외'를 이중 모음 [웨]로 발음하므로 단모
음 'ㅚ'가 없을 것이다. 따라서 이 사람은 'ㅣ, ㅔ, ㅡ, ㅜ, ㅓ, ㅗ, ㅏ' 7개의 단모음을 쓸 것이다.

3. 우리말 자음을 파헤쳐 보자!

이번에는 '엄마'라는 말에서 모음 이외의 소리를 찾아보니, 글자 'ㅁ'으로 표기되는 소리가 있군요. 이 소리는 서로 떨어져 있던 위아래 입술이 다물어져야 나는 소리예요. 이처럼 성대가 울려서 나온 소리가 입이나 코를 통과할 때, 어떤 방법으로든지 방해를 받고 나오는 소리를 한데 묶어서 자음子音이라고 한답니다.

우리가 알고 있는 자음은 'ㄱ, ㄴ, ㄷ, ㄹ, ㅁ, ㅂ, ㅅ, ㅇ, ㅈ, ㅊ, ㅋ, ㅌ, ㅍ, ㅎ, ㄲ, ㄸ, ㅃ, ㅆ, ㅉ'까지 총 19개이지요? 이 자음은 일정한 기준에 따라 분류할 수 있어요. 공기가 몸속에서 바깥으로 흘러나오다가 그 흐름이 방해를 받아 특정한 소리로 조절되는 것을 조음調音이라고 하는데요. 자음은 소리가 어디에서 조절되는지, 그리고 어떻게 조절되는지에 따라 자세히 나눌 수 있답니다. 이제부터 '조음 위치'와 '조음 방법'을 기준으로 삼아 자음을 차근차근 분류해 볼까요?

1) 조음 위치에 따른 자음

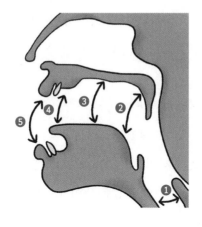

①성대 사이
②연구개와 혀뿌리
③경구개와 혓몸
④치조와 혀끝
⑤두 입술 사이

국어의 조음 위치

①성대 사이: 후음喉音

우리가 허파에서 숨을 내쉬면서 가장 먼저 소리를 조절할 수 있는 곳! 바로 성대 사이지요. 여기에서는 마치 가래를 뱉을 때와 비슷한 소리를 내는데요. 이 소리를 '목구멍 후喉' 자를 써서 후음이라고 해요. 'ㅎ'이 바로 후음이지요.

②연구개軟口蓋와 혀뿌리: 연구개음軟口蓋音

이제 숨을 좀 더 위쪽으로 내 봅시다. 입천장 안쪽의 약간 말랑말랑한 부분(=연구개)에 혀뿌리를 댄다고 생각하고 소리를 조절해 보세요. 그럼 혀뿌리가 올라가면서 '윽'과 비슷한 소리가 나는데요. 'ㄱ, ㅋ, ㄲ, ㅇ'이 바로 그곳에서 나는 소리인 연구개음이에요.

③경구개硬口蓋와 혓몸: 경구개음硬口蓋音

이제 숨을 좀 더 바깥쪽으로 내 보세요. 입천장의 가장 높은 곳을 혀로 문질러 보면 다른 곳보다 상대적으로 딱딱하지요? 그곳이 바로 경구개예요. 경구개에 혓몸을 댔다가 떨어뜨리면서 소리를 내면 'ㅈ, ㅊ, ㅉ' 같은 소리가 나는데요. 이것들이 바로 경구개음이에요.

④ 치조齒槽와 혀끝: 치조음齒槽音

이제 숨이 치아를 만났다고 생각해 봐요. 윗니의 뿌리 쪽을 치조齒槽라고 하는데요, 치조에 혀끝을 가까이 가져가거나 아예 붙이면서 소리를 조절하면 'ㄷ, ㅌ, ㄸ, ㅅ, ㅆ, ㄴ, ㄹ'처럼 정말 많은 소리가 나요. 이 소리들이 바로 치조음이에요.

⑤ 두 입술 사이: 양순음兩脣音

마지막으로 숨이 입을 빠져나가기 위해서 두 입술(=양순)을 통과합니다. 이때 두 입술을 붙였다가 떼면 'ㅁ, ㅂ, ㅍ, ㅃ' 소리가 만들어지지요? 이 소리들이 바로 양순음이에요.

2) 조음 방법에 따른 자음

① 파열음破裂音

파열음은 말 그대로 소리를 파열시켜서, 즉 조음부를 막았다가 터뜨리면서 내는 소리예요. 'ㅂ/ㅍ/ㅃ, ㄷ/ㅌ/ㄸ, ㄱ/ㅋ/ㄲ'이 바로 파열음이지요.

② 마찰음摩擦音

마찰음은 말 그대로 소리를 마찰시켜서 내는 소리예요. 더 상세히 설명하면, 조음 위치 사이에 작은 틈을 만들어 공기를 흘려보낼 때 나오는 소리이지요. 이때는 파열음처럼 공기가 막히는 과정이 없는데요. 'ㅅ, ㅆ, ㅎ'이 바로 마찰음이에요.

③ 파찰음破擦音

파찰음은 파열음과 마찰음의 성격을 동시에 갖는 소리예요. 처음에는 파열음처럼 공기가 잠깐 막혔다가, 한 번에 터지지 않고 풍선에서 바람 빠지듯이 공기가 마찰하며 흘러나가는 소리랍니다. 우리말에는 'ㅈ, ㅊ, ㅉ'이 파찰음에 속해요.

＋ 더 알아보아요!

파열음, 마찰음, 파찰음은 다시 평음, 유기음, 경음으로 나눌 수 있어요. 평음은 다른 소리보다 비교적 숨을 평이하게 내쉴 때 나는 소리예요. 유기음은 평음이나 경음보다 공기를 입 밖으로 많이 내보내면서 격하게 내는 소리이고요. 경음은 조음 위치의 근육을 강하게 긴장시켰다가 내는 소리예요. 평음으로는 'ㅂ, ㄷ, ㄱ, ㅈ, ㅅ', 유기음으로는 'ㅍ, ㅌ, ㅋ, ㅊ, ㅎ', 경음으로는 'ㅃ, ㄸ, ㄲ, ㅉ, ㅆ'을 각각 떠올리면서 발음을 연습해 보세요.

---

④ 비음, 유음

자음에는 파열음, 마찰음, 파찰음이 만들어질 때보다는 공기 흐름이 방해를 덜 받으면서 소리 나는 것들이 있어요. 먼저 비음鼻音은 파열음처럼 분명히 입속의 조음 위치가 막혔다가 떨어지는데, 사실은 공기가 입이 아니라 콧구멍인 비강鼻腔으로 계속 빠져나가면서 소리가 나요. 'ㅁ, ㄴ, ㅇ'이 비음에 속하지요. 유음流音은 공기 흐름의 방해를 가장 적게 받으며 소리 나는 자음으로, 'ㄹ'이 있어요.

조음 방법과 조음 위치에 따라 자음을 하나하나 떠올려 보고 그 조음 과정을 따라 해 보았지요? 그럼 이번에는 자음을 체계적으로 표에 적어 볼게요.

조음 방법 \ 조음 위치		양순음	치조음	경구개음	연구개음	후음
파열음	평음	ㅂ	ㄷ		ㄱ	
	유기음	ㅍ	ㅌ		ㅋ	
	경음	ㅃ	ㄸ		ㄲ	
파찰음	평음			ㅈ		
	유기음			ㅊ		
	경음			ㅉ		
마찰음	평음		ㅅ			
	유기음					ㅎ
	경음		ㅆ			
비음		ㅁ	ㄴ		ㅇ	
유음			ㄹ			

이것만은 알아 두세요.

---

1. 자음: 성대가 울려서 나온 소리가 목에서부터 입이나 코로 나올 때, 어느 과정에서

　　든지 방해를 받고 나오는 소리

2. 자음의 분류

　(1) 조음 위치에 따라: 양순음, 치조음, 경구개음, 연구개음, 후음

　(2) 조음 방법에 따라: 파열음, 파찰음, 마찰음, 비음, 유음

　　　　　　　　(다시 평음, 유기음, 경음)

풀어 볼까? 문제!

1. ①~③에 해당하는 자음을 아래 표의 빈칸에 차례대로 넣어 단어를 완성해 보세요.

   ① 'ㅅ'과 조음 위치가 같으면서, 공기 흐름의 방해를 가장 덜 받는 자음

   ② 'ㅇ'과 조음 위치가 같은 평파열음

   ③ 'ㄷ'과 조음 위치가 같으면서, 발음할 때 공기가 콧구멍으로 빠져나가는 자음

ㅅ	ㅓ	ㅇ	ㅏ	ㅅ	ㅏ
①		②		③	

완성된 단어:

4. 자음과 모음의 결합, 음절

지금까지 음운의 개념과 체계를 잘 정리해 보았는데요. 실제로 소리를 내기 위해서는 음운을 이리저리 조합해야 해요. 여러분의 생일날, 근사한 식당에서 맛있는 스테이크를 한 입 베어 물었다고 생각해 볼까요? 이 상황에 맞는 문장을 만들어 봅시다.

왼쪽의 문장과 달리, 실제 소리는 오른쪽처럼 '스, 테, 이, 크, 엄, 청, 마, 신, 따'로 나지요? 이처럼 하나로 종합되어 나타나는 말소리의 가장 작은 덩어리를 음절音節이라고 해요. 다시 말해 음절은 '발음의 최소 단위'인데요. 이 문장은 9개의 음절로 소리가 나요. 음절은 보통 '초성初聲(첫소리), 중성中聲(가운뎃소리), 종성終聲(끝소리)'의 세 부분을 갖출 수 있다고 분석하는데요. 초·중·종성이 어떻게 실현되는지 그 방식에 따라 음절의 유형을 정리할 수 있답니다.

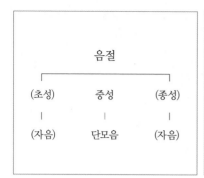

음절		
(초성)	중성	(종성)
│	│	│
(자음)	단모음	(자음)

음절의 구조

*단모음: 이
　(중)

*단모음+자음: 엄
　(중)　　(종)

*자음+단모음: 스, 테, 크, 마, 따
　(초)　　(중)

*자음+단모음+자음: 청, 신
　(초)　　(중)　　(종)

음절의 기본 유형

　이렇듯 우리말 음절의 유형은 보통 네 가지로 설명하곤 해요. 단모음은 자기 자신만으로도 음절을 이룰 수 있다니 신기하네요. 여기서 놓치면 안 될 것이 있어요. 바로 '반모음의 존재'랍니다. 음절을 만들 때, '반모음+단모음' 구성의 이중 모음이 들어갈 수도 있잖아요? 그렇다면 음절의 유형도 네 가지보다는 많다고 할 수 있어요.

*반모음+단모음: 예 야, 유, 와, 웨……
　(중)

*단모음+반모음: 예 의
　(중)

*자음+반모음+단모음: 예 며, 쇼, 좌, 훼……
　(초)　　　(중)

*단모음+반모음+자음: 예 약, 왕……
　(중)　　　(종)

*자음+반모음+단모음+자음: 예 귤, 별……
　(초)　　　(중)　　(종)

음절의 추가 유형

음절		
(초성)	중성	(종성)
│	│	│
(자음)	(반모음)단모음(반모음)	(자음)

완성된 음절의 구조

갑자기 머릿속이 복잡해졌나요? 그럼 음절을 이해할 때 가장 중요한 사실 하나만 짚어 봅시다. 음절의 구조에서 가장 핵심적인 부분이 중성이라면, 음절을 만들 때 반드시 포함해야 하는 음운은 무엇일까요? 맞아요, 단모음이지요. (단)모음이 없으면 음절을 만들 수 없다는 사실, 꼭 기억합시다!

+ 더 알아보아요!

모음과 자음의 이름에는 숨겨진 의미가 있어요. 하나의 음절을 만들 때는 반드시 모음이 있어야 해요. 다시 말해서, 자음만 가지고는 음절을 만들 수는 없지요. 그런데 모음은 '엄마 소리'[母音], 자음은 '자식 소리'[子音]라는 명칭 자체만 찬찬히 따져 봐도 음절을 단박에 이해할 수 있어요. 자식이 부모님 없이 세상에 태어날 수 없듯이, 자음은 모음 없이 음절을 형성할 수 없답니다. 부모와 자식의 선후 관계를 기억한다면, (단)모음이 음절 구성의 필수 요소라는 사실을 절대 잊어버리지 않겠지요?

이것만은 알아 두세요.

1. 음절: 발음의 최소 단위

2. 음절의 구성 단위: 초성, 중성, 종성

3. 음절의 필수 요소: 모음

1. '국어 공부는 참 좋아요.'를 발음 나는 대로 적고, 총 몇 음절인지 써 보세요.

정답

1. [구거공부는참조아요], 총 9음절이다.

5. 음운은 실제로 이렇게 소리 나!

지금까지 우리는 음운과 음절에 관한 이야기를 나눴어요. 그렇다면 왜 음운과 음절을 배우고 기억해야 할까요? 우리가 말할 때는 말소리가 실제로 다양한 모습으로 나타나는데요. 그것을 정확한 음운으로 파악해야 의사소통하는 데에 문제나 오해가 없을 거예요. 즉, 음운과 음절에 관한 지식은 음운 현상을 제대로 이해하는 토대가 된답니다.

우리말 음운 현상의 종류는 크게 네 가지로 나눌 수 있는데요.

교체: 한 음운이 다른 음운으로 바뀌는 현상

탈락: 한 음운이 없어지는 현상

첨가: 한 음운이 추가로 하나 더 생기는 현상

축약: 두 음운이 제3의 음운으로 합쳐지는 현상

지금부터 다양한 사례를 바탕으로 이 네 가지 유형을 자세히 살펴볼까요?

1) 음운 교체

① 음절의 끝소리 규칙(=평파열음화 平破裂音化)

음절은 '초성(첫소리), 중성(가운뎃소리), 종성(끝소리)'을 갖출 수 있다고 했는데요. 따라서 '음절의 끝소리 규칙'은 종성으로 오는 자음에 관한 것이랍니다. 이 규칙은 '끝에[끄테]'처럼 앞 음절의 종성이 뒤 음절의 초성으로 넘어가는 경우 말고, '끝[끋]'처럼 단독 음절일 때나 '끝판[끋판]'처럼 뒤에 자음이 올 때 적용돼요. (참고로 앞 음절 종성이 뒤 음절 초성으로 넘어가는 것을 '연음連音'이라고 하는데요. 연음 현상은 '꽃이[꼬치], 밭을[바틀]'처럼 자음으로 끝나는 음절에 모음으로 시작하는 형식 형태소가 이어질 때 일어난답니다.)

조음 방법 \ 조음 위치		양순음	치조음	경구개음	연구개음	후음
파열음	평음	ㅂ	ㄷ		ㄱ	
	유기음	ㅍ	ㅌ		ㅋ	
	경음	ㅃ	ㄸ		ㄲ	
파찰음	평음			ㅈ		
	유기음			ㅊ		
	경음			ㅉ		
마찰음	평음		ㅅ			
	유기음					ㅎ
	경음		ㅆ			
비음		ㅁ	ㄴ		ㅇ	
유음			ㄹ			

이 표를 다시 보니, 우리말 자음은 총 19개가 있네요. 그런데 자음으로 끝나는 아무 글자이든지, 그것을 발음하면 음절 끝에는 7개의 자음만 소리가 난답니다. (물론 우리말에는 'ㄸ, ㅃ, ㅉ'으로 끝나는 말이 없어서 실제로는 16개의 자음을 가지고 예를 따져 보면 돼요.)

일단, 비음 'ㅁ, ㄴ, ㅇ'과 유음 'ㄹ'은 종성에서 아무 문제 없이 잘 발음돼요. '몸[몸], 눈[눈], 강[강], 달[달]'을 발음해 보면 알 수 있지요. 그런데 파열음, 파찰음, 마찰음에 해당하는 나머지 12개의 자음 'ㄱ, ㅋ, ㄲ, ㄷ, ㅌ, ㅂ, ㅍ, ㅅ, ㅆ, ㅈ, ㅊ, ㅎ'을 글자의 받침에 적어 놓고 발음하려 하면, 전부 3개의 자음으로만 소리 난답니다. 한번 정리해 볼게요.

글자의 받침 표기	예	음절 종성 발음	음절 전체 발음
ㄱ	복		[복]
ㄲ	볶다	[ㄱ]	[복따]
ㅋ	부엌		[부억]
ㄷ	받침		[받침]
ㅌ	끝		[끋]
ㅅ	갓		[갇]
ㅆ	갔다	[ㄷ]	[갇따]
ㅈ	낮		[낟]
ㅊ	낯		[낟]
ㅎ	히읗		[히읃]
ㅂ	입	[ㅂ]	[입]
ㅍ	잎		[입]

이렇듯 음절 종성에서는 (비음과 유음을 제외한) 모든 자음이 [ㄱ, ㄷ, ㅂ]으로

바뀌어 소리 납니다. 그런데 'ㄱ, ㄷ, ㅂ'은 모두 평음이자 파열음이기에, '음절의 끝소리 규칙'이 적용된다고 설명하는 이 음운 교체 현상을 '평파열음화'라고도 불러요. 정리해 볼까요? '음절의 끝소리 규칙', 다른 말로 '평파열음화'는 우리말 음절 종성에서 [ㄱ, ㄴ, ㄷ, ㄹ, ㅁ, ㅂ, ㅇ] 7개의 자음만 발음되는 현상을 가리킨답니다.

② 경음화^{硬音化}

다른 자음이 평파열음으로 바뀌는 현상을 '평파열음화'라고 했으니, 경음화가 무엇인지는 느낌이 오지요? 맞아요. 경음이 아닌 소리가 경음으로 바뀌는 현상이에요. 더욱 정확히 말하면 일정한 환경에서 평음이 경음으로 바뀌는 현상인데요, '일정한 환경'에 해당하는 것이 몇 가지 있답니다. 여기서는 네 가지만 기억하고 넘어갈까 해요.

첫째, 평음이 앞말 종성 [ㄱ, ㄷ, ㅂ] 뒤에 올 때
  ⑩ 국수[국쑤], 받다[받따], 밥집[밥찝]…

둘째, 평음이 용언 어간 끝의 비음 [ㄴ, ㅁ] 뒤에 올 때
  ⑩ (신발) 신다[신따], (머리) 감다[감따]…

셋째, 평음이 관형사형 어미 '-(으)ㄹ' 뒤에 올 때
  ⑩ 할 줄[할쭐], 볼 것[볼껃], 갈 사람[갈싸람]…

넷째, 한자어에서 평음 'ㄷ, ㅅ, ㅈ'이 앞말 종성 [ㄹ] 뒤에 올 때

예 활동[활똥], 실수[실쑤], 물질[물찔]…

③ 비음화鼻音化

비음화는 비음이 아닌 소리가 비음으로 바뀌는 현상을 말해요. 이 현상은 특히 평파열음화한 음절 종성 [ㅂ, ㄷ, ㄱ]이 뒤에 오는 비음 [ㄴ, ㅁ]을 만날 때 일어나는데요. 뒤에 오는 비음이 그 앞의 평파열음을 자기와 같은 비음으로 바꿔 버리는 것이에요. 예를 살펴볼까요?

앞말 종성	뒷말 초성	결과
[ㅂ] 예 밥[밥]	[ㄴ] 예 냄새[냄새] [ㅁ] 예 물[물]	[ㅁㄴ] 예 밥 냄새[밤냄새] [ㅁㅁ] 예 밥물[밤물]
[ㄷ] 예 꽃[꼳]	[ㄴ] 예 냄새[냄새] [ㅁ] 예 물[물]	[ㄴㄴ] 예 꽃 냄새[꼰냄새] [ㄴㅁ] 예 꽃물[꼰물]
[ㄱ] 예 국[국]	[ㄴ] 예 냄새[냄새] [ㅁ] 예 물[물]	[ㅇㄴ] 예 국 냄새[궁냄새] [ㅇㅁ] 예 국물[궁물]

여기서 질문! 비음에는 'ㅇ'도 있는데, 왜 'ㅇ'이 초성에 오는 경우는 뺐을까요? 우리말 음절 구성을 한번 찬찬히 생각해 보세요. 앞에서 단모음을 살펴볼 때, 음절 초성 자리에 써 놓는 'ㅇ'은 뭐라고 했지요? 맞아요. 빈자리를 표시하는 기호일 뿐이라고 했지요. 우리말 음절 초성에는 'ㅇ'이 진짜 음운으로 올 수 없기에 'ㅇ'은 비음화를 일으킬 수 없어요.

+ 더 알아보아요!

'비음화'라는 이름이 들어가는 음운 교체 현상에는 'ㄹ'의 비음화도 있어요. 치조 비음화 혹은 'ㄹ'의 'ㄴ' 되기라고도 부르지요. 그런데 이건 방금 배운 비음화와는 완전히 다른 현상이랍니다. 이 현상은 많은 자음 뒤에서 유음 'ㄹ'이 자신과 조음 위치가 같은 비음(=치조 비음)인 [ㄴ]으로 발음되는 현상이에요. 예로는 백로[백노 → 뱅노], 경로[경노], 급류[급뉴 → 금뉴]가 있어요.

④ 유음화流音化

유음화는 'ㄴ'이 유음 'ㄹ'로 바뀌는 현상이에요. 유음화에는 크게 두 종류가 있어요.

첫째, 순행적 유음화예요. 'ㄹ'이 자기 뒤에 오는 'ㄴ'을 [ㄹ] 소리로 바꾸는 현상이랍니다. 음운이 교체될 때 앞엣것이 뒤엣것에 영향을 끼치므로(앞→뒤), 순행順行이라고 이름 붙였어요.

둘째, 역행적 유음화예요. 'ㄹ'이 자기 앞에 오는 'ㄴ'을 [ㄹ] 소리로 바꾸는 현상이랍니다. 음운이 교체될 때 뒤엣것이 앞엣것에 영향을 끼치므로(앞←뒤), 역행逆行이라고 이름 붙였어요.

종류	앞말 종성	뒷말 초성	결과
순행적 유음화	[ㄹ] 예 달[달]	[ㄴ] 예 님[님]	[ㄹㄹ] 예 달님[달림]
역행적 유음화	[ㄴ] 예 산[산]	[ㄹ] 예 림[림]	[ㄹㄹ] 예 산림[살림]

+ 더 알아보아요!

앞말 종성 'ㄴ'과 뒷말 초성 'ㄹ'이 만나는 경우, 전통적으로는 유음화에 따라 [ㄹㄹ]로 발음해 왔어요. 그러나 최근에 등장한 말의 경우에는 'ㄹ'의 비음화에 따라 [ㄴㄴ]으로 발음하는 경우가 많아요. 예를 들면, 예전부터 쓰이던 단어 '권력權力'은 [궐력]으로 발음하지만, 비교적 최근에 생긴 단어 '공권력公權力'은 [공꿘녁]으로 발음하지요.

그런데 고유 명사나 외래어에서 'ㄴ' 뒤에 'ㄹ'이 올 때는 어떤 발음이 맞는지 정해져 있지 않아요. '신라면'은 [실라면]과 [신나면]이, 북유럽 국가 '핀란드 Finland'는 [필란드]와 [핀난드]가 모두 가능한 것이지요.

---

⑤ 구개음화口蓋音化

구개음화는 구개음이 아닌 소리가 구개음으로 바뀌는 현상일까요? 맞아요. 우리말에는 다양한 양상의 구개음화가 존재하는데요. 표준 발음으로 인정되는 동시에 음운 교체에 해당하는 구개음화는 치조음 'ㄷ, ㅌ'이 단모음 'ㅣ'나 반모음 'y' 앞에서 경구개음 'ㅈ, ㅊ'으로 바뀌는 현상을 가리킵니다. 말이 어렵지요? 예를 한번 들어 볼게요.

(가)	(나)
가을걷이[가을거디→가을거지] 끝이다[끄티다→끄치다]	곧이어[고디어] 끝일[끋닐→끈닐]

(가)는 방금 이야기한 구개음화의 예시예요. 그런데 (나)의 경우는 분명히 'ㄷ, ㅌ' 뒤에 모음 '이'가 왔는데도 구개음화가 일어나지 않았네요. 둘의 차이가 무엇일까요? 맞아요. (가)에서는 '이'로 시작하는 말이 형식 형태소(조사, 접사, 어미 등)인데요, (나)에서는 '이'로 시작하는 말이 실질 형태소네요. 즉, 구개음화가 일어나기 위해서는 'ㄷ, ㅌ' 뒤에 오는 '이'나 'y'가 형식 형태소의 일부분이어야 한다는 사실도 기억해 두세요.

⑥ 반모음화半母音化

반모음화는 모음 '이'나 '오/우'로 끝나는 용언 어간이 '아/어'로 시작하는 어미를 만날 때 반모음 'y'나 'w'로 바뀌는 현상을 말해요.

'이'로 끝나는 어간	'오/우'로 끝나는 어간
그리+어→[그려] 부시+어→[부셔]	돌보+아→[돌봐] 부수+어→[부숴]

'이+어 → 여', '오+아 → 와', '우+어 → 워'가 되는 반모음화는 얼핏 보아 2개의 모음이 하나로 축약되는 것 같지요? 그렇지만 '반모음'의 존재를 잊지 않고 있다면, 축약이 아니라 '단모음+단모음 → 반모음+단모음' 형식으로 음운이 교체되는 것임을 금방 깨달을 수 있어요.

그런데 반모음화는 필수적인 음운 교체 현상은 아니에요. 문장에서 그 말이 놓이는 위치, 그 말을 발음하는 사람 등 여러 조건에 따라서 반모음화를 적용하여 발음하기도 하고 원래대로 말하기도 한답니다.

2) 음운 탈락

① 자음군 단순화

자음군 단순화는 본래 '음절의 끝소리 규칙'에서 함께 다루어 왔던 음운 현상이에요. 음절의 끝소리 규칙은 크게 보아 '우리말 음절의 종성에서는 두 개 이상의 자음을 함께 발음할 수 없다'는 것인데요. 그런데 앞에서 살펴본 평파열음화가 음운의 교체 현상인 것과 달리, 자음군 단순화는 음절 종성에 오려는 자음 연속체(=자음군)에서 음운을 하나 탈락시키는 현상이에요. 교체와 탈락은 서로 확실히 다르지요.

우리말 받침 표기에 나타나는 자음군은 'ㄳ, ㄵ, ㄶ, ㄼ, ㄻ, ㄼ, ㄽ, ㄾ, ㄿ, ㅀ, ㅄ'이 있어요. 그런데 자음군 안에서 무엇이 탈락하고 무엇이 남아서 소리 나는지에 관한 일관된 규칙은 없어요. 게다가 'ㄺ, ㄼ, ㄿ'은 때에 따라 탈락하는 자음이 달라진답니다. 그럼 자음군 단순화 현상을 어떻게 기억할 수 있을까요? 우선은 여러분이 실제로 발음하는 언어 습관을 믿으세요. 만약 둘 중에 어떤 것을 탈락시켜야 하는지 헷갈릴 때는 그 단어를 국어사전에서 검색해 보세요. 이런 경험이 쌓이면 겹받침의 발음이 익숙해질 거예요.

+ 더 알아보아요!

우리말 음절에는 초성과 종성에 자음이 하나만 올 수 있나요? 네, 맞아요. 우리
말 음절에는 초성과 종성에 두 개 이상의 자음이 올 수 없어요. 그러나 음절 초
성과 종성에 두 개 이상의 자음이 올 수 있는 언어도 있어요. 여러분에게 익숙
한 영어가 바로 그 예랍니다.

- spring: 음절 초성에서 세 자음('spr')이 한꺼번에 발음됐어요.
- best: 음절 종성에서 두 자음('st')이 한꺼번에 발음됐어요.

영어 'spring'과 'best'는 각각 1음절인데요, 우리말처럼 발음할 경우 [스프링]
과 [베스트]로 각각 3음절이 되지요. 이로써 우리말은 음절 초성과 종성에서 자
음을 하나씩만 두고 발음함을 알 수 있어요.

② 자음 탈락('ㄹ' 탈락, 'ㅎ' 탈락)

자음 탈락에는 'ㄹ' 탈락과 'ㅎ' 탈락이 있어요.

첫째, 'ㄹ' 탈락은 'ㄴ, ㄷ, ㅅ, ㅈ' 앞에서 일어나는데, 두 가지 경우가 있어요.

'ㄹ' 뒤 자음	예시	설명
ㄴ, ㅅ	졸+는→[조:는] 울+시네→[우:시네]	– 용언 활용 과정에서 – 무조건 일어남.
ㄴ, ㄷ, ㅅ, ㅈ	아들+님→아드님 달+달+이→다달이 활+살→화살 바늘+질→바느질	– 단어(복합어) 형성 과정에서 – 무조건 일어나지는 않음. (예 아들+놈, 달+덩이, 활+시위, 바늘 +집…)

둘째, 'ㅎ' 탈락은 'ㅎ'으로 끝나는 용언 어간에 모음으로 시작하는 어미가 올 때 'ㅎ'이 탈락하는 현상이에요. '놓아[노아], 끓여[끄려], 쌓인[싸인]…' 등이 그 예지요.

③ 모음 탈락('으' 탈락, 동일 모음 탈락)

모음 탈락에는 '으' 탈락과 동일 모음 탈락이 있어요.

먼저 '으' 탈락은 '으'로 끝나는 용언 어간에 다른 모음으로 시작하는 어미가 올 때 '으'가 탈락하는 현상이에요. 그리고 동일 모음 탈락은 용언 어간과 어미가 결합할 때 같은 모음끼리 만나면 둘 중 하나가 탈락하는 현상이에요.

'으' 탈락	동일 모음 탈락
고프+아→고파, 잠그+았다→잠갔다 기쁘+어→기뻐, 슬프+었다→슬펐다	가+아라→가라, 벅차+아서→벅차서 서+어라→서라, 건너+어서→건너서

3) 음운 첨가

① 'ㄴ' 첨가

'ㄴ' 첨가는 두 말이 만나 복합어(파생어, 합성어)가 될 때, 앞말의 끝 자음과 뒷말의 첫 모음 '이'(또는 반모음 'y') 사이에 'ㄴ'이 첨가되는 현상이에요.

다음 표의 (가)에서 그 예시를 확인해 봅시다.

(가)	(나)
웬+일[웬닐], 꽃+잎[꼳입→꼳닙→꼰닙]	끝+인사[끄딘사]
부산+역[부산녁], 그럼+요[그럼뇨]	북+유럽[부규럽 / 북뉴럽→붕뉴럽]

그런데 'ㄴ' 첨가는 (가)와 같이 무조건 일어나지는 않아요. (나)에서처럼 'ㄴ' 첨가가 전혀 일어나지 않기도 하고, '북유럽'처럼 'ㄴ' 첨가가 일어난 발음과 그렇지 않은 발음이 공존하기도 해요.

+ 더 알아보아요!

'몇 월 며칠'에서, 왜 '며칠'은 '몇일'이 아닌가요? 이 질문은 '몇일'의 발음이 [며칠] 아니냐는 질문과도 일맥상통해요. 우리는 지금까지 배운 내용을 바탕으로 이 질문을 해결할 수 있답니다.

일단 합성어 '몇+일'이 존재한다고 가정합시다. '몇일'을 발음하기 위해서는 먼저 '몇'의 종성을 평파열음으로 교체하여 [면]을 만들고, 뒤에 [일]을 붙이겠지요. 그럼 일단 [며딜]이 되네요. 또한 [면] 뒤에 '일'이 오는 것은 'ㄴ' 첨가의 조건을 만족하므로 [면닐 → 면닐]도 가능해요. 즉, '몇일'의 발음은 [며딜] 혹은 [면닐]이에요.

그런데 우리가 찾는 발음은 [며칠]이지요? '몇일'이라는 표기는 [며칠]이라는 발음과는 거리가 멀어요. 따라서 [며칠]로 발음하려면 표기도 똑같이 '며칠'로 써야 해요.

②'ㄴㄴ' 첨가

'ㄴㄴ' 첨가는 두 말이 만나 합성어가 될 때 관찰되는데요. 예를 한번 살펴볼까요?

> 나무+잎 → [나무입→나문닙] → 나뭇잎
> 뒤+옆 → [뒤엽→뒨녑] → 뒷옆

이렇듯 'ㄴㄴ' 첨가는 모음으로 끝나는 말과 '이, y'로 시작하는 말이 붙어 합성어가 될 때 일어납니다. 그런데 'ㄴㄴ' 첨가는 '줄기+잎 → 줄기잎[줄기입]', '농사+일 → 농사일[농사일]'처럼 일어나지 않기도 해요.

+ 더 알아보아요!

'나뭇잎'의 'ㅅ'은 사이시옷 아닌가요? 맞아요. '사이시옷'이라는 말을 들어 본 친구들이 있을 거예요. 사이시옷은 '사잇소리 현상'이 일어났다는 표시로 넣는 것인데요. 'ㄴㄴ' 첨가에서 꼭 기억하고 넘어가야 할 것이 바로 '사잇소리 현상과 사이시옷 표시를 구분'하라는 것이에요.

사잇소리 현상은 경음화의 일부, 'ㄴ' 첨가, 'ㄴㄴ' 첨가를 모두 아우르는 광범위한 음운 현상이고요, 그중에 사이시옷을 표시할 때도 있는 것이랍니다. 다음 장에서 '어문 규범'을 다룰 때 다시 한번 확인해 보도록 해요.

---

4) 음운 축약

①자음 축약(유기음화)

두 개의 자음이 만나 하나의 자음으로 줄어드는 자음 축약 현상으로 유기음화有氣音化가 있어요. 평음 'ㄱ, ㄷ, ㅂ, ㅈ'이 그 앞이나 뒤에서 'ㅎ'과 만나서 각각 'ㅋ, ㅌ, ㅍ, ㅊ'으로 줄어드는 현상이에요.

유형	결과	예시
ㅎ + ㄱ =	ㅋ	좋고[조코]
ㅎ + ㄷ =	ㅌ	좋다[조타]
ㅎ + ㅈ =	ㅊ	좋지[조치]
ㄱ + ㅎ =	ㅋ	축하[추카]
ㄷ + ㅎ =	ㅌ	맏형[마텽]
ㅂ + ㅎ =	ㅍ	급하다[그파다]
ㅈ + ㅎ =	ㅊ	맺히다[매치다]

②모음 축약

두 개의 모음이 만나 하나의 모음으로 줄어드는 모음 축약은 다음과 같은 예가 있어요.

사이 → 새[새:], 아이 → 애[애:]
조이다 → 죄다[죄:다], 누이다 → 뉘다[뉘:다]

그런데 만약에 '조이다'를 '죄다[줴:다]'로 발음한다면, 이 경우는 모음 축약이 아니에요. 왜 그럴까요? '조이다'의 음운 개수는 'ㅈ, ㅗ, ㅣ, ㄷ, ㅏ'로 5개인데, [줴:다]의 음운 개수도 'ㅈ, w, ㅔ, ㄷ, ㅏ'로 5개이기 때문이에요. (여기서, 음의 길이는 일단 음운 개수에서 제외하고 계산해요.) 'ㅗ, ㅣ'를 'w, ㅔ'로 바꾼 꼴이니까요. '누이다'가 '뉘다'가 될 때도 '위'를 이중 모음으로 발음하면 'ㅜ'가 'w'로 바뀌는 음운 교체에 해당하겠군요.

이것만은 알아 두세요.

1. 교체: 한 음운이 다른 음운으로 바뀌는 현상(음절의 끝소리 규칙(평파열음화), 경음화, 비
   음화, 유음화, 구개음화, 반모음화)

2. 탈락: 한 음운이 없어지는 현상(자음 탈락(자음군 단순화), 'ㄹ' 탈락, 'ㅎ' 탈락)

3. 첨가: 한 음운이 추가로 하나 더 생기는 현상(ㄴ 첨가, ㄴㄴ 첨가)

4. 축약: 두 음운이 제3의 음운으로 합쳐지는 현상(자음 축약(유기음화), 모음 축약)

풀어 볼까? 문제!

1. 다음 밑줄 친 말의 발음을 쓰고, 공통적으로 찾아볼 수 있는 음운 현상의 발생 이유를 설명해 보세요.

'국물 한 그릇만 더 주세요.'

Part 5. 자랑스러운 우리말

서현아, 우리가 지금 쓰고 있는 한글은 세종 대왕이 만들었잖아.

서현

그렇지. 15세기에 세종 대왕이 훈민정음을 만들었다고 선생님께서 말씀하셨어.

근데, 궁금한 게 그럼 훈민정음을 만들기 전에 우리나라는 어떤 말을 썼을까?

서현

음, 그렇네. 아마 그 당시에는 중국의 영향력이 컸을 때니까 중국어를 쓰지 않았을까?

그러면 세종 대왕은 할아버지인 태조 이성계랑 다른 말을 사용했다는 거야? 할아버지와 손자가 대화를 안 할 수는 없었을 테고.

서현

그러고 보니 그렇네. 태조는 중국어를 쓰고 세종은 우리말을 쓰면 대화가 불가능했겠네.

도대체 뭐가 뭔지 도통 모르겠어.

서현

그럼 우리 같이 훈민정음에 대해 조사해 보자.

그래, 좋은 생각이야. 훈민정음이 어떻게 만들어졌는지를 알아보면 내가 말한 궁금증도 해결할 수 있겠지.

1. 한글이 없던 시절에는 어떻게 글을 썼을까?

훈민정음은 1443년에 만들어져 1446년에 반포되었다고 해요. 15세기 중엽의 일이지요. 그럼 훈민정음이 창제되기 전에 우리나라 사람들은 어떤 말을 썼을까요? 한언이와 서현이의 대화처럼 정말로 중국어를 썼을까요? 결론부터 말하면 훈민정음 창제 이전에 우리 민족은 '우리말'을 썼어요. 시대의 명칭을 활용해 말하면 '조선 말'을 썼겠지요. 그 이전에는 '고려 말'을 썼을 것이고, 더 이전에는 '신라 말', '고구려 말', '백제 말', '고조선 말'을 썼을 것입니다. 이 말들은 모두 국가의 이름을 붙여 부른 것뿐이고, 모두 '우리말'이라는 공통점이 있어요. 이 땅에 한민족이 발붙이고 산 이래로 지금까지 '우리말'을 쓰고 있었다고 생각하면 돼요. 물론 언어는 역사성이 있어 쉴 새 없이 바뀌기 때문에 우리가 지금 사용하고 있는 한국어와는 다소 다를 수 있지만, 본질 면에서는 큰 차이가 없는 같은 말이라고 봐야 해요.

그럼 세종 대왕이 만든 훈민정음은 무엇일까요? 그건 바로 '문자'입니다. 다시 말해 음성 언어로서의 우리말은 늘 존재해 왔지만 훈민정음 창제 이전에는 안타깝게도 이 음성을 표기할 문자가 없었던 것이지요. 그리고 문자가 없었기 때문에 겪었던 불편함을 해결하고자 세종 대왕은 우리말을 적을 수 있는 고유의 문자인 '훈민정음'을 창제한 거예요. 세종 대왕이 아무리 훌륭한 업적을 남겼다고 하더라도 '우리말'을 만든 것은 아닌 거예요. '우리 문자'를 만든 것이지요. 이제 '우리말'과 '우리 문자'를 꼭 구별하기로 해요.

1) 문자의 특징

언어는 크게 음성 언어와 문자 언어로 나뉠 수 있어요. 이 중 문자란 언어를 기록하는 데 사용하는 시각적 기호 체계를 말해요. 음성 언어의 한계를 극복하기 위해 인간이 고안해 낸 기호인 셈이지요. 음성 언어는 시간적·공간적 제약이 심해요. '쌀은 쏟고 주워도 말은 하고 못 줍는다.'라는 속담이 있어요. 한번 뱉은 말은 곧 사라지기 때문에 잘못 말했다고 고칠 수 없으니 말을 할 때는 신중하라는 의미이지요. 시간적 제약이란 음성 언어는 한번 내뱉고 나면 곧 사라지는 것을 의미해요. 현대에는 녹음기와 같은 기기가 있어 소리를 저장해 오랫동안 보관하고 다시 들을 수 있어요. 하지만 과거에는 그럴 수 없었겠지요. 또한 음성 언어는 공간적 제약이 있어 같은 장소에 있는 사람에게만 의미를 전할 수 있어요. 다른 공간에 있는 사람이나 후대의 사람에게는 지금, 여기서 말한 것을 들려줄 수 없어요.

반면에 문자는 음성 언어의 시간적·공간적 제약을 극복하게 해 줘요. 말한 내용을 글로 적으면 지금, 여기에 있지 않은 사람에게도 그 내용을 전할 수 있어요. 특히 문자를 이용해 지식을 책으로 펴내면 후대에까지 지식을 전수할 수 있어요. 이것이 문자가 문화 발전에 이바지한다고 말하는 이유예요.

문자는 표현하고자 하는 것이 무엇인지에 따라 표의 문자와 표음 문자로 나뉘어요. 표의 문자表意文字란 하나의 글자가 의미를 표현하는 문자를 말해요.

'표의表意'라는 말은 '뜻을 표현한다'는 뜻이에요. 주로 사물의 모양을 본뜨거나 그림으로 그려서 만든 글자가 뜻을 표현해요. 중국의 한자가 대표적이에요.

냇물이 흐르는 모양을 본떠 만든 한자

'川(천)'이라는 글자는 냇물이 흐르는 모양을 본떠서 만든 글자로 '냇물'이라는 의미를 가지고 있어요. 하나의 글자가 뜻을 표현하는 예이지요. 이처럼 문자의 초기에는 사물의 모양을 본뜨는 방식으로 음성을 보완해 문자를 사용했어요. 이것만 해도 대단한 발명이지요.

그런데 표의 문자는 결정적인 단점이 있었어요. 표현하고자 하는 사물의 수가 많아질수록 문자의 수도 따라서 많아지다 보니 글자의 수가 많아져서 배우고 익히기 어렵다는 게 문제였어요.

표음 문자는 표의 문자의 단점을 극복할 수 있게 해 주었어요. 표음 문자表音文字는 의미와 상관없이 소리를 표현하는 문자예요. '표음表音'이라는 말은 '소리를 표현한다'는 뜻이에요. 표음 문자의 대표적인 예는 영어의 알파벳, 일본어의 가나, 한국어의 한글 등이 있어요. 이 중 일본어의 가나는 표음 문자 중에서도 음절 문자音節文字에 해당해요. 소리를 표현하긴 하는데, 하나의 문자가 하나의 음절을 표기하는 것이지요. 음절 문자는 일본어처럼 음절의 구조가 단순한 언어를 표현하는 데에는 적절해요. 일본어는 원칙적으로 음절의 끝소리에 자음이 오지 못해요. 우리말을 기준으로 이해하면 받침이 없는 음절이 대부분이란 의미예요.

반면 우리말은 음절의 끝에 자음이 오는 경우가 많아요. 받침이 있는 것이 어쩌면 당연하게 여겨질 정도로 흔하다는 말이지요. 결과적으로 우리말의 음절은 첫소리에 자음, 가운뎃소리에 모음, 끝소리에 자음으로 이루어지기 때문에 음절이 복잡할 수밖에 없어요. 음절 문자로 우리말을 표기하는 데에는 한계가 있지요. 그래서 우리말을 적을 때에는 하나의 음절을 이루는 구성 요소, 즉 음운으로 나누어서 소리를 적는 것이 더 경제적이에요.

음운音韻은 음소音素와 운소韻素의 줄임말이에요. 음소는 자음과 모음을 말하는 것이고, 운소는 소리의 길이, 높낮이, 강세 등을 의미해요. 한글은 자음, 모음 같은 음소의 결합으로 음절을 만들기 때문에 음소 문자에 해당해요. 물론 영어의 알파벳도 자음과 모음으로 이루어져 있으니 음소 문자이고요. 문자의 종류를 정리하면 다음과 같아요.

문자의 종류		
표의 문자 예 한자	표음 문자	
	음절 문자 예 가나	음소 문자 예 한글, 알파벳

문자의 역사를 살펴보면 표의 문자에서 표음 문자로 발달해 왔어요. 사실 알파벳도 지금은 표음 문자로 분류되지만, 그 기원을 따져 보면 표의 문자에서 시작되었지요. 원래는 뜻을 표현하던 문자였는데, 의미는 버리고 소리만 따와서 현재의 모습을 갖게 되었답니다. 이런 점에서 우리의 한글은 처음부터

음소 문자로 만들어졌다는 점이 중요한 특징이에요. 각 나라의 언어는 우열을 가릴 수 없지만, 그 언어를 표기하는 문자는 달라요. 표의 문자보다 표음 문자가 더 발달된 단계의 문자이며, 같은 표음 문자라 하더라도 음절 문자보다 음소 문자가 더 발달된 문자라고 말할 수 있어요.

2) 차자 표기

훈민정음이 창제되기 전에는 글로 기록을 남기기 위해 한문을 사용하였어요. 한반도에 중국의 한자가 전래된 시기를 기원전 2세기로 추정하는데, 삼국 시대 무렵 한문이 본격적으로 사용되었다고 해요. 한자는 글자의 이름이고 한문은 한자를 이용해 쓴 글을 뜻해요. 한문을 사용하려면 한자를 읽고 쓸 수 있는 것을 넘어 중국어의 문장 구조를 이해할 수 있어야 해요.

그렇기 때문에 일반 백성들은 한문을 사용하여 문자로 의사소통하는 것이 불가능했어요. 한자 자체도 글자 수가 많아 배우기 어려운데, 그걸 중국어의 형식으로 문장을 쓰기란 거의 불가능한 일이었지요. 사회가 복잡해질수록 문자의 필요성은 높아지는데, 우리 민족이 알고 있는 문자는 그나마 한자밖에 없었지요. 결국 우리말을 적기 위해 한자를 활용한 표기법을 만들었고, 그것이 바로 차자 표기예요.

차자 표기借字表記는 다른 나라의 글자, 즉 한자를 빌려 우리말을 표기하는 것을 말해요. 한자는 뜻과 소리로 이루어져 있어요. '天(천)'은 '하늘'이라는 뜻과 '천'이라는 소리로 이루어진 글자이지요. 그래서 한자를 익힐 때 이 두 가지를 반영해서 '하늘 천'이라고 소리를 내며 익히는 거예요.

한자가 뜻과 소리로 이루어져 있다 보니 차자借字, 즉 글자를 빌리는 방식도 두 가지예요. 하나는 뜻을 빌리는 방식이고 다른 하나는 소리를 빌리는 방식이지요. 뜻을 한자로 '훈訓'이라고 하고 소리를 한자로 '음音'이라고 해요. 그래서 한자를 빌려 쓰되, 뜻을 빌리는 방식을 '훈차訓借'라고 하고 소리를 빌리는 방식을 '음차音借'라고 불러요.

天	하늘 → 뜻(훈) → 훈차
	천 → 소리(음) → 음차

우리말을 적기 위해 사용한 차자 표기에는 이두와 향찰, 구결이 있어요. 이들의 공통점은 모두 한자를 활용해 우리말을 표기했다는 거예요. 반면 차이점은 사용하는 계층이나 활용 방법이 조금 다르다는 것이지요.

① 이두吏讀

이두는 하급 관리들인 이서吏胥 계층이 주로 쓴 데서 유래된 명칭이에요. 이두는 한자를 사용하긴 했지만 한문은 아니에요. 다시 말해 한문을 쓰는 중국인들은 이두를 읽지 못해요. 왜냐하면 이두는 한자를 우리말 어순을 바탕으로 썼기 때문이지요.

임신서기석壬申誓記石은 이두를 사용하여 기록한 대표적인 예예요. 1934년 경주에서 발견된 이 돌에는 모두 74자가 새겨져 있는데, 신라의 두 화랑이 임신년에 맹세한 내용을 담고 있어요. 임신년이 언제인지는 정확히 밝혀지진 않았지만, 글자의 모양이나 글의 내용을 고려해 볼 때 552년(진흥왕 13년)이나 612년(진평왕 34년)으로 추정할 뿐이에요. 주요 내용은 신라의 두 청년이 나라에 충성할 것을 하늘에 맹세하고, 유교 경전 학습에 매진할 것을 맹세한 내용이에요. 다음은 임신서기석의 사진과 거기에 새겨져 있는 글의 내용이에요.

임신서기석
사진 출처_국립경주박물관

임신년 6월 16일에 두 사람이 함께 맹세해 기록한다. 하늘 앞에 맹세한다. 지금부터 3년 이후에 충도를 집지하고 허물이 없기를 맹세한다. 만일 이 서약을 어기면 하늘에 큰 죄를 짓는 것이라고 맹세한다. 만일 나라가 편안하지 않고 크게 세상이 어지러워지면 모름지기 충도를 행할 것을 맹세한다. 또한 따로 앞서 신미년 7월 22일에 크게 맹세하였다. 즉, 시·상서·예기·전을 차례대로 습득하기를 맹세하되 3년으로 하였다.

돌에 새겨진 글을 분석해 보면 한문의 어순과 다른 부분이 보여요. 우리말의 어순을 따랐기 때문이지요. 대표적인 표현은 다음과 같아요.

구분	이두식 표현	한문 표현
원문	今自三年 금자삼년	自今三年 자금삼년
해석	이제부터 삼 년	

한자나 한문에 익숙하지 않은 학생이더라도 이해하는 데에는 크게 어려움이 없을 거예요. '이제부터 삼 년'을 한문으로 표현하면 '自今三年(자금삼년)'이라고 써야 해요. '자自'는 '부터'라는 뜻을 가지고 있고, '금今'은 '이제, 지금'이라는 뜻을 가지고 있어요. '삼년三年'은 '삼 년'이라는 뜻이고요.

그런데 임신서기석의 이두식 표현을 보면, 한문 표현의 '자自' 자와 '금今' 자의 순서가 바뀌어 있어요. 중국어와 우리말의 어순이 다르기 때문이에요. 중국어의 어순은 '자自' 자가 앞에 있어야 하지만, 우리말의 조사 '부터'는 명사 '이제'의 뒤에 붙어야 해요.

이처럼 이두는 한자를 활용해 우리말을 적은 차자 표기예요. 한문을 능숙하게 구사하지 못하더라도 한자만 알면 사용할 수 있었지요. 이두는 가장 오래된 차자 표기법으로 조선 후기까지도 사용되었다고 해요.

② 향찰鄕札

향찰은 신라 시대의 노래인 향가鄕歌를 표기할 때 사용된 것이에요. 한자의 음과 뜻을 활용하여 국어의 어순에 따라 조사와 어미도 표현할 수 있었지요. 이두와 같은 차자 표기는 글의 내용을 전달하는 데에는 비교적 큰 문제가 없었어요. 하지만 노래는 달랐지요. 노래는 순수하게 우리말로 부르는 것이었고, 내용만이 아니라 운율과 같은 형식도 중요했어요. 우리말은 조사와 어미가 발달했기 때문에 어떤 조사와 어미를 사용하느냐에 따라 말맛도 달라졌어요. 향찰은 이런 점을 고려하여 우리의 노래를 표기하는 방식이었어요.

향찰은 개념을 나타내는 부분은 한자의 뜻을 살려 표기하고 조사나 어미와 같은 부분은 한자의 소리를 빌려 표기하였어요. 다시 말해 실질 형태소는 훈차로 형식 형태소는 음차로 표현하였지요.

예를 들어 '夜音(야음)'이라 써 놓고 '밤'이라고 읽는 거예요. '야음'은 '밤을 의미하는 야夜' 자와 '소리를 의미하는 음音' 자로 이루어져 있는데, '밤의 소리'로 해석되지 않아요. 夜(야) 자의 뜻을 빌려 훈차하고, 音(음) 자의 끝소리인 'ㅁ'을 빌려 '밤'의 끝소리인 'ㅁ'을 보충해 주는 것이지요. 즉 음차하는 글자 音(음)은 한자의 의미인 '소리'와는 전혀 관계가 없다는 말이에요.

夜	音	
밤 야	소리 음	→ 밤
훈차	음차	

서동요薯童謠는 백제 30대 왕인 무왕이 신라 진평왕의 딸 선화 공주를 아내로 삼기 위해 지었다는 향가예요. 향찰로 쓰인 대표적인 노래지요. 이 노래의 첫 부분은 다음과 같아요.

표기	읽기
善 化 公 主 主 隱	선화공주님은
선 화 공 주 주 은	

'선화'는 공주의 이름이에요. '공주'는 왕의 딸을 말하는 명사이지요. 그래서 '선화 공주'는 그대로 '선화 공주'라고 읽고 해석하면 돼요. 그런데 문제는 그 뒤에 있는 두 글자예요. '主(주)' 자는 '주인'이라는 의미와 함께 '임금'이나 '님' 등의 의미로도 쓰여요. 여기서는 이러한 의미를 훈차하여 '선화 공주'를 높이는 '님'의 의미로 쓰였어요.

'隱(은)'은 '숨다'라는 의미가 있어요. 하지만 여기서는 '숨다'라는 의미와는 전혀 상관없이 한자의 소리만 빌려 음차하여 조사 '은'을 표기하기 위해 사용되었어요. 그래서 서동요의 첫 구절은 '선화 공주님은'이라고 읽을 수 있도록 한 거예요.

③ 구결口訣

구결은 한문으로 된 문장을 읽고 해석할 때 도움을 주기 위해 한문 구절 아래 달아 놓은 토를 말해요. 우리나라 사람은 한문의 문장 구조에 익숙하지 않아 한문을 읽고 해석하기 어려워했어요. 그래서 한문을 좀 더 쉽게 읽고 해석할 수 있도록 한문 구절에 조사나 어미를 붙여 주었던 거예요.

> 구결문: 學而時習之面 不亦悅乎牙
>
> 읽기: 학이시습지면 불역열호아
>
> 해석: 배우고 때때로 배운 것을 익히면 또한 기쁘지 아니한가

논어의 첫 구절에 구결 표기가 되어 있는 문장이에요. '面(면)'과 '牙(아)'는 논어의 원문에는 없는 글자예요. 우리말의 어미에 해당하는 말이기 때문이에요. 그런데 이런 글자를 넣어 읽으면 한문 문장이 훨씬 잘 읽히고, 해석하기도 쉬워져요. 조사나 어미가 드러나면 문장 성분의 역할이나 문장의 논리 관계가 더 잘 드러나기 때문이에요.

구결에 사용된 한자는 주로 음차의 방식을 활용해요. '面(면)'은 '얼굴'을 의미하는데, 구결로 쓰일 때는 '얼굴'이라는 의미가 전혀 없어요. 그냥 '~하면'의 '~면'으로 읽는 거예요. '牙(아)'도 마찬가지예요. 글자의 뜻인 '어금니'라는 뜻은 전혀 없고, 그냥 의문형 어미를 표현하기 위해 '아'의 소리만 빌렸어요. 이러한 구결 표현은 나중에 한글이 보급되면서 한글이 그 자리를 차지하게 돼요.

이처럼 훈민정음 창제 이전에도 이두, 향찰, 구결 등 차자 표기법을 이용해 우리말을 적기 위해 노력했어요. 하지만 한자나 한문, 그리고 차자 표기는 우

리말을 적는 데에는 한계가 컸어요. 온전히 우리말을 적기 위한 표기 체계가 아니었기 때문이에요.

이것만은 알아 두세요.

---

1. 문자: 언어를 기록하는 데 사용되는 시각적 기호 체계

   음성 언어가 가지고 있는 시간적·공간적 제약을 극복하게 해 줌.

2. 문자의 종류

문자의 종류		
표의 문자 예 한자	표음 문자	
	음절 문자 예 가나	음소 문자 예 한글, 알파벳

3. 차자 표기借字表記: 한글이 없던 시절 한자를 빌려 우리말을 표기하는 방식

4. 차자 표기의 방식: 한자의 뜻을 빌리는 '훈차'와 한자의 소리를 빌리는 '음차'

5. 차자 표기의 종류: 이두, 향찰, 구결

1. 문자는 음성 언어가 가지고 있는 [   ] 제약과 [   ] 제약을 극복하게 해 준다.

2. 문자의 종류와 뜻입니다. 바르게 짝지어 보세요.

　① 표의 문자　　　　　　　㉠ 음절을 이루는 음소를 표기하는 문자

　② 표음 문자　　　　　　　㉡ 하나의 글자가 의미를 표현하는 문자

　③ 음절 문자　　　　　　　㉢ 하나의 문자가 하나의 음절을 표기하는 문자

　④ 음소 문자　　　　　　　㉣ 의미와 상관없이 소리를 표현하는 문자

3. [   ]은/는 한글이 없던 시절 한자를 빌려 우리말을 표기하는 방식이다.

정답

1. 시간적, 공간적

2. ①-㉡ / ②-㉣ / ③-㉢ / ④-㉠

3. 차자 표기

2. 훈민정음 창제되다!

훈민정음이 창제되기 전까지 우리 민족은 말과 그것을 기록하는 글이 서로 다른 이중적인 언어생활을 했어요. 한문이나 차자 표기 등을 이용해 말한 내용을 기록할 수는 있었지만, 우리말을 온전히 기록하는 데에는 한계가 컸지요. 말과 글이 일치하지 않는 생활을 했다는 거예요. 게다가 한자나 한문은 배우고 익히기 어려워 그나마도 문자의 혜택을 누릴 수 있는 계층은 교육을 받을 수 있는 일부 상류층뿐이었어요. 일반 백성들은 문자 생활과는 거리가 멀 수밖에 없었어요.

글을 모르는 백성들은 자신의 생각을 글로 전할 수 없어 답답해했지요. 유교적 질서를 중시하는 조선에서는 백성들이 글을 모르기 때문에 인륜을 어긴다고 생각했어요. 세종 대왕은 이를 안타깝게 여기고 우리말을 온전히 기록할 수 있는 문자를 창제하는 데에까지 이르게 됩니다.

1) 훈민정음 창제의 의의

'훈민정음訓民正音'은 '백성을 가르치는 바른 소리'라는 뜻이에요. 이름에서부터 창제 목적을 분명히 한 것이지요. 문자 생활을 누리지 못하고 있는 백성들을 위하여 만들었으며, 우리의 말소리를 바로 하기 위한 것이 훈민정음의 창제 목적이에요.

'훈민정음'은 두 가지 의미로 사용돼요. 하나는 우리가 잘 알고 있는 문자 이름으로서의 '훈민정음'이에요. 현재 사용하고 있는 문자의 이름인 '한글'은 20세기 초 국어학자 주시경이 붙인 이름이라고 알려져 있어요. '훈민정음'의 다른 의미는 바로 문자를 만들고 창제 원리를 해설해 놓은 책인 '훈민정음' 해례본을 줄여서 '훈민정음'이라고 불러요.

훈민정음 해례본의 처음 부분에는 훈민정음을 만든 목적을 구체적으로 설명해 놓고 있어요. 그런데 훈민정음 해례본은 한문으로 되어 있어요. 아마도 사대부를 비롯한 지식인 계층이 책을 읽을 수 있기 때문이었을 것으로 추측돼요. 그 내용을 우리말로 풀이해 놓은 것이 훈민정음 언해본이에요. '언해諺解'라는 말의 '언諺'은 우리말을 가리키고, '해解'라는 말은 풀이한다는 뜻이에요. 다음은 훈민정음 언해본에 있는 머릿말의 훈민정음 표기 부분만 따온 거예요.

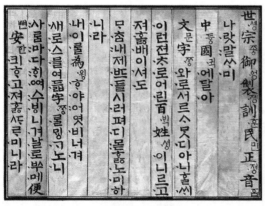

훈민정음 언해본

훈민정음 해례본
출처_디지털한국박물관

우리가 아는 문자로 적혀 있긴 한데, 한자도 섞여 있고 지금은 쓰지 않는 문자도 있어 읽기는 어렵지요? 이 글의 내용을 현대어로 바꾸어 보면 다음과 같아요.

우리나라말이 중국말과는 달라 한자와 잘 통하지 않는다. 그래서 글을 모르는 백성이 말할 게 있어도, 제 뜻을 제대로 펼치지 못하는 경우가 많다. 내가 이러한 사실을 가엾게 여겨서 새로 스물여덟 자를 만들었으니, 쉽게 익혀서 날마다 쓰는 데 편안하게 하고자 할 따름이다.

훈민정음의 창제 원리 및 글자 사용 방법을 설명하고 있는 책 '훈민정음'의 서문이에요. 세종 대왕이 직접 썼다고 해요. 그러니 '내가'는 세종 대왕 자신인 것이지요.

첫 문장이 매우 선언적이에요. 우리나라의 말이 중국말과 다르기 때문에 한자로 표현하는 것이 어렵다는 말이에요. 다시 말해 한자는 중국어를 적기에는 충분할지 모르나 우리말을 적기에는 부족함이 많다는 뜻이에요. 이렇듯 세종 대왕은 당시에 한자를 사용해 글을 표현하는 것이 적절하지 않다는 것을 아주 분명하게 강조하고 있어요. 이는 곧 훈민정음을 만든 목적이 우리말을 표기할 수 있는 우리만의 문자가 필요하다고 생각했기 때문이라는 것을 알 수 있어요. 그래서 이 부분을 자주自主 정신이 드러난 부분이라고 이야기한답니다. 자주自主는 스스로 주인이 된다는 의미로, 남의 도움이나 간섭을 받지 않고 스스로 자기 일을 처리하는 것을 뜻해요. 훈민정음 창제는 바로 주체적이고 자주적인 정신에서 비롯된 것이지요.

두 번째 문장에서는 우리말을 표기할 문자가 없어서 발생하는 문제를 지적하고 있어요. 글을 몰라 자기의 생각을 글로 표현할 수 없는 백성들이 많다는 것이에요. 특히 이러한 현실에 대해 세종 대왕은 직접 가엾게 여긴다고 말하고 있어요. 그만큼 백성들을 사랑하는 마음이 강했던 것이지요. 세종 대왕이 백성을 사랑하는 마음인 애민愛民 정신이 얼마나 컸는지 짐작할 수 있지요.

마지막 문장에서는 훈민정음을 창제한 뒤, 변화될 사회의 모습을 그리고 있어요. 모든 사람들이 글자를 익혀 생활하는 데 편안하게 되기를 바라는 마음이 담겨 있어요. 문자를 사용함으로써 생활의 편의를 도모하고자 하는 마음은 바로 실용實用 정신이에요.

훈민정음 서문에 나온 세종 대왕의 말을 살펴보면서, 훈민정음 창제가 지니는 의의를 살펴보았어요. 이는 세 가지로 요약할 수 있는데, 자주 정신, 애민 정신, 실용 정신이라 할 수 있어요. 이제는 훈민정음이 어떤 원리로 만들어졌는지 함께 살펴보기로 해요.

2) 제자制字 원리

훈민정음은 세종 대왕과 집현전 학사들이 오랜 기간 연구해 만든 문자예요. 그리고 훈민정음 해례본의 제자해制字解 부분에서는 문자를 만든 원리, 즉 제자制字 원리를 자세히 설명해 두었어요. 훈민정음은 당시 중국의 음운학인 성운학을 연구하고 이를 참고하여 만들어졌는데, 가장 특징적인 것은 중국의 음절 분석 방식과 다르게 우리말에 적합한 음절 구조를 주체적으로 분석해 냈다는 점이에요. 중국어를 바탕으로 한 성운학에서는 하나의 음절이 성모와 운모로 나뉜다고 보고 있어요. '별'이라는 음절을 예로 들면, '별'은 'ㅂ'과 'ㅕㄹ'의 두 부분으로 나뉜다는 거예요. 하지만 세종 대왕은 이렇게 우리 음절을 나누는 것은 부적절하다고 생각했어요. 그래서 현재 우리가 당연하게 여기는 음절 구조인 '자음+모음+자음'의 세 부분으로 나누고 있어요. 즉 '별'이라는 음절은 'ㅂ+ㅕ+ㄹ'로 이루어진 것이지요. 그리고 각각을 초성과 중성, 종성이라고 이름 지었어요. 초성初聲은 음절의 처음에 오는 소리, 중성中聲은 가운데에 오는 소리, 종성終聲은 끝에 오는 소리라는 의미랍니다. 이는 아주 뛰어난 생각이었어요.

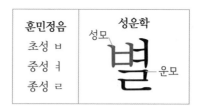

훈민정음의 음절 분석

이렇게 두고 볼 때, 결국 우리말의 음절에서 초성과 종성에는 모두 자음이 오게 돼요. 그에 따라 초성에 오는 자음만 만들면, 종성에도 이 자음을 활용하기만 하면 되지요. 이를 종성부용초성終聲復用初聲이라고 해요. 종성 자리에는 초성을 다시 사용한다는 뜻이에요. 이제부터는 초성과 중성, 즉 자음과 모음을 어떻게 만들었는지 제자해의 내용을 중심으로 살펴볼 거예요.

① 초성의 제자 원리

초성의 제자 원리는 상형象形과 가획加劃을 기본으로 하고 있어요. 상형象形이란 말은 사물의 모양을 본뜬다는 말이에요. '상형 문자'라고 할 때 그 '상형'과 같은 말이에요. 그렇다면 훈민정음은 어떤 사물의 모양을 본떴을까요? 바로 소리가 나오는 발음 기관의 모양을 본떠서 만들었어요. 소리를 표현하는 문자를 만드는 데에 소리가 나오는 발음 기관을 활용하자는 생각은 아주 합리적이고 과학적인 생각이었어요.

중국의 성운학에서는 전통적으로 자음의 발음 기관을 아음牙音, 설음舌音, 순음脣音, 치음齒音, 후음喉音의 다섯 가지로 나누고 있어요. 한자어를 우리말로 풀이해 보면 어금닛소리, 혓소리, 입술소리, 잇소리, 목구멍소리라고 할 수 있지요. 모두 주요 발음 기관인 입에 있는 신체 부위예요. 그리고 자음이 발음 기관의 모양을 어떻게 본떴는지를 실명하고 있어요. 이를 따라 훈민정음의 기본자인 다섯 글자가 만들어졌지요.

기본자	발음 기관 모양	조음 위치	해설
ㄱ		어금닛소리	혀뿌리가 목구멍을 막는 꼴을 본뜸.
ㄴ		혓소리	혀가 윗잇몸에 붙는 모습을 본뜸.
ㅁ		입술 소리	입의 네모난 모양
ㅅ		잇소리	이의 뾰족한 모양

ㅇ		목구멍소리	목구멍의 둥근 모양

이렇게 기본자 다섯 개를 만든 뒤 가획加劃의 원리로 다른 자음을 만들었어요. 가획加劃은 만들어진 글자에 획을 더한다는 뜻이에요. 이렇게 가획의 원리로 만들어진 글자를 가획자라고 합니다. 훈민정음 해례본에는 획을 더하는 의미를 설명해 놓고 있어요. 기본자에 획을 더하면, 소리 나는 위치는 같지만 소리가 더 세진다고 설명하고 있어요. 예를 들어 어금닛소리인 'ㄱ'에 획을 더하면 'ㅋ'이 되는데, 현대 음운론의 기준으로 보면 예사 소리 'ㄱ'이 거센 소리 'ㅋ'이 되는 과정을 보이는 거예요. 이렇듯 같은 위치에서 나는 소리들을 비슷한 모양의 문자로 만들었기 때문에 쉽게 배우고 쓸 수 있었어요.

상형과 가획의 원리로 만들어진 글자 이외에 이체자異體字라고 불리는 글자가 있어요. 이체異體는 모양이 다르다는 뜻으로, 여기에는 상형의 원리로 만든 글자에 획을 더했지만 소리가 더 세지지는 않았다는 뜻으로 해석할 수 있어요. 'ㆁ(옛이응)', 'ㄹ(반설음)', 'ㅿ(반치음)'의 세 글자가 여기에 해당해요. 'ㆁ(옛이응)'은 주로 받침에 쓰이는 [ㅇ] 소리를 적을 때 쓰였는데, 우리가 지금 사용하고 있는 'ㅇ'의 옛날 모습이라고 해서 '옛이응'이라 부르기도 하고, 'ㅇ' 위에 꼭지처럼 세로 획을 그어 놓았기 때문에 '꼭지이응'이라는 애칭으로 부르기도 해요. 훈민정음 창제 당시에는 'ㅇ'과 'ㆁ'의 사용 환경이 달랐어요. 물론 지금은 초성이든 종성이든 모두 'ㅇ'만을 사용하지요.

'ㄹ'은 '반설음半舌音'이라고 불렀는데, 혓소리인 것은 맞지만 획을 더해 소리를 거세게 표현한 뜻은 없다고 말하고 있어요. 'ㅿ'은 '반치음半齒音'이라고 하는데,

잇소리와 관련된 소리임을 말하고 있어요. 세종 대왕이 새로 28자를 만들었다고 하는데, 앞에서 살펴본 17자가 자음 17자에 해당해요. 기본자 5자와 가획자 9자, 그리고 이체자 3자이지요.

기본자(5자)	가획(9자)	이체(3자)	병서	연서
ㄱ	ㅋ	ㆁ	ㄲ	
ㄴ	ㄷ ㅌ	ㄹ	ㄸ	
ㅁ	ㅂ ㅍ		ㅃ	ㅱ ㅸ ㆄ
ㅅ	ㅈ ㅊ	ㅿ	ㅆ ㅉ	
ㅇ	ㆆ ㅎ		ㆅ	

이 밖에 다른 자음자들은 '병서竝書'와 '연서連書'의 방식으로 글자를 만들어 사용했어요. '병서'는 글자를 나란히 쓴다는 의미인데, 'ㄱ, ㄷ, ㅂ, ㅅ, ㅈ, ㅎ' 등을 나란히 써서 'ㄲ, ㄸ, ㅃ, ㅆ, ㅉ, ㆅ'과 같은 글자를 만들었어요. 현대의 용어로 된소리라고 부르는 거예요.

연서連書는 연달아 이어서 쓴다는 뜻인데, 자음을 연서할 때에는 입술 소리에 해당하는 'ㅁ, ㅂ, ㅍ'의 아래에 'ㅇ'을 붙여서 'ㅱ, ㅸ, ㆄ'과 같이 적었어요. 이를 순경음脣輕音이라 부르는데, 입술이 가벼운 소리로서 입술이 서로 살짝 닿았다가 나는 소리라는 뜻이에요. 'ㅸ'은 '순경음 비읍'이라고 부르는데, 순경음 중에 실제로 국어를 표기하는 데에는 'ㅸ'만 사용되었어요. 나머지는 한자음을 표기할 때에 활용되었는데, 그마저도 오래지 않아 쓰이지 않게 되었어요.

② 중성의 제자 원리

중성에 사용되는 모음의 제자 원리도 초성의 자음과 마찬가지로 상형을 기반으로 하고 있어요. 초성이 구체적인 발음 기관의 모양을 상형한 것에 비해, 중성은 추상적인 대상인 천지인天地人 삼재三才를 본떠 만들었습니다. 성리학에서는 삼재를 우주와 인간 세계를 이루는 기본 구성 요소로 여기고, 삼재가 움직여 만물을 만들어 낸다고 설명하고 있어요. 중성, 즉 모음이 음절을 이루는 데에 꼭 필요한 음운임을 떠올려 보면, 꽤나 설득력이 있는 생각이에요. 훈민정음의 '중성해中聲解'에서는 중성이 음절의 가운데에 있어서 초성과 종성을 합하여 음절을 이룬다고 말하고 있어요.

천지인天地人은 각각 하늘과 땅과 사람을 의미합니다. 당시 사람들은 하늘은 둥글다고 여겼어요. 그래서 하늘의 둥근 모양을 취해 'ㆍ'(아래아)를 만들었지요. 훈민정음 창제 당시 글자의 모양은 더 둥근 모양으로 점과 같은 모양이었어요. 땅의 모양의 평평함을 본떠 'ㅡ'를 만들고, 마지막으로 하늘과 땅 사이에 사람이 서 있는 모양을 본떠 'ㅣ'를 만들었습니다. 천지인의 모양을 본떠 만든 'ㆍ, ㅡ, ㅣ'가 중성의 기본자가 됩니다.

이렇게 만들어진 기본자 세 개는 합용合用의 원리로 다른 모음들을 만들었어요. 합용은 만들어진 글자를 합해서 새로운 글자를 만든다는 뜻이에요.

하늘을 뜻하는 'ㆍ'에서 나온 모음으로 'ㅗ, ㅏ'가 있으며, 땅을 의미하는 'ㅡ'에서 나온 모음으로는 'ㅜ, ㅓ'가 있어요. 이렇게 만든 글자들은 처음 만든 글자라는 의미에서 '초출자初出字'라고 해요. 그리고 초출자에 다시 'ㆍ'를 더해서 'ㅛ, ㅑ, ㅠ, ㅕ'를 만들었는데, 이들은 초출자에 이어 다시 나온 글자라는 의미에서 '재출자再出字'라고 해요. 특히 '훈민정음에서는 재출자를 설명하면서 사람이 결합하였다고 설명하고 있어요. 'ㅛ, ㅑ, ㅠ, ㅕ'가 초출자의 'ㅗ, ㅏ, ㅜ, ㅓ'에

'ㅣ' 모음이 결합된 이중 모음으로는 소리 나는 점을 밝히고 있다는 사실은 현대 음운론의 관점에서도 뛰어난 생각이에요. 이를 정리하면 다음과 같아요.

기본자(3자)	상형	초출자(4자)	재출자(4자)
` ㅣ ㅡ	하늘 사람 땅	ㅗ ㅏ ㅜ ㅓ	ㅛ ㅑ ㅠ ㅕ

지금까지 중성 11자의 창제 원리를 살펴보았어요. 중성에 사용되는 모음 중 하늘에서 나온 'ㅗ, ㅏ, ㅛ, ㅑ'는 하늘의 뜻을 받아 양성 모음이라고 하고, 땅에서 비롯된 'ㅜ, ㅓ, ㅠ, ㅕ'는 음성 모음이라고 해요. 이는 음양오행설에 기반한 철학 사상을 바탕으로 하고 있어요. 더구나 중성을 양성 모음과 음성 모음으로 나눔으로써 우리 국어의 음운적 특질인 모음 조화를 문자 표기에 효과적으로 반영할 수 있게 해 주었어요.

+ 더 알아보아요!

모음 조화는 양성 모음은 양성 모음끼리, 음성 모음은 음성 모음끼리 결합하는 특성을 말해요. 예를 들어 용언의 활용에서 연결 어미 '-아/어'는 어간의 모음에 따라 달라져요. '막다'의 활용형은 어간의 모음이 양성 모음 'ㅏ'이기 때문에 양성 모음의 어미 '-아'가 붙어 '막아'가 돼요. 반면 '먹다'의 경우 어간의 모음이 음성 모음인 'ㅓ'이기 때문에 어미 역시도 음성 모음인 '-어'가 붙어 '먹어'가 되지요.

훈민정음 창제 당시에는 모음 조화가 엄격히 지켜졌어요. 물론 현대에 들어서는 모음 조화가 많이 혼란스러워져서 과거에 비해 엄격하지 않아요. '돕다'의 활용형인 '도와'는 '돕+아'로 모음 조화가 지켜지고 있지만, '고맙다'의 활용형인 '고마워'는 '고맙+어'로 어간이 양성 모음임에도 음성 모음인 '-어'가 결합된 대표적인 예이지요.

훈민정음 서문에서 세종 대왕이 28자를 새로 만들었다고 말한 것을 기억하나요? 먼저 살펴본 초성 17자와 중성 11자를 더한 28자가 바로 그것에 해당해요.

훈민정음은 탄생부터 환영받지 못했어요. 당시 한문 사용에 익숙했던 사대부들은 훈민정음을 불필요한 문자로 여겼어요. 집현전의 부제학이었던 최만리는 새 문자 창제에 반대하는 상소를 올리기까지 했답니다. 엄연히 한자가 있는데, 이를 버리고 우리 문자를 만드는 것은 사대의 예에 어긋난다는 것이었지요. 또한 새로운 문자의 정통성을 부정하고 한낱 잔재주에 불과하다고 폄하하면서, 배우기 쉬운 글자로 공부를 하면 한문을 배우지 않게 되어 결국 학문이 발전할 수 없다고 주장하기도 했어요. 그럼에도 불구하고 세종 대왕은 훈민정음 반포를 강행했고, 그 결과 우리는 문자 생활의 편리함을 얻게 되었답니다.

3) 훈민정음의 보급과 활용

훈민정음 창제 이후 세종 대왕은 이를 보급하려 부단히 노력했어요. 초반에는 주로 국가 주도로 다양한 서적을 편찬했어요. 대표적인 책이 《용비어천가》(1445년)예요. 이 책은 조선 창업의 정당성을 노래한 작품으로, 총 125장으로 이루어져 있는데, 우리의 노래를 우리의 글자로 표현할 수 있음을 보여 준 대표적인 사례지요.

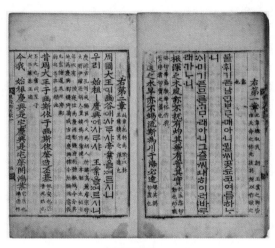

용비어천가
출처_디지털한국박물관

조선은 유교 이념을 중시했던 나라였어요. 그래서 백성들에게 유교에서 중시하는 가치인 충忠과 효孝를 백성들에게 가르치는 것도 중요한 일이었지요. 《삼강행실도》(1434년)는 중국의 충신, 효자, 열녀의 이야기를 그림과 함께 설명하는 책이에요. 이 책을 우리말로 번역한 《삼강행실도 언해본》(1490년)이 추후 발간되어, 일반 백성들의 도덕 교과서로 사용되었어요.

최만리의 우려와 달리 훈민정음은 한문 공부에도 도움을 주었어요.《동국정운》(1448년)이라는 운서를 발간하여, 혼란스럽던 조선의 한자음을 정리하려 노력하기도 했지요. 또한 최세진은《훈몽자회》(1527년)라는 책을 써 어린이들이 한자를 익히는 데에 도움을 주었는데, 이때 한자의 소리와 뜻을 훈민정음으로 적었지요.

훈민정음은 보급하고자 하는 다양한 노력 덕택에 점차 백성들 사이에 뿌리를 내릴 수 있게 되었어요. 조선 중기에는 윤선도나 정철, 이황과 같은 사대부들도 우리의 노래는 우리의 글자로 기록해야 함을 깨닫고 다수의 시조나 가사 작품을 창작하기에 이르러요. 물론 공식적이거나 학문적인 글들은 여전히 한문으로 쓰였지만, 소설과 같은 문학 작품이나 여성들의 기록, 사적인 편지는 한글을 활용하는 경우가 많아졌어요.

갑오개혁(1894년)은 한글이 비로소 공식적인 문자로 인정받는 계기가 되었어요. 그리고 최초의 한글 신문인 《독립신문》이 1896년 발간되기도 했지요. 하지만 아쉽게도 일제 강점기를 거치면서 한글 사용이 통제를 받기도 했어요. 일제가 우리말과 글을 막으면 막을수록 우리말과 글을 지키려는 노력은 더욱 강해졌지요. 지금 우리가 쓰고 있는 한글 맞춤법의 기반이 된 '한글 맞춤법 통일안'(1933년)이 만들어진 것도 이때의 일이었어요.

이후 해방과 함께 현재와 같은 교육 제도가 도입되고 학교 교육이 일반화되면서 한글의 보급률이 급속도로 높아졌어요. 그 결과 우리나라의 문맹률도 점차 낮아졌지요. '유네스코 세종 대왕 문해상'은 유네스코가 만든 문맹 퇴치 공로상이에요. 1989년 한국 정부가 유네스코에 제안하여 만든 상인데 문맹 퇴치 사업에 공이 많은 개인이나 단체를 선정하여 '세계 문해의 날'인 9월 8일에 수여하고 있어요. 한글이 문맹률을 줄이는 데 기여한 것을 세계적인 권위를 지닌 기구가 인정한 셈이지요.

4) 한글의 우수성

한글 창제는 세계적으로 유래를 찾아보기 힘들 만큼 획기적인 사건이었습니다. 미국 컬럼비아 대학의 교수 출신인 한국학자 게리 레드야드Gary Ledyard는 자신의 저서에서 한글 창제를 '1446년의 문자 혁명'이라고까지 평가했습니다. 다른 문자들은 그림 문자에서 시작해 수천 년 동안 변화의 과정을 거쳤지요. 하지만 한글은 세종 대왕의 주도하에 철저하게 계획되어 만들어진 문자입니다. 그 결과 다른 문자에서는 볼 수 없는 우수한 점이 있어요. 어쩌면 그것은 자연스러운 결과이지요. 당시 백성들, 즉 평민만이 아니라 사대부들까지도 문자를 받아들이게 하려면, 치밀한 계획과 연구를 통해 완벽에 가까운 문자를 만들었어야 했을 테니까요.

① 독창성

あ	い	う	え	お
[a]	[i]	[u]	[e]	[o]
安	以	宇	衣	於
[편안할 안]	[써 이]	[집 우]	[옷 의]	[탄식할 오]

일본의 가나 문자

한글은 독창적인 문자입니다. 일본의 가나 문자만 하더라도 한자를 단순화시켜 만든 문자이지요. 반면 한글은 다른 문자를 변형시킨 것이 아니라 상형과 가획, 합용의 제자 원리를 바탕으로 독창적으로 만든 문자예요. 특히 우리말의 음절 구조를 초성, 중성, 종성으로 나누고 우리말을 표기할 수 있는 자음과 모음을 만들었다는 점은 한글의 우수성을 보여 주는 대표적인 사례랍니다. 게다가 누가, 언제, 왜, 어떻게 만들었는지를 알 수 있는 문자는 한글밖에 없어요. 훈민정음 해례본에 그 내용이 기록되어 있으니까요. 그 결과 훈민정음 해례본은 1997년 10월에 유네스코 세계 기록 유산으로 등재되기까지 합니다.

② 과학성

한글은 과학적입니다. 문자는 대체로 사물의 모양을 본뜬 상형 문자에서 비롯되었습니다. 한글 역시도 상형의 원리를 바탕으로 하고 있지요. 그런데 결정적인 차이는, 한글은 소리가 나는 발음 기관의 모양을 상형했다는 점이에요. 특히 자음의 경우 조음 위치에 변화를 주는 혀나 입술, 이의 모양, 그리고 소리가 생겨나는 목구멍의 모양을 문자 모양에 반영하였지요. 이는 소리의 본질을 과학적으로 탐구하여 문자를 만들었음을 의미해요. 소리를 적는 문자의 모양은 소리를 만들어 내는 발음 기관의 모양을 본떠야 한다고 생각한 것이 바로 과학적 사고의 결과라 할 수 있어요.

③ 철학성

한글은 철학적입니다. 조선의 사상적 기반인 성리학적 사고를 바탕으로 문자를 만들었기 때문이에요. 모음은 천지인天地人의 삼재ㅡㅣㆍ의 모양을 본떴는데, 철학적 사고를 바탕으로 문자 제작과 운용의 원리를 밝히고 있어 새로운 문자에 권위를 더해 주고 있답니다. 또한 음양오행陰陽五行 사상에 맞춰 모음을 음양에, 자음을 오행에 배정해 음양과 오행의 조화로 음절이 만들어진다고 설명하고 있어요. 이 점은 한글이 철학적인 배경으로 만들어졌음을 보여 줍니다.

④ 체계성

한글은 체계적입니다. 자음의 경우 기본자에 획을 더해 다른 자음을 만들었어요. 결과적으로 비슷하게 생긴 문자끼리는 조음 위치가 같으나 조음 방식에 차이가 있음을 보여 줍니다. 'ㄱ'과 'ㅋ'은 여린입천장소리로 조음 위치가 같지만, 'ㄱ'은 예사소리인 반면 'ㅋ'은 더 세게 소리 내는 거센소리로 분류되지요. 글자의 모양에 두 소리의 공통점과 차이점이 고스란히 반영되어 있습니다.

모음도 마찬가지여서 'ㅗ'와 'ㅛ'는 모두 원순 모음이라는 공통점을 갖지만 'ㅛ'에 추가된 'ᆞ'는 'ㅣ + ㅗ'가 결합된 이중 모음이라는 점을 반영하고 있지요. 당연히 이중 모음 'ㅘ'는 'ㅗ + ㅏ'가 결합된 소리라는 점을 쉽게 알 수 있습니다.

이러한 체계성은 한글을 음소 문자의 가장 발달된 유형인 자질 문자로 분류할 수 있는 근거를 마련해 줍니다. '자질資質'은 소리의 차이를 발생시키는 다양한 소리의 특질을 의미합니다. 자질 문자란 이러한 음소의 자질이 그 글자의 모양에 체계적으로 반영되어 있는 문자 체계를 의미해요. 즉 한글의 점이나 획 하나하나가 모두 소리의 자질을 표시한다는 의미이지요.

⑤ 효율성

한글은 효율적입니다. 과학적이고 체계적으로 만들어진 한글은 쉽게 익힐수 있습니다. 이런 점은 훈민정음 해례본에서도 다음과 같이 밝히고 있습니다.

> 지혜로운 사람은 아침나절이 되기 전에 이를 이해하고, 어리석은 사람도 열흘만에 배울 수 있게 된다.

그 결과 한글은 문맹을 퇴치하는 데에도 크게 기여하였습니다. 또한 하나의 글자에 하나의 소리가 대응된다는 특징은 한글이 매우 효율적인 문자임을 증명해 주고 있답니다.

+ 더 알아보아요!

한글은 하나의 문자에 하나의 소리가 대응하는 것이 기본 특징이에요. 그렇기 때문에 문자를 효율적으로 읽고 쓸 수 있는 장점을 가지고 있지요.

그런데 현대에 들어서면서 이런 효율성을 떨어뜨리는 현상이 빚어지고 있어요. 서로 다른 모음을 같은 소리로 발음하기 때문에 문자로 적을 때 혼란을 주고 있지요. 예를 들어 한국인이 가장 많이 틀리는 맞춤법인 '돼'와 '되'의 경우, 'ㅙ'와 'ㅚ'를 같은 소리로 읽은 결과예요. 게다가 '웬일'과 '왠지'처럼 'ㅞ'와 'ㅙ'까지 혼동되면서 'ㅙ, ㅚ, ㅞ, ㅙ'는 현재 모두 같은 소리로 발음되어 이 소리를 낼 때 많이 혼란스러워해요.

게다가 '사귀다'의 활용형인 '사귀어'의 모음을 축약하면 '사궈'와 같이 소리나는데, 현대 국어의 모음에 'ㆉ'가 존재하지 않아 문자를 보낼 때 '사겨'와 같이 표기하면서 올바른 표기법을 어기게 되는 결과가 빚어지고 있어요.

이는 모두 언어가 시간의 흐름에 따라 바뀌게 되는 성질인 역사성이 있기 때문이에요. 즉 현대에 들어 의미를 담는 그릇인 소리가 바뀐 결과라 할 수 있어요.

---

⑥ 심미성

한글은 글자체가 아름다워요. 자음과 모음은 점과 직선, 삼각형, 사각형 등을 사용하여 간결한 모양을 취하고 있어요. 또한 문자가 위와 아래, 혹은 왼쪽과 오른쪽이 대칭을 이루고 있어 시각적으로도 균형감과 안정감을 주지요.

자음과 모음이 결합하여 소리를 이루는 하나의 음절은 하나의 사각형 안에 표현되지요. 이때 글자의 아름다움을 고려하여 'ㅏ, ㅓ'와 같은 모음은 자음의 오른쪽에, 'ㅗ, ㅛ'와 같은 모음은 자음의 아래쪽에 쓰도록 했어요. 그러다 보니 직관적으로 한 음절을 하나의 글자로 표현하도록 해 가독성과 글자의 조형미를 높이고 있어요.

또한 가로쓰기와 세로쓰기가 모두 가능해 다양한 문자 디자인을 할 수 있어 다양한 조형물이나 공예품에 한글 디자인을 적용할 수 있어요. 한글 자체가 문화 상품이 될 수 있는 이유예요.

한글의 우수성은 현대 사회에서 더욱 빛을 발하고 있어요. 적은 수의 문자로 다양한 글자를 조합할 수 있어 정보화 사회에 빠르게 정보를 입력할 수 있는 등 이점이 많답니다. 특히 자음과 모음의 수가 비슷해, 컴퓨터 자판의 오른쪽과 왼쪽에 자음과 모음을 비슷하게 배분할 수 있어 자판 입력의 효율성도 높아요. 휴대 전화 보급 초기에는 한글의 창제 원리를 반영하여 10개의 휴대 전화 자판으로 국어의 모든 음절을 만들 수 있어 매우 효율적이었어요. 더구나 음성 인식 기술이 상용화되고 있는 현대 사회에서 한글의 우수성은 더욱 빛납니다. 문자와 소리가 일대일로 대응하기 때문에 기계 번역이나 음성 인식 기술을 개발하는 데 더욱 유리하기도 하지요.

약 600여 년 전 세종 대왕이 훈민정음을 만들 때, 21세기의 언어생활까지 예견하지는 못했을 거예요. 그럼에도 불구하고 오늘날 한글의 우수성이 더욱 돋보이는 데에는 세종 대왕의 훈민정음 창제 정신이 자리하고 있어요. 즉 모든 백성이 자신의 생각을 글로 쉽게 표현할 수 있도록 하려 했던 마음이 지금까지도 영향을 미치고 있다고 할 수 있겠지요.

이것만은 알아 두세요.

1. '훈민정음訓民正音'의 뜻: 백성을 가르치는 바른 소리

2. 훈민정음 창제의 취지

   (1) 자주 정신: 우리말을 표기할 수 있는 고유의 문자가 필요함을 인식함.

   (2) 애민 정신: 백성을 사랑하는 마음

   (3) 실용 정신: 문자 사용으로 생활의 편의를 도모함.

3. 초성의 17자의 제자 원리

   (1) 상형: 기본자는 발음 기관의 모양을 본뜸.

   (2) 가획: 기본자에 획을 더하여 소리가 더 세짐을 표현함.

   (3) 이체: 상형의 원리로 만든 글자에 획을 더했지만 소리가 더 세지지는 않음.

기본자(5자)	가획(9자)	이체(3자)
ㄱ	ㅋ	ㆁ
ㄴ	ㄷ ㅌ	ㄹ
ㅁ	ㅂ ㅍ	
ㅅ	ㅈ ㅊ	ㅿ
ㅇ	ㆆ ㅎ	

4. 중성 11자의 제자 원리

   (1) 상형: 기본자는 천지인天地人 삼재三才를 본뜸.

(2) 합용: 기본자를 합쳐 초출자初出字와 재출자再出字를 만듦.

기본자(3자)	상형	초출자(4자)	재출자(4자)
﹑ ㅣ ㅡ	하늘(天) 사람(人) 땅(地)	ㅗ ㅏ ㅜ ㅓ	ㅛ ㅑ ㅠ ㅕ

5. 한글의 우수성

(1) 독창성, 과학성, 철학성, 체계성, 효율성, 심미성

(2) 정보화 사회에 적합한 문자

풀어 볼까? 문제!

1. '훈민정음'의 뜻을 쓰고, 훈민정음의 창제 취지 세 가지를 서술해 보세요.

2. 초성의 기본자를 바탕으로 가획자와 이체자를 채워 보세요.

기본자(5자)	가획(9자)	이체(3자)
ㄱ		
ㄴ		
ㅁ		
ㅅ		
ㅇ		

3. 중성의 기본자는 [   ]의 삼재를 상형하였다.

4. 중성의 초출자와 재출자를 채워 보세요.

초출자(4자)	재출자(4자)

5. 다음은 한글의 우수성에 대한 설명입니다. 바르게 짝지어 보세요.

① 독창성   ㉠ 글자의 모양이 아름다움.

② 과학성   ㉡ 비슷한 소리는 비슷한 문자로 만듦.

③ 철학성   ㉢ 고유의 제자 원리를 바탕으로 만듦.

④ 체계성   ㉣ 글자를 쉽게 익히고 활용할 수 있음.

⑤ 효율성   ㉤ 모음과 자음을 음양과 오행에 배정함.

⑥ 심미성   ㉥ 발음 기관의 모양을 본떠 초성을 만듦.

정답

1. '훈민정음'은 '백성을 가르치는 바른 소리'라는 뜻이다. 훈민정음 서문에 나타난 창제의 취지는 자주 정신, 애민 정신, 실용 정신이다.

2.

기본자(5자)	가획(9자)	이체(3자)
ㄱ	ㅋ	ㆁ
ㄴ	ㄷ ㅌ	ㄹ
ㅁ	ㅂ ㅍ	
ㅅ	ㅈ ㅊ	ㅿ
ㅇ	ㆆ ㅎ	

3. 천지인

4.

초출자(4자)	재출자(4자)
ㅗ ㅏ ㅜ ㅓ	ㅛ ㅑ ㅠ ㅕ

5. ①-㉢ / ②-㉥ / ③-㉤ / ④-㉡ / ⑤-㉣ / ⑥-㉠

3. 어렵고도 쉬운 우리말 바로 쓰기

앞에서 우리는 훈민정음 창제의 정신과 원리를 탐구하면서 국어의 문자 체계를 알아보았어요. 우리에게 '한글'이라는 표기 수단이 있다는 것은 정말 자랑스럽고 감사한 사실이에요. 그렇다면 한글로 우리말을 적을 때 지켜야 할 규칙이 있을까요? 네, 여러분도 알다시피 '맞춤법'이 있지요. 정확히 말하면 '한글 맞춤법'이 바로 그것이랍니다.

사실 '한글 맞춤법'은 한국어 어문 규범語文規範의 일부예요. '어문 규범'이란 말과 글을 쓸 때 준수해야 할 공식적인 기준을 말하는데요. 한국어 어문 규범은 총 4가지의 하위 규범을 아우릅니다.

〈한글 맞춤법〉 한글로써 우리말을 표기하는 규칙 전반을 이르는 말	〈표준어 규정〉 표준어 사정查定 원칙과 표준 발음법을 체계화한 규정
〈외래어 표기법〉 외래어를 한글로 표기하는 방법	〈국어의 로마자 표기법〉 우리말을 로마자로 표기하는 방법

이 중에 중·고등학교 공통 교육 과정에서 거의 언급하지 않는 외래어 표기법과 국어의 로마자 표기법은 다루지 않겠어요. 부담이 좀 줄었지요? 그리고 여러분이 꼭 기억해야 하는 사실이 있어요. 한국어 어문 규범은 달달 외우라고 만들어진 것이 아니라, 우리 모두의 언어생활을 돕기 위해서 존재한다는 것! 따라서 앞으로 나오는 내용을 낱낱이 암기하려 하기보다는, 《표준국어대사전》 인터넷 누리집(https://stdict.korean.go.kr/)이나 휴대 전화 애플리케이션을 활용하여 정확한 표기와 발음을 검색하는 습관을 들이도록 해요.

1) 한글 맞춤법

'한글 맞춤법'은 '제1장 총칙'부터 '제6장 그 밖의 것'까지 여섯 부분으로 이루어져 있으며, 문장 부호 사용법을 안내하는 부록이 덧붙어 있어요. 제1장 제1항은 한글 맞춤법의 대원칙인데요.

제1장 총칙

제1항 한글 맞춤법은 표준어를 소리대로 적되, 어법에 맞도록 함을 원칙으로 한다.

한글은 '표음 문자表音文字', 즉 말소리를 그대로 적은 문자예요. 따라서 '소리대로'라는 말은 금방 이해가 될 거예요. '무엇을' 적느냐 하면 '표준어를' 적는다고 쓰여 있지요. 한글 맞춤법은 한국어 중에서도 표준어를 어떻게 표기하는지를 밝힌 규칙임을 기억하세요. 즉, 비속어나 사투리 등에 관한 표기 규칙은 없어요.

'어법에 맞도록 함'이라는 말은 소리대로 적는다는 원칙을 보충해 줍니다. [꼬치 피얻따]라는 발음을 그대로 적으면 무슨 말인지 알아보기가 힘들지요? 따라서 '꽃', '피다'라는 본래의 뜻이 훼손되지 않는 만큼은 그 본래 모양을 밝혀 적어야 해요. (참고로 한자어는 한자 하나하나에 소리와 의미가 정해져 있으므로 원래 글자 그대로 적어요. [구거]라고 발음하더라도 '국어'로 적어서 각 글자의 소리와 의미를 유지하도록 말이에요.)

이제부터는 여러분이 꼭 이해해야 할 내용 위주로 '한글 맞춤법'을 정리해 볼까요?

제1장 총칙

제2항 문장의 각 단어는 띄어 씀을 원칙으로 한다.

첫째, 띄어쓰기예요. 우리말의 기본적인 띄어쓰기 단위는 단어랍니다. 즉, 모든 단어는 띄어 쓸 수 있는 최소 단위이지요. '아버지가방에들어가신다.'를 한 덩어리로 붙여 써 버리면, 아버지가 '방에' 들어가시는지 '가방에' 들어가시는지 알 수가 없어요.

제대로 띄어 쓴 '아버지가 방에 들어가신다.'에서 '가, 에'는 앞말인 '아버지'와 '방'에 각각 붙어 있어요. '가, 에'는 띄어 쓰지 않았으니 단어가 아닌가요? 앞에서 품사를 공부했던 기억을 되살려 봐요. '들어가다(←들어가신다)'는 어간 '들어가-'와 어미 '-다'가 붙어 있지요. 그런데 그 둘이 서로 떨어지면 한 단어로 존재할 수 없어요. 한편 '아버지가'와 '방에'는 각각 '아버지'와 '가', '방'과 '에'가 붙어 있지만, '가, 에'는 앞말에서 상대적으로 잘 떨어져요. 따라서 조사는 비록 앞말에 붙어서만 쓸 수 있더라도 단어의 지위를 갖는 것이 합당하지요.

띄어쓰기를 잘못하면?

제3장 소리에 관한 것 제5절 두음 법칙頭音法則

제10항 한자음 '녀, 뇨, 뉴, 니'가 단어 첫머리에 올 적에는, 두음 법칙에 따라 '여, 요, 유, 이'로 적는다.

제11항 한자음 '랴, 려, 례, 료, 류, 리'가 단어의 첫머리에 올 적에는, 두음 법칙 에 따라 '야, 여, 예, 요, 유, 이'로 적는다.

제12항 한자음 '라, 래, 로, 뢰, 루, 르'가 단어의 첫머리에 올 적에는, 두음 법칙 에 따라 '나, 내, 노, 뇌, 누, 느'로 적는다.

둘째, 두음 법칙이에요. 예를 한번 들어 볼게요. '녀성女性, 닉명匿名, 량심良心,

료리料理, 래일來日, 로인老人······' 굉장히 어색하지요? 실제로 북한에서는 저렇게 표기하고 발음하는데요. 우리는 두음 법칙을 적용하여 '여성, 익명, 양심, 요리, 내일, 노인'이라고 합니다. 두음 법칙은 한자어 첫머리에 오는 'ㄹ, ㄴ'을 아예 없애 버리거나 변화시키는 규칙을 뜻해요.

두음 법칙의 조건은 방금 말한 대로 '한자어 첫머리'예요. '라디오radio'와 같은 외래어에서나, '숙녀淑女'처럼 단어의 'ㄹ, ㄴ'이 어두가 아닌 곳에 올 때는 두음 법칙이 적용되지 않아요. 그런데 두음 법칙에도 예외적인 경우가 있어요. 다음 내용을 낱낱이 암기하려고 애쓰지 말고, '우리가 평소에 정말 이렇게 쓰고 있구나!' 생각하며 자연스럽게 받아들여 보세요.

여기서 두음 법칙이 일어나네?		여기서 두음 법칙이 안 일어나네?
파생어나 합성어의 뒷부분	모음이나 'ㄴ' 받침 뒤에 오는 '렬, 률'	의존 명사
예 불-이익, 신혼-여행	예 순국선열, 원주율, 불문율	예 삼 년年, 6량輛 열차, 삼천 리里

제4장 형태에 관한 것 제4절 합성어 및 접두사가 붙은 말

제30항 사이시옷은 다음과 같은 경우에 받치어 적는다.
  1. 순우리말로 된 합성어로서 앞말이 모음으로 끝난 경우
   (1) 뒷말의 첫소리가 된소리로 나는 것
   (2) 뒷말의 첫소리 'ㄴ, ㅁ' 앞에서 'ㄴ' 소리가 덧나는 것
   (3) 뒷말의 첫소리 모음 앞에서 'ㄴㄴ' 소리가 덧나는 것

2. 순우리말과 한자어로 된 합성어로서 앞말이 모음으로 끝난 경우
   (1) 뒷말의 첫소리가 된소리로 나는 것
   (2) 뒷말의 첫소리 'ㄴ, ㅁ' 앞에서 'ㄴ' 소리가 덧나는 것
   (3) 뒷말의 첫소리 모음 앞에서 'ㄴㄴ' 소리가 덧나는 것

3. 두 음절로 된 다음 한자어
   곳간庫間, 셋방貰房, 숫자數字, 찻간車間, 툇간退間, 횟수回數

셋째, 사이시옷이에요. 사이시옷은 말 그대로 글자와 글자 사이에 시옷(ㅅ)을 적어 넣는 것이지요. 예전엔 '피ㅅ방울'처럼 적기도 했지만, 지금은 '핏방울'처럼 단어 앞부분의 받침에 시옷을 적는답니다. 그렇다면 대단히 복잡해 보이는 이 조항의 조건을 차근차근 따져 봅시다.

먼저, 합성어를 만들어야 해요. 합성어는 실질 형태소끼리 만나서 만들어지는 단어이지요? 이때 조건이 있는데요. 합성어의 앞부분이 모음으로 끝나야 하고요, 합성어 안에 순우리말이 적어도 하나는 들어 있으면서 외래어는 없어야 해요. 합성어의 앞부분이 모음으로 끝나지 않으면 '미역+국'처럼 그 사이에 시옷을 넣을 자리가 없고, '피자+집'은 '피잣집'으로 쓰기가 어색하니까요.

다음으로, 합성어 뒷부분의 첫소리가 바뀌어 나야 해요. 사이시옷은 합성어를 만들 때 소리가 변했다는 표시이기도 한데요. '고기+국[고기꾹]'처럼 합성어 뒷부분 초성이 된소리가 되든지, '나무+잎[나문닙]'처럼 합성어 안에 새로운 소리가 첨가되면 사이시옷을 적어요. 사이시옷을 쓸 만한 환경이라도 '개미+집[개:미집]'처럼 뒷부분 '집'이 [찝]으로 소리 나지 않으면 사이시옷을 넣지 않는 것이지요.

그리고 예외적으로 '곳간, 셋방, 숫자, 찻간, 툇간, 횟수'는 그것이 합성어인지

도 의문일뿐더러 완전한 한자어인데도 현실 발음을 고려하여 사이시옷을 적어 준대요. 딱 저 여섯 단어만 예외로 정해 놓았기 때문에, 우리가 자주 '갯수, 댓가'라고 쓰는 말은 각각 '개수個數, 대가代價'라고 고쳐 적어야 해요. 조금 억지스럽기도 한 부분이랍니다.

2) 표준어 규정 - 제2부 표준 발음법

'표준어 규정'에서 정의하는 우리나라의 표준어는 '교양 있는 사람들이 두루 쓰는 현대 서울말'이에요. 따라서 비속어나 은어, 현재 사용하지 않는 고어古語, 각 지방의 방언 등은 표준어의 범위에 들어오지 못하지요. 이 점을 참고하여, 표준어 규정의 제2부 '표준 발음법'에서 여러분이 자주 틀릴 만한 내용을 중점적으로 다루어 볼까요?

제2부 표준 발음법 제2장 자음과 모음

제5항 'ㅑ, ㅒ, ㅕ, ㅖ, ㅘ, ㅙ, ㅛ, ㅝ, ㅞ, ㅠ, ㅢ'는 이중 모음으로 발음한다.
　다만 2. '예, 례' 이외의 'ㅖ'는 [ㅔ]로도 발음한다.
　다만 3. 자음을 첫소리로 가지고 있는 음절의 'ㅢ'는 [ㅣ]로 발음한다.
　다만 4. 단어의 첫음절 이외의 '의'는 [ㅣ]로, 조사 '의'는 [ㅔ]로 발음함도 허용한다.

첫째, 모음 'ㅖ'와 'ㅢ'의 발음이에요. 모음 'ㅖ'는 초성과 함께 나타나면 '지혜[지혜/지혜], 계산[계:산/게:산]'처럼 원래의 [ㅖ]는 물론 [ㅔ]로도 낼 수 있어요. 이 이유는 표준어 화자들이 초성 다음에 오는 'ㅖ'를 [ㅔ]로 쉽게 발음하

는 경우가 잦기 때문이지요. 그러나 '예식장'을 [에식짱]으로, '예절'을 [에절]로 발음하지는 않는 것처럼, 초성 없이 곧바로 나오는 'ㅖ'는 단모음 'ㅔ'와 그 발음이 명확히 구분되므로 [ㅖ]로만 발음하도록 규정했어요. 그런데 '다만 2.'를 보면, '례'는 초성이 있는데도 [례] 발음만 인정되지요? 실제로 표준어 화자들이 '실례합니다[실레함니다]', '차례차례[차레차레]'처럼 '례'는 [레]로 소리 내기도 하지만, 위 조항을 만들 때 '례'는 주로 [례]로만 발음한다고 보았기 때문이에요.

모음 'ㅢ'에 관한 설명은 'ㅖ'에 관한 것보다 더 복잡해 보이지요? 이것 역시 요즘 표준어 화자들의 발음을 규칙화한 것인데요. 한눈에 보기 쉽게 표로 정리해 봅시다.

경우	발음	예시
단어 첫머리 '의'	[의]	의사[의사], 의자[의자]
단어 첫머리가 아닌 '의'	[의] 원칙, [이] 허용	강의[강:의 / 강:이], 협의[혀븨 / 혀비]
초성이 있는 '의'	[이]	희망[히망], 무늬[무니]
(관형격) 조사 '의'	[의] 원칙, [에] 허용	나의[나의 / 나에], 그의[그의 / 그에]

표를 참고하면, '이번 협의의 목적'에서 '협의의'는 [혀븨의 / 혀븨에 / 혀비의 / 혀비에] 총 네 가지로 읽을 수 있겠네요.

제2부 표준 발음법 제4장 받침의 발음

제10항 겹받침 'ㄳ', 'ㄵ', 'ㄼ, ㄽ, ㄾ', 'ㅄ'은 어말 또는 자음 앞에서 각각 [ㄱ, ㄴ, ㄹ, ㅂ]으로 발음한다.
다만, '밟-'은 자음 앞에서 [밥]으로 발음하고, '넓-'은 다음과 같은 경우에 [넙]으로 발음한다.

제11항 겹받침 'ㄺ, ㄻ, ㄿ'은 어말 또는 자음 앞에서 각각 [ㄱ, ㅁ, ㅂ]으로 발음한다.
다만, 용언의 어간 말음 'ㄺ'은 'ㄱ' 앞에서 [ㄹ]로 발음한다.

둘째, 겹받침의 발음이에요. 이 단원의 첫머리에서 말했던 '각 조항을 낱낱이 외우려 하지 말고 사전을 검색'하라는 조언을 꼭 기억해야 하는 부분이에요. 어문 규범은 자연 과학의 진리를 발견하여 공식화한 것이 아니라 우리의 언어 습관을 살펴보고 표준화한 것이니까요. 일단 겹받침의 발음을 이해하기 위한 전제를 설명해 줄게요.

겹받침은 서로 다른 자음 두 개가 붙어 있는 받침으로, 우리말에는 총 11개의 겹받침(ㄳ, ㄵ, ㄶ, ㄺ, ㄻ, ㄼ, ㄽ, ㄾ, ㄿ, ㅀ, ㅄ)이 있어요. 겹받침과 유사하지만 'ㄲ, ㄸ, ㅃ, ㅆ, ㅉ'처럼 같은 자음 두 개를 붙여서 쓰는 것은 쌍받침이라고 해서 서로 다른데요. 쌍받침에 해당하는 'ㄲ, ㄸ, ㅃ, ㅆ, ㅉ'은 원래 하나의 경음(된소리)을 나타내는 하나의 자음이에요. 반면에 겹받침은 연음하면 그것을 이루는 두 자음을 각각 소리 낼 수 있어요. '삶은[살믄] 계란'처럼 말이지요.

그런데 '닭[닥]'처럼 겹받침 자체로 음절이 끝나거나 '닭튀김[닥튀김]'처럼 뒤에 자음이 연속되면 겹받침 소리 중 하나는 무조건 탈락해야 해요. 영어에서는 'spring'이나 'best'처럼 2개 이상의 자음이 초성이나 종성에서 얼마든지 발음될 수 있는데 우리말 음절은 초성이나 종성에 자음이 하나만 올 수 있다는 사실, 앞에서 살펴봤던 것 기억하나요? 따라서 제10항과 제11항과 같은 내용을 규정하게 되었답니다. 물론 표준어 화자들의 발음 습관에 따라 겹받침 속 두 자음 중에 어떤 것을 선택할지는 각각 달라질 수밖에 없어요.

겹받침이 발음되는 양상을 다음과 같이 간단히 정리해 볼게요.

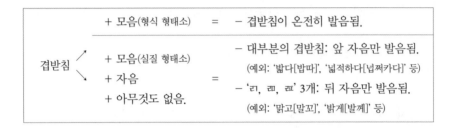

겹받침	+ 모음(형식 형태소)	=	- 겹받침이 온전히 발음됨.
	+ 모음(실질 형태소) + 자음 + 아무것도 없음.	=	- 대부분의 겹받침: 앞 자음만 발음됨. (예외: '밟다[밥따]', '넓적하다[넙쩌카다]' 등) - 'ㄺ, ㄻ, ㄿ' 3개: 뒤 자음만 발음됨. (예외: '맑고[말꼬]', '밝게[발께]' 등)

제2부 표준 발음법 제4장 받침의 발음

제13항 홑받침이나 쌍받침이 모음으로 시작된 조사나 어미, 접미사와 결합되는 경우에는, 제 음가대로 뒤 음절 첫소리로 옮겨 발음한다.

제14항 겹받침이 모음으로 시작된 조사나 어미, 접미사와 결합되는 경우에는, 뒤엣것만을 뒤 음절 첫소리로 옮겨 발음한다.(이 경우, 'ㅅ'은 된소리로 발음함.)

제15항 받침 뒤에 모음 'ㅏ, ㅓ, ㅗ, ㅜ, ㅟ' 들로 시작되는 실질 형태소가 연결되는 경우에는, 대표음으로 바꾸어서 뒤 음절 첫소리로 옮겨 발음한다.

셋째, 연음連音이에요. 겹받침을 포함하여 홑받침, 쌍받침 등 모든 받침 소리는 그 뒤에 모음이 오면 원래 자리에서 떠나 뒤 모음으로 붙는데요. 다시 말해 연음이란 앞 음절의 종성이 뒤 음절의 비어 있는 초성 자리로 옮겨 가서 소리

나는 것을 말해요. 제13항은 '꽃이[꼬치], 섞어[서꺼], 손톱깎이[손톱까끼]', 제14항은 '값이[갑씨], 삶아[살마], 젊음[절믐]', 제15항은 '낱알[낟알→나달], 값없다[갑업따→가법따]' 등의 예를 들어 설명할 수 있지요.

간단히 이야기하자면, 모음으로 시작하는 형식 형태소가 뒤따르면 앞 음절의 종성은 그대로 뒷말 초성 자리로 옮겨져요. 모음으로 시작하는 실질 형태소가 뒤따르면 앞 음절의 종성은 대표음 [ㄱ, ㄴ, ㄷ, ㄹ, ㅁ, ㅂ, ㅇ] 중 하나로 바뀌어 뒷말 초성 자리로 옮겨지고요.

제2부 표준 발음법 제7장 음의 첨가

제30항 사이시옷이 붙은 단어는 다음과 같이 발음한다.
1. 'ㄱ, ㄷ, ㅂ, ㅅ, ㅈ'으로 시작하는 단어 앞에 사이시옷이 올 때는 이들 자음만을 된소리로 발음하는 것을 원칙으로 하되, 사이시옷을 [ㄷ]으로 발음하는 것도 허용한다.
2. 사이시옷 뒤에 'ㄴ, ㅁ'이 결합되는 경우에는 [ㄴ]으로 발음한다.
3. 사이시옷 뒤에 '이' 음이 결합되는 경우에는 [ㄴㄴ]으로 발음한다.

넷째, 사이시옷이 포함된 합성어의 발음이에요. '한글 맞춤법'에서는 사이시옷의 표기 조건을 규정하고 있다면 '표준어 규정'의 '표준 발음법'에서는 사이시옷의 발음 양상을 설명하고 있지요.

사실 '표준 발음법' 제30항은 사이시옷이 표기된 형태 자체를 놓고 설명하기 시작하면 이해하기가 힘들어요. '사이시옷'이 합성어를 나타내는 기호임을 전제하고, 만들어진 합성어가 최종적으로 어떻게 발음되는지만 따져야 해요. 그러면 제30항을 이해하기가 쉬워진답니다.

먼저 1.의 설명은 '빨래+줄'이 합성어가 되는 과정을 따라가면서 살펴봅시다. 각각의 단어인 '빨래'와 '줄'을 한 단어로 합성하면 '줄'의 'ㅈ'을 된소리 [ㅉ]으로 발음하지요? '빨래+줄'은 표기 그대로 [빨래줄]로 충분히 발음할 수 있는데도 [빨래쭐]이라고 하는 것인데요. 표기 '빨래+줄'과 발음 [빨래쭐]의 차이를 메꾸기 위해 '빨래'의 비어 있는 받침 자리에 사이시옷을 넣어 '빨랫줄'로 표기해요.

다음으로 2.의 설명은 '바다+물'이 합성어가 되는 과정을 따라가면서 살펴봅시다. '바다'와 '물'을 한 단어로 합성하면 '바다'와 '물' 사이에 [ㄴ] 소리가 첨가되지요? '바다+물'은 표기 그대로 [바다물]로 충분히 발음할 수 있는데도 [바단물]이라고 하는 것인데요. 이때도 표기와 발음의 차이를 메꾸기 위해 '바다'의 비어 있는 받침 자리에 사이시옷을 넣어 '바닷물'로 표기하지요.

3.의 설명은 '뒤+일'이 합성어가 되는 과정을 따라가면서 살펴봅시다. '뒤'와 '일'을 한 단어로 합성하면 '뒤'와 '일' 사이에 [ㄴㄴ] 소리가 첨가되지요? 여기서 '뒤+일'은 표기 그대로 [뒤:일]로 충분히 발음할 수 있는데도 [뒨:닐]이라고 하는 것인데요. 마찬가지로 표기와 발음의 차이를 메꾸기 위해 '뒤'의 비어 있는 받침 자리에 사이시옷을 넣어 '뒷일'로 표기한답니다.

그런데 1.에 해당하는 단어들은 사이시옷을 [ㄷ]으로 발음하는 것도 허용한다고 되어 있지요? 합성어 '옷+자락'처럼 원래부터 'ㅅ'이 들어 있던 말은, 앞말 종성이 [ㄷ]이 되고 뒷말 초성이 된소리가 되어 최종 발음이 [옫짜락]이 되는데요. 사이시옷을 적어 넣은 합성어 역시 그 형태만 놓고 보면 'ㅅ'을 [ㄷ]으로 발음하게 되지요. 위에서 언급한 '빨래+줄'을 다시 살펴볼까요? '빨래'와 '줄'을 합성어로 만들면 발음이 [빨래쭐]이 되므로 사이시옷을 넣은 '빨랫줄'로 표기하는데요. 이 최종 형태를 보면 'ㅅ'이 적혀 있으니 [ㄷ] 소리를 추가하여 무심결에 [빨랟쭐]로 읽곤 합니다. 이런 발음 역시 인정해 주겠다는 것이지요.

이것만은 알아 두세요.

1. 한국어 어문 규범

   한글 맞춤법, 표준어 규정, 외래어 표기법, 국어의 로마자 표기법('표준 발음법'은 〈표준어 규정〉 제2부임.)

2. '한글 맞춤법' 제1장 총칙

   제1항 한글 맞춤법은 표준어를 소리대로 적되, 어법에 맞도록 함을 원칙으로 한다.

3. '표준어 규정' 제1부 표준어 사정 원칙 제1장 총칙

   제1항 표준어는 교양 있는 사람들이 두루 쓰는 현대 서울말로 정함을 원칙으로 한다.

풀어 볼까? 문제!

1. 밑줄 친 ①~⑤ 중, 그 발음이 잘못된 것을 모두 골라 바르게 고쳐 보세요.

"할머니, 저는 ① 닭이[다기] 먹고 싶어요."

② 여덟[여덜] 살 손자의 애원을 듣고, 할머니는 ③ 뒷마당[뒨:마당]에서 키우는 씨암탉을 잡아 부지런히 요리하기 시삭하셨다.

한 시간 후, '치킨'이 먹고 싶었던 ④ 손자의[손자에] ⑤ 희망[희망]은 물거품이 되었다. 식탁에는 허여멀건 닭백숙이 놓여 있었다.

정답

1. ① 닭이[달기], ⑤ 희망[히망]

4. 통일 시대의 국어

우리나라는 일제로부터 해방된 후 동족상잔의 비극인 한국 전쟁을 겪으며 여전히 분단 국가로 남아 있어요. 그로 인해 남한과 북한은 체제와 이념을 달리하고 서로 갈등하는 가운데 통일을 모색하면서 70여 년을 지내 왔지요. 그러다 보니 사회와 문화 전반에 걸쳐 많은 것들이 점점 달라지고 있지요. 언어도 마찬가지예요.

그럼 우리가 사용하는 남한의 말과 북한의 말은 서로 다른 걸까요? 많은 사람들이 남북의 말이 서로 다르다고 생각하며 이질성을 부각시키고 있어요. 하지만 남북의 말은 본질적으로 같아요. 고구려, 백제, 신라 시대의 말도 서로 다른 말이었지만 현재의 관점에서 보면 모두 같은 우리말이지요. 마찬가지로 북한에서 사용하고 있는 말과 남한에서 사용하고 있는 말은 모두 같은 말이에요. 심지어 조선 시대의 말도 우리말로 여기고 있는데, 고작 70년 동안 분단되어 달라진 점이 있다고 해서 남북한 말을 서로 다른 말로 보는 것은 곤란해요. 남북 언어의 동질성을 바탕에 두고 우리말을 바라보아야 남북 언어의 이질성을 극복하고 통일 시대를 대비할 수 있는 것입니다.

남한과 북한의 말은 서로 공통점이 많아요. 언어를 이루는 기본인 문장 구조나 소리의 체계가 같아요. 그리고 말을 적는 문자도 같은 문자를 사용하고 있지요. 다만 다만 어문 정책이 달라서 생긴 표기의 차이와, 생활 문화가 달라 생긴 어휘의 차이가 있어요. 그렇다면 남한 사람이 북한의 말을 접할 때 어떤 부분에서 어려움과 낯섦을 느끼는지 알아보아요.

1) 표준어와 문화어

남한과 북한은 각각 표준어와 문화어를 정해 의사소통의 기준이 될 수 있도록 언어 규범을 만들어 사용하고 있어요. 그런데 표준어와 문화어는 일제 강점기인 1933년 조선어 학회에서 만든 '한글 맞춤법 통일안'에 뿌리를 두고 있어요. 남한은 이를 수정하고 보완하여 새로운 '한글 맞춤법'을 만들고 1989년 3월부터 사용하고 있지요.

반면 북한에서는 1954년에 '조선어 철자법'을 정해 사용하다가 1966년에 '조선말 규범집'으로 바꾸면서 '문화어'라는 용어를 사용하기 시작했어요. 그리고 이후 이를 수정하여 지금까지 이르고 있지요.

남한의 표준어와 북한의 문화어를 정하는 원칙을 살펴보면, 어떤 점에서 차이가 있는지 알 수 있어요.

표준어: 교양 있는 사람들이 두루 쓰는 현대 서울말
문화어: 노동 계급의 지향과 생활 감정에 맞게 가꾸어진 평양말

표준어와 문화어는 모두 현대의 한반도에서 사용되는 말이라는 공통점이 있어요. 하지만 중요한 차이점 두 가지가 있는데, 표준어는 '서울말'을 기준으

로 하고 있고, 문화어는 '평양말'을 기준으로 하고 있다는 점이에요. 이를 통해 표준어와 문화어는 지역 방언으로서 차이가 있을 것이라 예상할 수 있어요.

또한 사용 주체가 누구냐에 따라 표준어는 '교양 있는 사람들'을 제시하고 있지만, 문화어는 '노동 계급'을 제시하고 있어요. 남북한의 체제와 이념의 차이가 사용 주체의 차이로 드러났다고 할 수 있지요. 그런 점에서 표준어와 문화어는 지역 방언의 성격과 함께 사회 방언의 성격도 함께 가지고 있다는 것을 알 수 있어요. 지역 방언의 차이만으로도 의사소통에 어려움을 겪을 수 있는데, 사회 방언의 차이도 있으니 남한말과 북한말을 서로 다르게 느끼는 것은 어쩌면 자연스러운 현상이겠지요. 이러한 특성을 인식하고 남한말과 북한말을 바라보아야 진정한 언어 통일의 길을 찾을 수 있지 않을까요?

2) 발음과 표기의 차이

① 두음 법칙

기본적으로 남북의 음운 체계의 차이는 없어요. 음운의 체계란 짧은 기간에 쉽게 변하지 않기 때문이에요. 그에 따라 음운 변동 현상도 크게 다르지 않아요. 다만 두음 법칙에서는 차이가 있는데, 북한 사람들의 말을 들을 때 가장 어색하게 느끼는 게 바로 두음 법칙 때문이에요.

두음 법칙이란 어떤 소리가 단어의 첫머리나 음절의 첫소리에서 발음되는 것을 피하기 위해 다른 소리로 바꾸어 발음하는 것을 말해요. 두음頭音은 단어나 음절의 첫소리를 의미한답니다. 남한에서는 첫소리에 'ㄹ' 소리가 나는 것을 꺼려요. 원래 한자어가 'ㄹ' 소리더라도 'ㄴ'으로 바꿔 말하지요. 예를 들면 '늙을 로老'가 들어가는 '로인老人'은 '노인'으로 바꿔 소리 내고 또 그 소리대로 적어요. 'ㄴ'의 경우도 뒤에 오는 모음이 'ㅣ, ㅑ, ㅕ, ㅛ, ㅠ'이면 'ㄴ'을 탈락시키는 것이 일반적이에요. 아들과 딸을 이를 때 '자녀子女'라고 해서 '녀女'를 원래 소리대로 발음하지만 음절의 순서를 바꿔 '녀자女子'가 될 때에는, '여자'라고 발음하고 그 소리대로 적지요.

그런데 북한에서는 두음 법칙을 적용하지 않는 것을 규범으로 삼았어요. 그래서 한자어는 음절마다 한자어의 소리대로 발음하는 것을 원칙으로 해요. '로인老人', '락원樂園', '녀자女子', '뉴대紐帶'와 같은 단어는 남한 사람이 듣기에는 어색하지만, 북한에서는 자연스러운 소리이지요.

② 사이시옷

두음 법칙이 단어를 소리 내고 표기하는 방법의 차이라면, 사이시옷의 문제는 소리는 같지만 표기에서 차이가 난답니다. 사이시옷은 두 형태소를 결합하여 합성어를 만들 때, 된소리가 나거나 소리가 덧나는 것을 표시해 주는 'ㅅ'이에요. 냇물이 흐르는 가장자리를 의미하는 어휘인 '내+가'가 [내까]처럼 된소리로 소리 나거나 '시내+물'이 [시낸물]처럼 [ㄴ] 소리가 덧날 때 이를 표기에 반영하여 '냇가', '시냇물'처럼 표기하는 것이에요. 이처럼 남한에서는 '사이시옷'을 사용하는 것이 일반적이에요.

남한과 달리 북한에서는 '사이시옷'을 사용하지 않는답니다. 비록 소리는 [내까], [시낸물]로 나지만 표기에 반영하지 않고, '내가', '시내물'로 적는 거예요. 이는 사이시옷의 환경이 매우 불규칙적이기 때문이에요. 어떤 사람은 '빨래방'을 [빨래방]으로, 어떤 사람은 [빨래빵]으로 발음해요. '가을비'는 [가을삐]로 소리나지만, 그렇다고 해서 '가읈비'로 표기하지는 않아요. '고기집'과 '고깃집'은 사이시옷이 있냐 없냐에 따라 의미가 달라지기도 해요.

남한에서는 1933년 '한글 맞춤법 통일안'을 마련할 때 세운 기준을 오늘날까지 따르고 있어요. 하지만 북한에서는 새로운 규범을 만들어 사이시옷을 없애 버렸지요. 단어가 합쳐질 때 된소리로 나거나 소리가 첨가되는지에 상관없이 사이시옷을 사용하지 않는 거예요. 하지만 북한에서도 사이시옷은 처리하기 곤란한 문제였나 봐요. 그래서 요즘엔 북한에서도 '샛별, 빗바람, 샛서방' 등의 단어에는 사이시옷을 인정하여 표기에 반영하고 있다네요.

③ 띄어쓰기

우리 학생들이 글을 쓸 때 가장 많이 지적받는 것이 바로 띄어쓰기예요. 특히 의존 명사를 띄어 쓰지 않아 'ⅴ'와 같은 띄어쓰기 교정 부호가 적힌 원고를 되돌려받을 때가 많지요.

그런데 북한의 학교에선 오히려 그 반대예요. 의존 명사를 앞말에 붙여쓰는 게 원칙이거든요.

남한: 두ⅴ명이 어찌할ⅴ바를 알ⅴ수 없었어.
북한: 두명이 어찌할바를 알수 없었어.

두 문장에서 '명', '바', '수'는 모두 의존 명사예요. 그렇기 때문에 꾸며 주는 말이 항상 앞에 있어야 해요. 그리고 꾸며 주는 말과 의존 명사는 각각 하나의 단어이기 때문에 띄어 써야 해요. 하지만 북한에서는 우리와 반대로 이들을 모두 붙여 써야 해요.

본용언과 보조 용언도 남한에서는 띄어 쓰는 것이 원칙이지만, 북한에서는 붙여 써요. 보조 용언은 앞에 오는 용언의 의미를 도와주는 용언이에요. 예를 들면 '가고 있다'의 '가고'는 본용언이고, '있다'는 보조 용언이에요. 여기에 사용된 '있다'는 '(어떤 장소에) 떠나거나 벗어나지 아니하고 머물다'는 의미가 아니라 '동작이나 상황이 계속되거나 지속됨'의 의미를 더해 주고 있지요. 남한에서는 이 둘을 각각의 단어로 생각해 띄어 쓰지만, 북한에서는 '가고있다'와 같이 붙여 써야 해요.

④ 용언의 활용

용언의 활용형이 달라 표기가 달라지는 사례도 있어요. 북한에서는 어간의 모음이 'ㅣ, ㅐ, ㅔ, ㅚ, ㅟ, ㅢ'인 경우 어미를 '-여'나 '-였-'으로 적도록 했어요. 그래서 '기다, 개다, 베다, 되다, 희다'인 경우 활용형이 남한과 달라요. 그런데 남한에서 불규칙 용언으로 보고 있는 '하다'의 경우는 남북이 같은 모양으로 활용돼요.

기본형	남한의 활용형	북한의 활용형
기다	기어 – 기었다	기여 – 기였다
개다	개어 – 개었다	개여 – 개였다
베다	베어 – 베었다	베여 – 베였다
되다	되어 – 되었다	되여 – 되였다
희다	희어 – 희었다	희여 – 희였다
하다	하여 – 하였다	

3) 어휘의 차이

어휘의 차이야말로 의사소통을 할 때 가장 영향을 미치는 요인이 아닐까 싶어요. 남한이든 북한이든 한쪽에서는 사용하지 않아 모르는 어휘는 물론, 똑같이 사용하더라도 의미하는 게 다른 어휘도 있거든요. 이런 어휘는 의사소통을 할 때 오해를 불러일으킬 수 있기 때문에 유의해야 해요.

① 어휘 차이의 발생 원인

이렇듯 어휘의 차이가 발생하게 된 원인은 다양해요. 무엇보다 서로 다른 사회 체제에서 서로 다른 지역의 말을 의사소통의 기준이 되는 표준어와 문화어로 정하다 보니 그런 결과가 발생했어요. 특히 문화어 사정査定의 기준이 되는 지역이 평양의 말인데, 여기에는 서북 지역 방언이 다수 포함되었어요.

또한 해방 후 남한과 북한은 모두 우리말을 순화하는 데에 노력을 기울였어요. 그때 남한은 일본어 투나 서구의 외래어를 우리말로 바꾸는 것에 중점을 두고 국어 순화를 했지요. 북한은 여기서 한 걸음 더 나아가 외래어를 고유어나 한자어로 바꾸는 것은 물론, 어려운 한자어를 고유어로 바꾸는 말 다듬기 운동을 펼치면서 새로운 말들이 다수 등장했어요. 남한의 언어 정책이 주로 민간 주도로 이루어지면서 정부가 힘을 보태는 모양이었다면, 북한의 언어 정책은 체제 유지와 연계되면서 정부 중심의 폐쇄적이고 통제적으로 실시되었지요. 문맹 퇴치 운동도 같은 맥락에서 노동자, 농민의 문맹을 퇴치하기 위해 범국민 운동으로 전개되었으며, 이때 한자의 폐지도 함께 진행되었어요. 그리고 보니 남북의 어휘의 차이는 자연스러운 언어 변화의 과정을 거쳤다기보다 의도를 가지고 계획적으로 이루어져 그 차이가 두드러져 보이는지도 모르겠어요.

무엇보다 문화를 이루는 근간이 되는 사회 체제도 어휘 차이를 발생시키는 데에 큰 영향을 미쳤어요. 또한 맞춤법이나 표준어 규정, 외래어 표기법 등 어문 규정을 남과 북이 다르게 하다 보니 서로 달라진 어휘가 생기게 되었지요.

② 서로 다른 형태의 어휘

먼저 남과 북은 같은 수천 년간 같은 문화 안에서 생활해 왔어요. 그러다 보니 지시하는 대상이 같은 어휘가 많이 있어요. 하지만 남북 분단으로 인해 같은 대상을 다르게 부르는 경우가 생기게 되었지요. 그로 인해 다음과 같이 남한에서 사용하는 말과 북한에서 사용하는 말이 달라진 예들이 있어요.

남한	북한	남한	북한
장인	가시아버지, 가시아비	한약	고려약
가위바위보	가위주먹	상견례	사돈보기
입덧	입쓰리	동전	짤락돈

③ 발음의 차이

같은 한자라도 다르게 읽는 경우가 있어요. 때로는 음운적 차이로 인해 같은 대상을 다르게 부르는 경우도 있어요. 상대적으로 이러한 표현은 그 의미를 쉽게 유추할 수 있어 큰 차이가 나는 부분은 아니랍니다. 다음의 예를 살펴보도록 해요.

남한	북한	남한	북한
표지標識	표식	거머리	거마리
왜곡歪曲	외곡	두드러기	도드라기
항문肛門	홍문	지푸라기	지푸래기

④ 국어 순화의 결과로 달라진 어휘

우리말을 순화하는 과정에서 달라진 말들이 있어요. 주로 외래어나 한자어를 바꾸면서 새로 생긴 어휘들에서 차이가 나요. 그나마 이런 말들은 쉬운 한자어나 고유어를 활용하였기 때문에 조금만 관심을 가지면 쉽게 익힐 수 있는 어휘들이에요. 국어 순화의 결과로 달라진 어휘의 예는 다음과 같아요.

남한		북한	
원어	순화어	원어	순화어
가이드	길잡이	근해	가까운 바다
각선미	다리맵시	빙수	단얼음
디스카운트	에누리	볼펜	원주필

⑤ 외래어 표기법의 차이

남북 분단 이전에는 남과 북 모두 1940년대 마련한 '외래어 표기법 통일안'을 따랐어요. 하지만 분단 이후에는 남과 북이 접하는 외국어가 달라지고 이에 따라 언어 정책도 다르게 펼치면서 외래어 표기법에도 큰 차이가 생겼지요. 외래어 표기법의 가장 큰 차이는 남한에서는 'ㄲ, ㄸ, ㅃ, ㅆ, ㅉ' 등의 된소리를 쓰지 않는데, 북한에서는 된소리를 쓴다는 점이에요. 또한 남한은 주로 영어의 영향을 많이 받지만 북한에서는 러시아어의 영향을 받는다는 차이로 서로 다른 외래어가 생겨나기도 했어요. 특히 북한에서는 가급적 외래어를 쓰지 않는 방향으로 언어 정책을 마련했어요.

남한	북한	남한	북한
엑스레이	렌트겐	캄보디아	캄보쟈
바이러스	비루스	폴란드	뽈스카
카디건	쟈케트	사인펜	마지끄

이러한 차이에도 불구하고 북한에서도 최근 들어 영어식 외래어를 사용하는 경향을 보이고 있어요. '프라이팬', '노크' 등의 외래어는 '지짐판', '손기척' 등으로 각각 순화해 사용하도록 하고 있지만, 그냥 '프라이팬'이나 '노크'처럼 외래어를 그대로 사용하기도 한답니다.

⑥ 형태는 같으나 뜻이 다른 말

남한과 북한의 사람이 의사소통을 할 때 가장 유의해야 할 어휘는 바로 형태는 같으나 그 의미가 다른 말이에요. 아예 생소한 어휘라면 그 뜻을 알려고 노력하기 때문에 오해가 발생할 여지가 적어요. 하지만 우리도 익히 알고 있는 표현이라면 지레짐작하여 자기가 알고 있는 뜻으로 받아들이기 쉽거든요. 대체로 이런 어휘는 우리가 알고 있는 대로 해석하면 맥락에 어울리지 않는 경우가 많아요.

그렇기 때문에 대화의 맥락을 통해 의미를 추측해 보고, 미심쩍은 부분이 있으면 사전을 찾아 보거나 상대에게 정확한 뜻을 물어 오해가 생기지 않도록 해야 해요.

예를 들어 남한에서 '담보'는 '돈을 빌릴 때 맡기는 물건'을 뜻하지만 북한에서는 '어떤 목적의 실현을 어김없도록 보장하는 것'을 의미해요. 감투도 '벼슬을 속되게 이르는 말'로 생각할 수 있지만 북한에서는 '억울하게 뒤집어쓰는 책임이나 누명을 이르는 말'의 의미예요. '나 오늘 기분이 별로 좋다'라는 문장은 문법에 어긋나요. 부사 '별로'는 '않다, 없다, 못하다'와 호응하여 부정적 의미를 표현하기 때문이에요. 하지만 북한에서는 '특별히, 별나게'라는 긍정의 의미로도 사용돼요. '극성스럽다'의 경우, 우리는 '성질이나 행동이 몹시 드세거나 지나치게 적극적이다'라는 부정적 의미로 사용하지요. 하지만 북한에서는 '아주 릉성(융성)하거나 왕성하다'는 긍정적 의미로, 어떤 일을 열심히 하는 사람에게 사용한답니다. 이처럼 같은 표현이더라도 긍정적이거나 부정적 의미로 서로 다르게 사용될 경우 감정이 상하거나 오해할 수 있다는 점에 유의해야 해요. 언어를 사용하는 사람들의 생각은 다 똑같아요. 특히 의도적으로 대화 상대의 감정을 상하게 하려고 말을 하는 사람은 없어요. 서로 관계가 나쁘지 않은데, 부정적 표현이라고 생각하는 표현을 듣게 된다면 꼭 상대에게 말의 뜻을 물어 정확한 의미를 아는 게 좋아요.

4) 화법의 차이

남한 사람들은 간접 화법을 사용하는 것에 익숙해요. 직접 말하기보다 돌려 말하거나 친교를 위해 의례적으로 하는 말을 잘 사용하지요. 반면 북한 사람들은 직접 화법에 익숙해요. 대표적인 예로 남한 사람들은 '언제 밥 한번 먹어요.'나 '나중에 연락할게.'와 같은 말을 쉽게 해요. 오랜만에 지나치다 만난 사람과 짧은 대화를 하고 헤어질 때, 끝인사처럼 이런 말을 사용하지요. 친교적 목적의 언어 사용인 거예요.

그런데 북한 사람에게 이런 말을 했다가는 낭패를 보기 쉬워요. 남한 사람의 이 말을 곧이곧대로 받아들이고 기다리기 십상이에요. 연락을 기다리는데도 연락이 없으면 상대에 대한 서운한 감정을 느낄 수밖에 없겠지요. 북한에서는 자신의 생각을 직접적으로 명료하게 표현하는 것을 선호하기 때문에 완곡한 거절에 익숙해져 있는 남한 사람으로서는 북한 사람이 대놓고 거절하는 것에 속상해할 수도 있어요. 이럴 땐 언어 문화의 차이를 인식하고 상대의 표현을 이해하려 노력해야겠지요.

북한에서는 남한의 아나운서가 뉴스를 진행하는 것을 보며 간드러진다고 해요. 반면 우리가 북한의 아나운서 말투를 들으면 거칠고 과격해 보이지요. 사실 이러한 차이는 남한의 문화와 사회 변화가 북한보다 더 빠르게 진행되었기 때문이에요. 우리나라의 옛날 뉴스를 보면 아나운서의 말이 매우 어색하게 느껴질 거예요. 또한 예전에는 영화에서 배우의 목소리가 아닌 성우의 목소리로 더빙을 했어요. 하지만 이제는 자연스러운 일상의 언어를 뉴스나 영화에서 사용하는 게 당연해졌어요. 즉 이러한 차이는 본래부터 내재되어 있었던 것이 아니라 사회 변화의 속도가 달라 일어난 일이라고 봐야 해요.

5) 남북 언어의 이질화 극복 방안

남북의 언어 사이의 간극이 점점 벌어지면서 이러한 차이를 깨닫고 통일 시대를 대비하기 위해 곳곳에서 다양한 노력을 펼쳐 왔어요. 특히 어휘 차이를 최소화하고 어문 규범을 단일화하는 노력은 매우 중요해요. 이를 위해 남한의 국립국어원과 북한의 조선사회과학원 언어학 연구소는 여러 차례에 걸쳐 학술 회의를 개최하기도 했어요. 또한 남북한의 언어학자들이 함께 만들고 있는 '겨레말큰사전' 편찬 사업은 아직도 진행 중이에요. 이러한 활동을 통해 남북한 어문 규범을 단일화하는 성과를 거둘 수 있었지요. 앞으로도 이런 노력이 지속된다면 남북한 언어의 차이는 점점 줄어들 수 있을 거예요.

또한 통일부에서는 다양한 북한 관련 자료를 제공하고 있어요. 그중 카드 뉴스 형태로 남한과 북한 사람이 만나 벌어질 수 있는 상황을 제시하여 남북의 어휘나 표현의 차이를 알려 주고 있어요. 이를 통해 북한의 말에 대해 한층 다가갈 수 있는 계기가 마련되었지요.

언어를 이해하기 위해서는 문화를 이해하는 것이 전제되어야 해요. 문화 교류를 통해 서로의 문화를 접해 보고, 동질성을 찾아가는 것도 필요해요. 대표적으로 평화의 제전인 올림픽에 남북 단일팀을 구성하여 출전하는 것도 좋은 방법이에요. 이미 1991년 세계 탁구 선수권 대회와 U-20 월드컵에 남북 단일팀이 구성되어 출전한 것을 시작으로, 최근에는 2018년 평창 동계 올림픽의 여자 아이스하키 종목에서 단일팀을 이루었지요. 이러한 문화 교류가 늘어날수록 서로의 언어를 접할 기회가 많아지게 돼요. 또한 단일팀이 의사소통하는 과정에서 언어 차이의 문제점이 드러나면, 이에 대한 해결책을 마련하려는 노력도 커지게 되겠지요.

국가 차원의 노력도 중요하지만, 우리의 자발적인 노력도 필요해요. 학교에서 북한 말에 관심 있는 학생들이 모여 동아리 활동을 할 수도 있어요. 북한의 말을 찾아 정리하고 다양한 온라인 매체를 통해 그 결과를 자유롭게 공유할 수도 있어요.

남북의 언어 이질성을 극복하기 위한 노력에서 유의해야 할 점은 바로 상대를 존중하려는 태도를 가져야 한다는 거예요. 언어의 차이점을 부각시키는 것은 금물이에요. 특히 북한의 언어 표현을 그릇된 것으로 여기고 희화화戯畫化하여 과장되거나 우스꽝스럽게 보이도록 하는 것은 가장 경계해야 할 일이에요. 우리에게 익숙한 남한의 표현을 우위에 두고 북한의 말을 남한의 표현으로 바꾸려고 하는 태도도 지양해야 해요.

　여러분은 '동무'라는 단어를 접하면 어떤 느낌이 드나요? 남북이 분단되기 전 '동무'는 친한 벗을 이르는 정겹고 아름다운 말이었어요. 가곡 〈동무 생각〉이나 동요 〈동무들아 오너라〉의 가사에도 사용돼 어린 시절의 추억을 떠올리게 하는 어휘였지요. 하지만 북한에서 '동무'라는 말이 정치적 이념을 같이하는 사람들끼리 서로 부르는 말로 사용되며 남한에서는 이 말을 꺼리고 한자어인 '친구親舊'를 더 많이 사용하게 되었어요. '동무'야말로 남북 분단으로 인한 언어 이질화의 가장 큰 희생양이라 할 수 있어요. 남과 북의 사람들이 서로 '어깨동무'하고 '길동무' 삼아 '말동무'하며 세계 속으로 걸어가는 날이 어서 오기를 바랍니다.

이것만은 알아 두세요.

1. 통일 시대를 대비하여 남북 언어의 이질성을 극복하기 위해서는 둘 사이의 동질성을 바탕에 두고 언어를 바라보아야 한다.

2. 남북 언어의 차이가 발생한 원인으로는 남한과 북한의 어문 정책의 차이와 함께 각각의 생활과 문화가 달라졌기 때문이다.

3. 남한의 표준어와 북한의 문화어의 차이에는 지역 방언 간의 차이와 더불어 사회 방언의 차이라는 특수성이 포함되어 있다.

4. 남북 언어의 차이

   (1) 발음과 표기의 차이

항목	북한의 어문 정책	차이점	
		남한	북한
두음 법칙	어떤 소리가 단어의 첫머리나 음절의 첫소리에서 발음되는 것을 피하기 위해 다른 소리로 바꾸어 발음하는 것을 인정하지 않음.	노인 여자	로인 녀자
사이 시옷	두 형태소를 결합하여 합성어를 만들 때, 된소리가 나거나 소리가 덧나는 것을 'ㅅ'으로 표시하지 않음.	냇가 시냇물	내가 시내물
띄어 쓰기	의존 명사를 앞말에 붙여 씀. 본용언과 보조 용언을 붙여 씀.	두∨명 가고∨있다	두명 가고있다
용언 활용	어간의 모음이 'ㅣ, ㅐ, ㅔ, ㅚ, ㅟ, ㅢ'인 경우 어미를 '-여'나 '-였-'으로 적음.	기었다 되었다	기였다 되였다

(2) 어휘의 차이

구분	설명	차이	
		남한	북한
형태 차이	같은 대상을 다르게 부르는 경우	장인	가시아버지, 가시아비
발음 차이	같은 한자를 다르게 읽는 경우	항문	홍문
	음운적 차이로 대상을 다르게 부르는 경우	거머리	거마리
순화 결과	우리말을 순화하는 과정에서 서로 달라진 말	가이드 →길잡이	빙수 →단얼음
외래어 표기법	북한에서는 외래어에 'ㄲ, ㄸ, ㅃ, ㅆ, ㅉ' 등의 된소리를 씀.	폴란드	뽈스카
의미 차이	의사소통 시 가장 유의해야 함. 예 극성스럽다	부정적 의미	긍정적 의미

(3) 화법의 차이

남한	간접 화법을 사용하는 것에 익숙함.
북한	직접 화법을 사용하는 것에 익숙함.

5. 남북 언어의 이질화 극복 방안

분야	극복 방안	예
정책	어휘 차이를 최소화하고 어문 규범을 단일화하는 노력이 필요함.	'겨레말큰사전' 편찬 사업
	다양한 북한 관련 언어 자료를 제공함.	통일부의 카드 뉴스
문화	스포츠 단일팀 구성으로 문화 교류의 계기 마련함.	평창 동계 올림픽
	남북의 언어에 관심 가짐.	북한 말 동아리
유의점: 상대를 존중하려는 태도를 가져야 함.		

풀어 볼까? 문제!

1. 다음 내용을 읽고 맞으면 ○, 틀리면 × 표시를 해 보세요.

   ① 남한과 북한의 말은 원래 달랐다. (   )

   ② 어문 정책의 차이에 따라 남북한의 말에도 차이가 생겼다. (   )

   ③ 북한 사람은 간접 화법을 사용하는 것에 더 익숙하다. (   )

   ④ 북한 말은 남한 말과 달라 웃긴 표현이 많다. (   )

2. 다음의 단어를 북한의 표기로 바꿔 써 보세요.

   ① 같은 대상을 다르게 부름: 장인 → [   ]

   ② 음운적 차이로 대상을 다르게 부름: 거머리 → [   ]

   ③ 우리말을 순화하는 과정에서 서로 달라진 말: 빙수 → [   ]

정답

1. ① -× / ② -○ / ③ -× / ④ -×

2. ① 가시아버지 혹은 가시아비 / ② 거마리 / ③ 단얼음

한 번만 읽으면 확 잡히는
중학 국어 문법

2023년 10월 12일 1판 1쇄 펴냄
2024년 8월 12일 1판 2쇄 펴냄

지은이 황봉희, 김종서
펴낸이 김철종

펴낸곳 (주)한언
등록번호 1983년 9월 30일 제1-128호
주소 서울시 종로구 삼일대로 453(경운동) 2층
전화번호 02)701-6911 **팩스번호** 02)701-4449
전자우편 haneon@haneon.com

ISBN 978-89-5596-972-6 (53700)

만든 사람들
기획 · 총괄 | 손성문
편집 | 김윤하
본문 디자인 | 이찬미
표지 디자인 | 박주란
본문 일러스트 | 이현지

한언의 사명선언문

Since 3rd day of January, 1998

Our Mission   – 우리는 새로운 지식을 창출, 전파하여 전 인류가 이를 공유케 함으로써 인류 문화의 발전과 행복에 이바지한다.

        – 우리는 끊임없이 학습하는 조직으로서 자신과 조직의 발전을 위해 쉼 없이 노력하며, 궁극적으로는 세계적 콘텐츠 그룹을 지향한다.

        – 우리는 정신적·물질적으로 최고 수준의 복지를 실현하기 위해 노력하며, 명실공히 초일류 사원들의 집합체로서 부끄럼 없이 행동한다.

Our Vision   한언은 콘텐츠 기업의 선도적 성공 모델이 된다.

> 저희 한언인들은 위와 같은 사명을 항상 가슴속에 간직하고
> 좋은 책을 만들기 위해 최선을 다하고 있습니다.
> 독자 여러분의 아낌없는 충고와 격려를 부탁드립니다.
> • 한언 가족 •

HanEon's Mission statement

Our Mission   – We create and broadcast new knowledge for the advancement and happiness of the whole human race.

        – We do our best to improve ourselves and the organization, with the ultimate goal of striving to be the best content group in the world.

        – We try to realize the highest quality of welfare system in both mental and physical ways and we behave in a manner that reflects our mission as proud members of HanEon Community.

Our Vision   HanEon will be the leading Success Model of the content group.